Hannes Jaenicke / Dr. Ina Knobloch
Aufschrei der Meere

Hannes Jaenicke
Dr. Ina Knobloch

AUFSCHREI DER MEERE

Was unsere Ozeane bedroht und
wie wir sie schützen müssen

Ullstein

Ullstein ist ein Verlag der Ullstein Buchverlage GmbH

ISBN 978-3-550-20047-2

© 2019 by Ullstein Buchverlage GmbH, Berlin
Alle Rechte vorbehalten
Gesetzt aus der Janson Text LT
Satz: LVD GmbH, Berlin
Druck und Bindung: GGP Media GmbH, Pößneck
Printed in Germany

INHALT

PROLOG

Die Zeit ist reif! Wir können unseren Dreck nicht mehr in die Tonne drücken, mit einem Siegel versehen und mit gutem Gewissen unser Wohlfühl-Programm weiter abspulen. Weder ist die Plastikverpackung weg, wenn wir den gelben Deckel auf die Tonne knallen, noch das Wattestäbchen, das in der Kloschüssel landet. Der meiste Dreck landet im Meer, und wir brauchen gar nicht mit dem Finger nach Asien zu zeigen, wo der Ozean voller Plastik ist. Der Müll dort kommt auch von uns. Weil wir auf den miesen dualen Gelbe-Tonnen-Trick reingefallen sind, wurde die ganze Plastikproduktion erst richtig angeheizt. Aber die Industrie hat sich einen Dreck um das Recycling gekümmert und stattdessen den Müll nach Asien geschippert. Der fliegt uns gerade um die Ohren, ausgespuckt vom Ozean an die Strände der Welt. Doch das ist nur die Spitze des Eisbergs: Der Ozean als Müllhalde der Menschheit erstickt gerade daran. Das Duale System hat gezeigt, wie die Freiwilligkeit der Industrie funktioniert: nämlich gar nicht! Und beim Verbraucher auch nicht so richtig. Wir behandeln die Meere der Welt wie Messies, die zu Hause den Müll stapeln, bis sie fast darin ersticken, als hätten sie noch eine zweite Wohnung, in der sie leben können, wenn die eine voll ist. Wir haben aber nur den einen Planeten. Der Ozean ist die blaue Lunge der Erde, die nicht nur unter der Klimaerwärmung leidet, sondern das Klima gestaltet. Von ihm kommen die Luft, die wir atmen, das Wasser, das wir trinken, die Wolken, die die Früchte der Äcker nähren – aber er bringt auch gewaltige Unwetter. Und das umso heftiger, seit das Klima sich wandelt.

Wir wissen das längst, aber statt entschlossen zu handeln, um die Meere und das Klima zu retten, werden Wohlfühl-Pakete für

Industrie und Handel geschnürt. Die Kinder haben es kapiert und gehen seit Monaten auf die Straße, um unter dem Motto »Fridays for Future« für ihre Zukunft zu demonstrieren. Genug ist genug. Der Aufschrei muss so laut sein, dass auch noch die hartnäckigsten Leugner schlaflose Nächte bekommen. Unsere Wut ist groß, denn wir lieben das Meer. Es bereichert die Erde seit Jahrmillionen auf einzigartige Weise und steckt voller Wunder und Überraschungen.

Ina Knobloch und Hannes Jaenicke

VORWORT VON HANNES JAENICKE

*We are tied to the ocean. And when we go back to the sea, whether it
is to sail or to watch – we are going back from whence we came.*

John F. Kennedy

Es gibt Kinder, die um Pfützen einen großen Bogen machen,
und solche, die mit Lust und Wonne hineinstapfen, um maximal
Wasser und Dreck zu verspritzen. Dann gibt es Erwachsene, die
es in die Berge zieht, die auf Gipfel wandern oder klettern, um
den Ausblick zu genießen. Genauso gibt es Menschen, die wasserscheu sind, die immer einen Regenschirm in Griffweite oder
Imprägnier-Spray zu Hause haben, sich nur an Land sicher fühlen, schnell seekrank werden und Sand als lästigen Dreck empfinden. Zu diesen Menschen gehöre ich nicht.

Ich gehöre zum Typ Mensch, der landläufig und eher abfällig
als »Wasserratte« tituliert wird. Berge und Hügel finde ich zwar
schön, aber sie bieten keinen Badespaß, und wenn man es genau
nimmt, versperren sie die Sicht auf das Wasser.

Ich fühle mich erst dann richtig als Mensch, wenn ich mich
am, im, auf oder unter Wasser befinde. Und weil mir der Zustand meines geliebten Elements zunehmend Sorge bereitet,
muss ich meine Liebeserklärung an die Gewässer unserer Erde
mit dem dringenden Appell verbinden, den Umgang mit dem
wichtigsten aller Elemente gründlich zu überdenken.

Für meine Meeresschutz-Aktivitäten habe ich keine wissen-
schaftlich-akademische Grundlage, auch nicht für meine Sorge
um Bäche, Flüsse, Seen und Ozeane, aber unser Umgang mit

Wasser beschäftigt mich, seit ich als Teenager den Wassersport entdeckte. Ich war und bin zeit meines Lebens ein »Beach Bum«, erst als Sandburgen bauender, Drachen lenkender kleiner Junge, später als Schwimmer, Schnorchler, Taucher, Kite- und Windsurfer, Ruderer, Kajakfahrer und Segler.

Das Leben an Land und ohne Sand halte ich nur aus, wenn ich weiß, dass ich bald wieder in Wassernähe bin. Und ich halte mich am liebsten an Orten auf, an denen ich Wasser sehen, riechen oder ihm lauschen kann.

Es kann kein Zufall sein, dass der menschliche Körper genau wie die Erdoberfläche zu knapp 70 Prozent aus Wasser besteht. In jeder Sprache gibt es zahllose Redewendungen, die unsere Affinität zu und Abhängigkeit von Wasser beschreiben: »Wasser ist Leben«, »no water no life«, »eau de vie«, »no blue no green«, »etwas scheuen wie der Teufel das Weihwasser«, »im Trüben fischen«, »stille Wasser gründen tief«, »steter Tropfen höhlt den Stein«, »nah am Wasser gebaut«, »mit allen Wassern gewaschen«, »kein Wässerchen trüben«. Auch unser Wortschatz legt das nah, mit Ausdrücken wie Trinkwasser, Fruchtwasser, Grundwasser, Gesichtswasser, Wasserkreislauf, Wasserader, Wasserstraße, Jungbrunnen und vielen mehr.

Es gibt kein Nahrungsmittel, das ohne Wasser entstehen kann, und alles, was der Mensch für seine Gesundheit und Reinigung macht, hat mit Wasser zu tun: vom Waschen, Duschen, Baden, Desinfizieren, Putzen bis zum Kochen. Auch ein Ritual wie die Taufe ist ohne Wasser undenkbar.

Das Missverhältnis zwischen unserer Abhängigkeit von Wasser, seiner Lebensnotwendigkeit, und unserem sträflichen Umgang mit dieser Quelle allen Lebens könnte extremer kaum sein: Wir diskutieren Lebensmittelgifte, Diesel-Gate und Luftverpestung, Artensterben, Habitatvernichtung, Flächenfraß und Ressourcenverschwendung, aber kaum jemand sorgt sich um den Zustand unseres Wasserhaushalts, unserer Flüsse, Seen und Meere. Die scheinen ausschließlich als praktische Mülldeponie oder billiger Selbstbedienungsladen zu fungieren. Wir kühlen Atomkraftwerke damit, spülen es unsere Toiletten hinunter, lassen es beim Rasieren und Zähneputzen bedenkenlos laufen, vergiften es mit allem, was unsere Industrie- und Konsumgesellschaft produziert, und möchten doch, dass es jederzeit in Trinkwasser-Qualität vom Himmel, aus dem Hahn, Schlauch, Rohr sprudelt. Auch von unseren Flüssen, Seen und Meeren erwarten wir kristallklare Sauberkeit.

Dieser Widerspruch ist schizophren und wirft die Frage auf, wie lange unsere Gewässer sich diese Art der Behandlung noch gefallen lassen. Es scheint mir verständlich, dass sie zunehmend die Geduld mit uns verlieren und zurückschlagen, egal ob in Form von Fluten und Tsunamis, von Dürrekatastrophen oder einfach als Giftbrühe, die sich mit keinem Klärsystem der Welt mehr reinigen lässt.

Da ich als Wassersportfan regelmäßig sowohl klare, saubere als auch trübe, vermüllte Gewässer zu sehen bekomme, möchte ich hiermit eine Liebeserklärung an das Wasser und ein Plädoyer für einen verantwortungsvolleren Umgang mit ihm verfassen. Ich habe das rätselhafte Schweigen unserer Meere immer bewundert, befürchte aber, dass aus diesem Schweigen in Zukunft Gebrüll wird, spätestens wenn der Meeresspiegel ungebremst weiter steigt und wir aus dem wichtigsten Sauerstoff- und Protein-Lieferanten unseres Planeten endgültig eine Müll-Kloake gemacht haben.

Und wie bei allem, was mit Umweltschutz, Erhalt von Natur, Ressourcen-Schonung und Nachhaltigkeit zu tun hat, liegt es an jedem Einzelnen von uns. Wir entscheiden, ob die Zukunft unserer Gewässer rosig beziehungsweise klar blau und türkis aussieht, oder eben trübe und fäkalfarben.

VORWORT VON INA KNOBLOCH

Was wir wissen, ist ein Tropfen, was wir nicht wissen, ist ein Ozean.

Sir Isaac Newton

Meersüchtig wäre vielleicht das richtige Wort für mich, denn ohne Meer geht bei mir nichts, jedenfalls keine Erholung. Wasser hatte schon immer etwas Magisches für mich. Das gleichmäßige Rauschen des Ozeans klingt wie Musik in meinen Ohren, und der Tanz der Wellen vor dem endlosen Horizont ist Balsam für meine Augen und meine Seele. Sanfter, weicher, warmer Sand unter meinen Füßen wirkt wie eine heilende Massage auf meinen Körper. Und wenn ich nur in der Nähe des Meeres bin, kriecht die salzig-frische Brise bereits wie eine Verlockung in meine Nase. Doch dieser Duft der Sehnsucht hat einen modrigen Beigeschmack bekommen, denn dieses erquickende Meer gibt es kaum noch. Die Gier der Menschen hat es geplündert und verseucht. Aber wenn wir jetzt entschieden handeln, gibt es noch Hoffnung.

Die Ozeane unserer Erde produzieren mehr Sauerstoff als alle Kontinente zusammen und bedecken zwei Drittel unseres Planeten. Fisch ist das am häufigsten gehandelte Nahrungsmittel aus der Natur und hält Milliarden Menschen am Leben. Doch trotz modernster Forschungsmethoden ist das Meer, vor allem die Tiefsee, weniger erforscht als der Weltraum.

Etwa drei Wochen kann der Mensch ohne Nahrung überleben, aber nur etwa drei Tage ohne Wasser. Von sauberem Wasser ist die Menschheit abhängiger als von allem anderen. Und jeder einzelne Wassertropfen landet irgendwann im Meer. Aber was macht die Menschheit? Vergewaltigt die Ozeane regelrecht. Egoistisch und skrupellos wird der Sehnsuchtsort Meer mit allen »Errungenschaften« der modernen Zivilgesellschaft traktiert: Plastik-, Gift-, Atom- und sonstiger Müll, CO_2, Lärm und Pestizide. Darüber hinaus schlachtet der Mensch die Meere aus wie eine fette Weihnachtsgans: Überfischung, Bodenschätze, Erdöl, Erdgas.

Dabei beschenkt uns der Ozean nicht nur mit Lebensnotwendigem, sondern auch mit einzigartigen Schätzen: Bernstein, Muscheln, Perlen, Ambra, Sand, Salz und mehr. Er spuckt diese Kostbarkeiten förmlich an Land für uns. Doch uns Menschen sind diese Geschenke nicht genug, wir weiden den Ozean regelrecht aus. Darüber hinaus werden Seepferdchen, Haifische, Wale und sonstige Meereswesen geschlachtet, weil sie als vermeintliche Potenzmittel Profit bringen. Ein schieres Wunder, dass das Meer den Menschen überhaupt noch so freundlich empfängt.

Ich will, dass das so bleibt. Auch in Zukunft soll mir mein heiß geliebter Ozean so wundervoll und liebevoll begegnen wie eh und je. Erst recht für meine Kinder und die nächsten Generationen wünsche ich mir saubere, unberührte Strände und Gewässer voller Leben. Daher macht es mich ziemlich wütend, was gerade mit den Weltmeeren und ihren Zuflüssen passiert.

Das Leben in den Ozeanen droht zu kippen, viele Arten wurden bereits ausgelöscht, andere werden in Kürze für immer verschwinden. Dadurch verbreiten sich andere explosionsartig und bedrohen maritime Ökosysteme. Und wenn es so weitergeht wie bisher, wird es schon bald mehr Plastik als Fische in unseren Meeren geben.

Das Wasser bildet einen ewigen Kreislauf, wie das Blut in unseren Adern. Und genau wie sich der Mensch gegen einzelne Keime wehren kann, aber nicht gegen eine Seuche, können die Gewässer der Erde große Mengen Mist verarbeiten, aber nicht die Invasion von Zivilisationsmüll, mit dem wir sie zurzeit traktieren. Dabei liegt der Patient scheinbar klaglos in seinem Bett –

noch. Doch sein Fieber steigt langsam und stetig. An einigen Stellen ist er leichenblass, an anderen gefährlich rot. Manchmal schüttelt ihn ein gewaltiger Hustenanfall, und mit seiner ganzen Masse gerät er dabei in ungesunde Wallungen. Dann würgt und spuckt er Unmengen Unverdautes aus, das faulig vor sich hin gärt.

Der Patient heißt Ozean, und seine Adern sind die Flüsse. Der Zustandsbericht stammt aus dem Jahr 2018 und beschreibt nur ein paar wenige der zahlreichen Symptome: Viele Flüsse wurden so heiß, dass die Fische darin regelrecht gekocht wurden und tonnenweise elendig verendeten. Andere Gewässer färbten sich durch explosionsartige Algenblüten blutrot. Fledermäuse und Vögel fielen tot vom Himmel. Die Temperatur der Weltmeere stieg ebenfalls weiter an, und damit schritt auch die Korallenbleiche voran. Unvorstellbare Massen von Braunalgen spuckte der Ozean so lange an die Ufer der Karibik, bis sich der Tang gärend und stinkend meterhoch auftürmte. Norwegen, Japan und Island eröffneten erneut die Waljagd, und hier war es dann tatsächlich Blut, das den Ozean stellenweise rot färbte. Die Plastikmüllberge in den Gewässern wuchsen weiter, und Kunststoffteile wurden in den Mägen von fast allen toten Meeresbewohnern nachgewiesen. Die Adern der Erde sind dermaßen verseucht und verstopft, dass das große blaue Herz den reinigenden Kreislauf kaum mehr aufrechterhalten kann.

Der Ozean als Patient ist nur eine Metapher, aber die weltweiten Symptome der kränkelnden Meere sind nicht mehr zu übersehen. Letztendlich bedroht dies den Menschen mehr als den Ozean: Wenn das Leben im Ozean erlischt, stirbt nicht der Ozean, sondern der Mensch. Und nur der Mensch kann und muss dies verhindern. Denn das Meer umfasst nicht nur die sieben Ozeane, es ist der Ursprung allen Lebens. Jeder Mensch beginnt sein Dasein im Wasser, schwimmend und wohlbehütet im Mutterleib. Ein Gefühl der Geborgenheit, das sich bei uns wieder einstellt, sobald wir in das Meer eintauchen und uns von den salzigen Wellen umspülen lassen. Mit jedem Atemzug bleiben wir mit dem Meer verbunden, denn der Mensch inhaliert, was der Ozean ventiliert.

Doch nicht mehr lange, wenn wir so weitermachen wie bisher. Schon 2050 werden mehr Plastikteile als Fische in den Meeren schwimmen, wenn wir jetzt nicht entschieden handeln. Strudel voller Plastikmüll, größer als die Bundesrepublik, belasten schon heute die Ozeane, und fast die Hälfte aller Meeresbewohner wurde bereits vernichtet.

Die Ampeln stehen auf Rot, doch der Mensch steuert den Zug der Zerstörung ungebremst weiter. Noch ist es nicht zu spät, um die Meere für die zukünftigen Generationen zu retten, doch jeder Tag zählt und jeder Einzelne kann handeln – im Namen der Meere und für alle Lebewesen der Erde. Gemeinsam haben wir die Macht, die Welt zu verändern, um zu schützen, was wir lieben und mit jedem Atemzug benötigen: das Meer.

KAPITEL 1

Von Poseidon bis Moby Dick –
Helden, Götter und Katastrophen

Alles ist aus dem Wasser entsprungen!
Alles wird durch Wasser erhalten!
Ozean, gönn uns dein ewiges Walten.

Aus »Faust. Der Tragödie zweiter Teil«
von Johann Wolfgang von Goethe

INA KNOBLOCH

Die Rache der Götter war gefürchtet, besonders die der Meeresgötter. Unsere Urahnen könnten das bezeugen. In manchen Regionen der Erde ist das auch heute noch so, vor allem in der
Südsee. Trotz fanatischem Eifer und brachialen Methoden konnten die Missionare auf den polynesischen Inseln den uralten
Glauben an die Götter der Natur nicht ganz brechen. Der große
Gott des Meeres wird dort auf allen Archipelen noch immer ge-
liebt und gefürchtet: Tangaroa.

Aber auch auf allen anderen Teilen der Erde wurden Meeresgötter verehrt: Im europäischen Norden war es Athi, in Ägypten
Tefnut, im Orient Aschera, die Griechen huldigten Poseidon und
die Römer Neptun, und in Polynesien waren es der schon erwähnte Tangaroa und sein Sohn Tinirau. Alle hatten sie ihre Meeresgötter, vor denen sie höllischen Respekt hatten. Unzählige My-

then und Märchen kreisen um sie und ihre Clans, Geschichten, die sich bis heute in Erzählungen und Romanen gehalten haben.

Das Meer und der Mensch, eine unendliche Geschichte und eine magische Beziehung seit Menschengedenken: Schon Plinius der Jüngere (62–115 n. Chr.) berichtete in einem Brief an seinen Freund Caninius von einem Jungen, der von einem Delfin über das Meer getragen wurde.

Auch der junge Odysseus soll stets auf einem Delfin über das Mittelmeer geritten sein, und der Meeresgott Poseidon nahm gar die Hilfe eines Delfins für seine Brautwerbung in Anspruch. In der Antike galten Delfine als heilig, der Sage nach waren sie einst Menschen. Es hieß, dass sie deshalb menschliche Wesenszüge zeigen würden.

Mehr Respekt vor dem Meer würde den Menschen auch heute noch helfen. Denn:

»Erst wenn der letzte Baum gerodet, der letzte Fluss vergiftet, der letzte Fisch gefangen ist, werdet Ihr merken, dass man Geld nicht essen kann.«

Das Mantra der Umweltbewegung in den 80er-Jahren ging als Weissagung der Cree, ein Indianervolk Nordamerikas, in die Geschichte ein. Die Quelle konnte nie verifiziert werden, aber die Wucht der Botschaft führte die Menschen zusammen und veränderte die Welt zum Guten.

Das Jahrzehnt der Umweltkatastrophen

Mit einer Explosion in der italienischen Chemie-Fabrik Icmesa 1976 in der Region Seveso bei Mailand, dem sogenannten Seveso-Unglück, bei dem Tonnen von hochgiftigem Dioxin entwichen, Luft, Grund und Boden verseucht und Tausende Menschen, Tiere und letztlich der Seveso-Fluss vergiftet wurden, begann eine Serie menschengemachter Umweltkatastrophen, die sich in den 1980er-Jahren noch dramatisch steigerte: Seen und Flüsse kippten durch Überdüngung und Abwässer um und wurden durch Chemieabfälle vergiftet, bis das Leben darin fast erlosch; Bäume verloren schon im Sommer ihr Laub, und ganze

Wälder starben durch sauren Regen. 1986 vergiftete der größte Chemieunfall der Geschichte den Rhein und angrenzende Gewässer bis zur Nordsee. Ein Großbrand im Chemiewerk Sandoz bei Basel hatte die Katastrophe ausgelöst. Ohne Auffangbecken oder sonstige Sicherheitsvorkehrungen spülte das Löschwasser tonnenweise tödliches Gift in den Rhein. Im gleichen Jahr ereignete sich die Nuklearkatastrophe im ukrainischen Tschernobyl, als ein Test im Atomkraftwerk durchgeführt werden sollte. Weite Teile des Landes wurden verstrahlt, die radioaktive Wolke erreichte die letzten Winkel Europas und vergiftete Felder, Wälder, Seen und Städte. Gleichzeitig brannten am Amazonas die einzigartigen tropischen Regenwälder lichterloh. Fluorchlorkohlenwasserstoffe (FCKW), vor allem in Spraydosen, Kühlschränken und Klimaanlagen vorzufinden, rissen ein gigantisches Loch in die schützende Ozonschicht der Erde. Anfang der 80er-Jahre wurde das Ozonloch erstmals nachgewiesen, und die anthropogenen Ursachen wenig später aufgedeckt.

All das führte zu einem Aufschrei in Europa, vor allem in Deutschland.

Die Geburt der Umweltschutzbewegung

Die 1980er-Jahre waren aber nicht nur ein Jahrzehnt der menschengemachten Katastrophen, sondern auch ein Jahrzehnt der erfolgreichen Umweltbewegung. Ein Jahrzehnt, das auch Hoffnung für heute gibt. Es war die Zeit, als die Grünen sich gerade gegründet hatten und in den Bundestag einzogen. Es war die Zeit, als die Menschen aufstanden, protestierten und sich so lange engagierten, bis die Politik endlich Maßnahmen ergriff: Phosphate in Waschmitteln wurden verboten, FCKW-haltige Spraydosen ebenso, Kläranlagen zu weiteren Reinigungsstufen und Kraftwerke zu Filtern verpflichtet, Holzimporte gestoppt. Es wurden strengere Vorschriften für Abwässer, Kanalisation und Industrie erlassen und neue Naturschutzgebiete/Nationalparks gegründet, Biolandbau gefördert und internationale Artenschutzabkommen getroffen sowie Walfangverbot verhängt. Wenn Proteste nicht halfen, boykottierten wir entsprechende Produkte, bis die Politik endlich reagierte und die Wirtschaft verstand, dass es so nicht weiterging. Wir haben damals erfahren, dass sich etwas bewegen lässt, wenn der Aufschrei so lange hallt, bis der Industrie und der Gier nach Wachstum Grenzen gesetzt werden.

Die zahlreiche Maßnahmen, die damals ergriffen wurden, zeigten schon bald Wirkung, und es dauerte nicht sehr lange, bis Wälder, Flüsse und Seen anfingen, sich zu erholen, selbst die Wale vermehrten sich wieder.

Doch kaum hatte sich die Natur ein wenig regeneriert, fing der Mensch in den 90er-Jahren schon wieder mit der gnadenlosen Ausbeutung an. Diesmal still und heimlich unter dem Deckmantel unzähliger Ökolabels, die die Farbe nicht wert sind, mit der sie gedruckt werden, schon gar nicht unter ökologischen Aspekten. Selbst Wale werden in Japan unter dem Vorwand, es diene der Wissenschaft, gejagt, das Fleisch kann man dann im Supermarkt kaufen. Weil der große Aufschrei ausgeblieben ist, haben die Japaner kürzlich angekündigt, wieder kommerziell Wale zu jagen. Dabei sind die Tiere nach wie vor vom Aussterben bedroht. Dazu kommt, dass Walfleisch hochgradig mit Schwermetallen und Quecksilber belastet ist.

Green-Washing – Hirnwäsche

Aber der Walfang ist nur die Spitze des Eisbergs: Plastikmüll, Pestizide, Überfischung und Klimaerwärmung sind aktuell die größten Herausforderungen. Leider gehen die Meldungen im selbstverliebten Instagram-Zeitalter und angesichts der Siegel-Flut und des »Green-Washings« unter. Die Helden der 80er sitzen heute träge in ihren Sesseln. »Nach mir die Sintflut«, scheint inzwischen auch ihr Motto geworden zu sein. Jetzt ist es wieder die junge Generation, die Schüler*innen und Student*innen, die aufschreien, weil sie zu Recht eine Zukunft in einer lebenswerten Umwelt einfordern, dazu gehört vor allem auch das Meer.

Denn ohne gesunde Ozeane gibt es keine Zukunft für die Menschheit.

Aber noch verhallt der stumme Schrei der Meere in der Kakophonie des zerstörerischen Wirtschaftswahns, der außer Wachstum nichts kennt und die Angst der Menschen vor Arbeitslosigkeit und Armut stetig schürt. Doch weder die Wirtschaft noch die Menschheit kann ewig weiterwachsen, der Kollaps ist vorprogrammiert, wenn wir jetzt nicht entschieden handeln. Weder der Wald noch das Meer braucht die Menschen, aber die Menschen das Meer – und den Wald. Eine simple Erkenntnis, die schon in der Antike kein Geheimnis war. Zahlreiche Mythen und Legenden sind nichts anderes als Metaphern, die vor der Ausbeutung der Natur, vor allem der Meere warnen, nicht nur in antiken Sagen, sondern auch in allen Religionen. Die enge Verbindung zwischen Mensch und Meer ist bis heute in allen Kulturen verankert und in allen Religionen vertreten.

Wasser ist göttlich

Kein Christ ohne Taufe, kein Katholik ohne Weihwasser, und in fast allen Religionen spielt Wasser eine spirituelle Rolle: zur Reinigung, Segnung und zum Schutz vor dem Bösen. Schon in der Antike gab es keine jüdische Gemeinde ohne die Mikwe, das rituelle Bad, und die islamischen Moscheen werden gar mit Rosenwasser ausgewaschen. Der Fisch gilt als urchristliches Symbol, und das Meer ist weder aus dem Alten noch aus dem Neuen Testament wegzudenken. Die Bibel, der Koran und die Tora und damit alle monotheistischen Religionen erzählen von Moses, der das Rote Meer teilt, und dem Propheten Jona, der drei Tage in einem Wal überlebt. Das Neue Testament von Jesus, der über das Meer geht und für Petrus die Fische ins Netz lockt. In anderen Religionen spielen die Zuflüsse der Meere die Hauptrollen, beispielsweise im Hinduismus. In Indien gilt der Ganges auch heute noch als der heiligste Fluss der Erde und müsste eigentlich »die Ganges« heißen, denn der Name bezieht sich auf die Göttin Ganga, für Hindus die Mutter Gottes schlechthin. Aber mit Demut und Respekt vor der Göttin ist es nicht weit her: Der Ganges ist einer der größten Flüsse der Erde und einer der verseuchtesten. Alles, was man sich vorstellen kann, landet in diesem Gewässer, das kaum mehr Fische trägt. Vor jedem Tempel werden die Schuhe ausgezogen, aber Göttin Ganga wird vergiftet. Doch inzwischen formieren sich in Indien Protest- und Umweltbewegungen, um Ganga zu retten.

In der restlichen Welt gab es in der Antike nicht nur Meeresgötter, sondern ebenfalls zahlreiche Meeresgöttinnen, wie die sumerische Meeresgöttin Nammu oder die griechische Amphritide, die südamerikanische Yemayá, die chinesischen Göttinen Hin Tau und Matsu oder Göttinnen, die eng mit dem Meer verbunden sind, wie die in Meeresschaum geborene Aphrodite, die römische Venus oder die Meernymphe Calypso – göttliche Meerfrauen tauchen in allen Kulturen auf. Und ganz besonders in denen, die von Meer umgeben sind, wie die der polynesischen Inselwelt: Ina oder Hina.

Aloha 'Oe – Willkommen in der Südsee

Sanft schwappten die Wellen in die riffgeschützte Lagune des Südseearchipels Rarotonga. Das türkisblaue Meer glitzerte unter der tropischen Sonne fast kitschig. Umrahmt wurde diese elysische Wasserwelt von einem fast schneeweißen, pudrigen, palmengesäumten Sandstrand. Es war genau so, wie ich mir die Südsee-Idylle vorgestellt hatte, als ich das erste Mal nach Polynesien reiste und auf der Hauptinsel des Cook-Archipels landete. Der friedliche Ozean mit seiner lieblichen Inselwelt zeigte sich mit einer fast übernatürlichen Schönheit, sodass mir das Herz allein bei dem Gedanken an den steigenden Meeresspiegel blutete. Beim Anblick dieses scheinbar unberührten Archipels war es kaum zu glauben und noch weniger zu ertragen, dass dieses und andere Südsee-Paradiese bereits dem Untergang geweiht waren. Die Lagune war wie ein Gruß der Götter, um daran zu erinnern, was die Menschheit gerade zerstört. Denn der Klimawandel ist in der polynesischen Inselwelt längst angekommen. Bereits 2010 verwüstete ein Zyklon unter anderem eine Insel des Cook-Archipels. Die Strände sind auf vielen polynesischen Inseln deutlich schmaler geworden, weil der Meeresspiegel längst gestiegen ist. Durch die Klimaerwärmung bleichen Korallenriffe aus und sterben ab, mit zahlreichen, weitreichenden Folgen. Für diese Region bedeutet das unter anderem, dass die schützenden Riffe durchlässig werden und die Inseln noch weniger vor den zunehmenden Unwettern schützen.

Die Südsee-Inseln sind dem Klimawandel genauso hilflos ausgesetzt wie einst den Atomwaffentests, die seit Ende des Zweiten Weltkriegs bis zur Jahrtausendwende vor allem von den USA und Frankreich in Polynesien durchgeführt wurden. Die Ausmaße der radioaktiven Verstrahlung auf Mensch und Umwelt sind noch lange nicht umfassend untersucht worden, die Folgen der Strahlung auf die Meeresfauna wurden kaum erforscht, und über die Auswirkungen der gewaltigen Explosionen auf die Tektonik des pazifischen Feuerrings weiß man nichts.

Atombomben-Versuchslabor Südsee

Erst im Oktober 2018 wurde Frankreich für die Atomversuche auf den polynesischen Atollen vor dem Europäischen Gerichtshof in Den Haag wegen Verbrechen gegen die Menschlichkeit, verklagt. Dabei bezogen sich die Richter auf die Folgen der 193 Atomwaffenversuche in den Jahren 1966–1996 auf dem Mururoa-Atoll und dem Fangataufa-Atoll und deren Auswirkung auf die Bevölkerung.

Kein Wort bei dem Urteil von einer Kompensation für die Zerstörung der Ozeane. Man hätte beispielsweise erwarten können, dass Frankreich nun zusätzliche Schutzzonen in seinen Hoheitsgebieten auszeichnen müsste. Es gäbe zahlreiche Möglichkeiten, die Meere zu entlasten und ihre natürliche Regeneration zu fördern, aber die Verantwortlichen drücken sich stets vor den Konsequenzen und beugen sich dem Druck der Wirtschaft.

Gäbe es nicht diverse unglaublich engagierte Einzelkämpfer und unabhängige Organisationen, die sich weltweit für die

Meere einsetzen, wären die Ozeane wahrscheinlich schon längst kollabiert.

Viele Meeresschützer pflegen darüber hinaus auch eine ganz besondere Beziehung zu den Bewohnern des Ozeans. Das war schon immer so, Mythen und Legenden vermischten sich hier mit wahren Geschichten. So soll auch die biblische Geschichte um Jona und den Wal einen wahren Kern haben. Die Legende besagt, dass Jona von einem Wal (oder einem großen Fisch) verschlungen wurde und drei Tage und Nächte in seinem Magen verbrachte, bevor er ausgespien wurde und schließlich seine biblische Mission erfüllte. Zahlreiche Wissenschaftler stellten sich schon ernsthaft die Frage, ob so etwas möglich sei, was es natürlich nicht ist. Aber der deutsche Tauchlehrer Rainer Schimpf hat im Frühjahr 2019 zumindest bewiesen, dass ein Mensch im Schlund eines Wales verschwinden und unversehrt wieder entkommen kann. Der 51-Jährige wollte eigentlich vor der Küste von Südafrika einen Sardinenschwarm filmen, dabei wurde er versehentlich von einem Brydewal verschluckt, der ihn umgehend wieder ausspuckte. Die Bilder von Schimpf im Wal gingen um die Welt und wurden von vielen Medien in Zusammenhang mit der biblischen Geschichte um Jona und dem Wal gebracht.

Es gibt heute einige engagierte Forscher und Meeresschützer, die sich zwar nicht *in*, aber *ganz nah bei* den Giganten der Meere aufhalten. Es sind Menschen, die ein ganz besonderes Verhältnis zum Meer und ihren Bewohnern haben und zu manchen Tieren eine außergewöhnliche Nähe aufbauen konnten – vor allem Frauen.

Das Geheimnis der Meerjungfrauen

Kein Wunder also, dass Meerfrauen eine Sonderstellung in der Mythologie aller Kulturen einnehmen, von den Sirenen bis zur kleinen Meerjungfrau. Nixen gehören zu den beliebtesten Motiven in der darstellenden Kunst und dürfen auch in keiner modernen Fantasy-Geschichte fehlen. Die Comicverfilmung »Aquaman« mit der Meerjungfrau Mera, gespielt von Amber Heart, war einer der erfolgreichsten Filme im Jahr 2018. Im Kern geht es dabei um nichts anderes als die Rettung der Meere. Aber vor allem ganz reale »Meerfrauen« lenken die Aufmerksamkeit auf den dringend notwendigen Schutz der Meeresbewohner.

Die Bilder der Meeresbiologin Ocean Ramsey, mit einem riesigen weißen Hai an ihrer Seite, gingen um die Welt. Seit Jahren forscht die in Hawaii lebende Wissenschaftlerin über weiße Haie und kämpft gegen das Monsterimage, das diesen Tieren spätestens seit dem Horrorfilm »Der weiße Hai« anhaftet. In Hawaii gilt der Hai übrigens, wie in ganz Polynesien, als heiliges Tier.

Aber nicht nur die Menschen interessieren sich für die Meeresbewohner – es wird auch immer wieder von den umgekehrten Fällen berichtet, in denen Meeresbewohner die Nähe von Menschen suchen. Vor allem Delfine scheinen zu spüren, wer Hilfe benötigt und wer sich engagiert, um sie zu beschützen. Dass Menschen von Delfinen vor dem Ertrinken oder vor Haiattacken gerettet wurden, ist keine Seltenheit. Doch auch große Wale sind offenbar zu solchen Leistungen in der Lage.

Die Forscherin Nan Hauser beispielsweise taucht mit Walen und erforscht die Sprache und Gesänge dieser Tiere. Seit Jahrzehnten engagiert sich die Biologin für den Schutz dieser Meeressäuger und hat zu einigen ein enges Verhältnis aufgebaut. Bei einem ihrer Tauchgänge wäre sie beinahe von einem Tigerhai attackiert worden, wenn eine Gruppe von Buckelwalen sie nicht verteidigt und den Hai verjagt hätte. Nan Hauser konnte diese lebensgefährliche Begegnung 2018 aufnehmen. Das Video ging um die Welt.

Auch der Inselschamane Pa erzählt von einer solchen Begegnung, die ihn beinahe das Leben gekostet hätte. Bei Pa waren es Delfine, die ihm einst das Leben retteten. Eine dicke Narbe an seinem Arm zeugt noch heute von der Hai-Begegnung. Haie sind aber keineswegs gefährliche »Monster«, es gibt sogar immer wieder Berichte von Haien, die Menschen gerettet haben. Das vergisst auch Pa nie zu erwähnen, ebenso Nan Hauser, die auf der Südseeinsel als Walfrau selbst schon zur Legende geworden ist.

Doch gerade als ich die Amerikanerin auf ihre Prominenz in Polynesien ansprechen wollte, sagte sie, dass doch eigentlich ich es wäre, die auf den Cook-Inseln berühmt sei – oder besser mein Name. »Ina und der Hai« ist die berühmteste Sage der Cook-Inseln und das beliebteste Künstlermotiv der Inselgruppe. Selbst der einzige noch gehandelte Cook-Dollar-Schein zeigt Ina mit dem Hai, ebenso einige Münzen.

Die Göttin Ina taucht in vielen Südsee-Sagen auf, spielt aber in der Mythologie der Cook-Inseln eine ganz besondere Rolle. Vielleicht weil sie dort so etwas wie die Aphrodite der Sagenwelt ist und auch für den Schutz der Meere steht.

Ina und der Hai

Einer polynesischen Sage nach hatte die spätere Meeresgöttin Ina die Aufgabe, den großen Gott Tinirau zu suchen, um den gestohlenen Meeresschatz wiederzufinden. Doch sie wusste nicht, wo sich die Insel von Tinirau befand, denn es war eine schwimmende Insel. Und so bat sie ihre Freunde, die Fische, und andere Meeresbewohner um Hilfe. Die Tiere boten auch bereitwillig ihre Unterstützung an, doch die Reise zu Tinirau scheiterte stets aus ganz unterschiedlichen Gründen, und sie landete immer wieder auf ihrer Heimatinsel, bis ein Hai seine Dienste anbot. Damit sie auf dem Weg etwas zu trinken hatte, nahm sie ein paar Kokosnüsse mit. Um sie öffnen zu können, schlug sie die erste auf der Rückenflosse des Hais auf, was sich das Tier noch gefallen ließ. Als sie jedoch die zweite auf seinem Kopf zerschlagen wollte, schüttelte sie der Hai ab und tauchte weg (damit wird die keulenartige Ausbuchtung auf der Nase von Hammerhaien erklärt). Ina sank in die Tiefe, ertrank jedoch nicht, denn Tangaroa, Meeresgott und König der Haie höchstpersönlich, hob sie empor und brachte sie schlussendlich doch noch zu seinem Sohn, dem Meeresgott Tinirau, mit dessen Hilfe sie den gestohlenen Schatz zurückerobern konnte.

Und wie bei allen Mythen wird auch dieser einen wahren Kern haben. Tatsächlich soll auf den Cook-Inseln immer wieder und auch vor nicht allzu langer Zeit eine Frau von einem Hai vor dem Ertrinken gerettet und an Land gebracht worden sein. Erst kürzlich soll auch ein polynesischer Fischer, der auf seinem Boot schlafend weit ins offene Meer abgetrieben war, von einem Hai sanft auf ein nahendes Schiff aufmerksam gemacht und dadurch gerettet worden sein.

Das Geheimnis der schwimmenden Inseln

Auch die schwimmende Insel ist nicht nur ein Mythos, der in fast allen Sagen, Märchen und auch modernen Romanen, die mit dem Meer zu tun haben, auftaucht. Es gibt sie tatsächlich, sie bestehen aus Treibgut und sind manchmal sogar bewohnt. Bekannt sind zurzeit einige schwimmende Inseln auf Binnenseen wie zum Beispiel dem Titicacasee. Sie wurden von den peruanischen Ureinwohnern, den Urus, aus Schilfgras geflochten. Die Urus besiedelten die schwimmenden Inseln, um sich vor feindlichen Stämmen auf dem Festland zu schützen, und leben noch heute darauf.

Der berühmte norwegische Ethnologe und Umweltaktivist Thor Heyerdahl (1914–2002) hatte sein Leben der Theorie gewidmet, dass Polynesien von Peru aus besiedelt worden war. Durch den spektakulären Schiffsnachbau Kon-Tiki konnte er praktisch beweisen, dass eine Überfahrt von Peru nach Polynesien für die Ureinwohner machbar gewesen wäre. Möglich, dass die schwimmende Insel in dem Mythos von »Ina und der Hai« in Wahrheit ein Floß war. Vielleicht war es auch eine Insel aus riesigen Braunalgen, so wie sie aus der Karibik bekannt sind. Die Riesenschildkröten auf den Galapagos-Inseln sollen ebenfalls vom Südamerikanischen Festland aus auf schwimmenden Inseln das Archipel erreicht haben. Allerdings tauchen schwimmende Inseln auch in der griechischen und römischen Mythologie auf. Beispielsweise die griechische Insel Delos soll einst eine schwimmende Insel gewesen sein, die der Göttin Leto als Geburtsstätte diente. Dem zur Folge soll Poseidon die Insel an vier Diamantsäulen befestigt haben.

Selbst Kolumbus begegnete 1492 den berüchtigten schwimmenden Inseln bei seiner Suche auf dem Seeweg nach Indien und dokumentierte diesen Vorfall sehr genau. Demnach muss es schrecklich für die Besatzung der Schiffe gewesen sein, als sie nach Wochen auf hoher See einen Streifen am Horizont sahen und dann feststellen mussten, dass sie auf eine Insel aus schwimmendem Tang zusteuerten. Sie berichteten sogar von Armen aus Tang, die versuchten, ihre Schiffe zu erobern, und von einem seltsamen Licht auf der Tanginsel, das bis heute die Wissenschaft beschäftigt. Bislang blieb das Leuchten aber im Reich der Mythen, genau wie die kapernden Algenarme. Tatsächlich steckte die Flotte von Kolumbus aber tagelang bei einer Flaute in einem Algenteppich fest, bis sie endlich eine Brise erlöste und in die Karibik trug. Die Details für die Nachwelt hielt Kolumbus in seinem Logbuch fest. Er gilt damit auch als Entdecker der Sargassosee, die nach den Algen *Sargassum* benannt wurden.

Der moderne Fluch der Karibik

Diese explosionsartige Vermehrung der *Sargassum*-Braunalgen wurde inzwischen jedoch zu einer Todesfalle für zahlreiche Meeresbewohner, die ansonsten mit und von dieser meterlangen, freischwimmenden Alge leben. Ob die Klimaerwärmung oder der Plastikmüll dieses uralte Gleichgewicht ins Wanken und zu einer Überproduktion von Algen geführt und die Strömungen verändert hat, weiß niemand, nur dass immer mehr Algen in der Karibik an Land gespült werden. Die Sargassosee selbst ist ein Meer ohne Ufer, umrahmt von verschiedenen Strömungen zwischen dem Bermuda-Dreieck und dem Golfstrom. Durch den Sog sammeln sich diese freischwimmenden Braunalgen und bilden eine riesige schwimmende Insel. So war es jedenfalls jahrhundertelang, aber aus dem Algenstrudel wurde inzwischen vor allem ein Plastikstrudel, und das Meer würgt die Algen tonnenweise an die Strände der Karibik. Als in den Sommern 2018 und 2019 Unmengen dieses Tangs vom Ozean an die Strände der Karibik gespuckt wurden und sich dort meterhoch auftürmten, gab es für Millionen von Tieren kein Entkommen mehr. Sie verendeten elendig unter dem Algenberg. Wie der faulige Atem eines Todkranken ventilierten die verrottenden Algen stinkende, schwefelige Gase, die Metall schwärzen und Menschen vergiften können. Kurz: Sie stinken wie der Teufel und vermehren sich wie die Pest. Sie sind wie Bakterien im menschlichen Darm, lebenswichtig für die Verdauung, aber aus dem Ruder geraten, eine tödliche Falle. Der Ozean ächzt und stöhnt und wird kollabieren, wenn wir ihn weiter so traktieren. Dann werden die Wunder der Natur, wie die schwimmenden Inseln auf der Sargassosee, zur Pest für die Menschheit.

Zwar gibt es außer diesem Tang-Teppich aktuell keine bekannten schwimmenden Inseln auf den Weltmeeren, das heißt aber nicht, dass es keine gibt. Nicht nur Seefahrer haben immer wieder von diesen schwimmenden Inseln auf hoher See berichtet, auch Biologen sind sich einig, dass einige tierische Inselbewohner ihr heutiges Zuhause auf einer schwimmenden Insel gefunden haben. Meist sind es Seegras- oder Braunalgenteppiche, die sich zu einer Insel formieren, auf denen andere Algen und auch höhere Pflanzen wachsen und mit der Zeit eine stabilere Grundlage bilden. Auch in der modernen Literatur, wie dem Bestseller »Schiffbruch mit Tiger«, tauchen solche Inseln immer wieder auf und nehmen in fast jedem Meeres-Mythos einen festen Platz ein, so wie als Wohnort des polynesischen Meeresgottes Tinirau.

Rückkehr ins Meer

Vielleicht haben die Vorfahren der Meeressäuger Schiffbruch auf einer solchen Insel erlitten und mussten schwimmen lernen. Tatsächlich sind Walc und Delfine aber die einzigen Säugetiere, die einst vom Land wieder vollständig ins Meer zurückgekehrt sind. Nach wie vor ist sich die Wissenschaft nicht darüber einig, wie intelligent diese Meereswesen sind. Inzwischen wurde immerhin nachgewiesen, dass ihr Hirn dem des Menschen ebenbürtig ist. Delfine sind mit Abstand die beliebtesten Meeresbewohner, und wer mit der Fernsehserie »Flipper« aufgewachsen ist, weiß, wie Hollywood schon sehr früh die Tiere medial erfolgreich missbrauchte. Fast zwanzig verschiedene Delfine wurden für die Serie benutzt. Dennoch hat diese Serie auch ihre guten Seiten gehabt: Sie weckte die Sehnsucht nach dem Schutz der Meere und ihrer Bewohner. So war auch für mich das Meer schon von Kindesbeinen an heilig und zog mich magisch an.

HANNES JAENICKE

Wasser war bereits als Kleinkind mein Lieblingselement. Meine Schwester pflegte liebevoll ihre vermeintlich erkrankten Puppen (sie wurde später Krankenschwester), mein Bruder bemalte Wände mit dem Spinat, den er nicht essen mochte (er wurde erfolgreicher Maler). Laut meiner Mutter wurde ich schon euphorisch, wenn die Plastikwanne mit Wasser gefüllt wurde, in der ich gebadet wurde. Ich kann mich noch erinnern, dass diese Wanne immer gut sichtbar auf unserer Waschmaschine stand und bei Benutzung in der großen Badewanne platziert wurde. Das war der Beginn meiner Karriere als Wasserratte. Die nahm eine steile Kurve nach oben, als ich als Anderthalbjähriger zum ersten Mal an die Nordsee durfte.

Ab Anfang der 6oer-Jahre mietete meine Großmutter, Nonna genannt, in einem Sommer eine Ferienwohnung in Domburg an der holländischen Küste. Dort verbrachten wir von da an alljährlich unsere Sommerferien. Ich konnte zwar noch nicht schnell laufen, schaffte es aber in jedem unbeobachteten Moment, meiner Oma oder Mutter zu entwischen und auf allen vieren in die Brandung zu krabbeln. Babyschwimmen gab es noch nicht, und diese neon-farbenen Schwimmflügel auch nicht, jedenfalls nicht in unserem Haushalt. Meine Mutter erzählte noch Jahrzehnte später, dass nichts meine Freude am Baden stoppen konnte. Offenbar war es mir egal, wenn mir vor Kälte die Lippen lila anliefen

und die Zähne klapperten. Oder wenn ich so viel Salzwasser ge-
schluckt hatte, dass ich mich übergeben musste. Es war mir wohl
auch egal, wenn mich die Wellen immer wieder unter Wasser
zogen. Ich muss vor Vergnügen gequietscht haben und musste
jedes Mal aus dem Wasser gezerrt werden, sehr zu meinem krei-
schenden Missvergnügen. Meine Geschwister waren pflegeleich-
ter, sie buddelten ganztägig im Sand, sammelten Muscheln, fut-
terten Pommes mit Majo und waren eher wasserscheu.

Woher diese Liebe zum Wasser kommt, weiß ich nicht. Astro-
log*innen würden vielleicht sagen: Sternzeichen Fisch, Aszendent
Krebs: der kann ja nicht anders, der arme Mann. Von Astrologie
habe ich keine Ahnung und bin diesbezüglich auch eher skep-
tisch. Aber so richtig erklären kann ich mir meine Leidenschaft
zum Wasser und zum Wassersport nicht. Ich bin gebürtiger
Frankfurter, also zumindest meine Herkunft scheint nicht der
Grund dafür zu sein, dass ich begeisterter Surfer, Schwimmer und
Kajakfahrer bin. Ich besitze Segelscheine und zu viele Surfboards,
und ein Urlaub ohne Surfen, Kiten oder Windsurfen ist in meinen Augen eher Strafe und Zeitverschwendung als Erholung.

Aber vom Wassersport abgesehen reicht es mir oft, nur am
Wasser zu sitzen und darauf zu gucken. Das kann die Nordsee,
der Pazifik, ein See, Weiher oder Gebirgsbach sein. Oder der
Rhein. Einfach am Fluss sitzen und zuschauen, wie die Schiffe
rauf- und runterfahren (wenn der Rhein nicht wie im Sommer
2018 gerade ausgetrocknet ist). Wasser nur zu betrachten hat etwas Meditatives und Beruhigendes. Das silbrige Schimmern von
Seen und Flüssen, die bläulich metallische, bisweilen schäu-
mende Oberfläche der Meere ist mit nichts zu vergleichen. In
solchen Momenten erscheint mir das Wasser mystisch, und es ist
leicht zu glauben, dass unsere Vorfahren Götter, Geister und andere Wesen damit in Verbindung gebracht haben. Wobei ich im
religiösen Sinn kein gläubiger Mensch bin. Das Einzige, woran
ich glaube, ist die Evolution. Aber die Mythen und Sagen, die seit
Menschengedenken über Meere und Ozeane überliefert werden,
haben mich immer schon fasziniert oder zumindest amüsiert:

Viele erinnern an gute Comics und Cartoons. Das fängt bei der griechischen und römischen Göttermythologie an und geht bei den Sagen der Kelten, Wikinger, Inuit und Polynesier weiter.

Es leuchtet mir durchaus ein, dass es in vielen alten oder indigenen Kulturen für jeden Lebensbereich Götter gab, wie bei den Griechen den Meeresgott Poseidon oder bei den Römern Neptun. Diese Arbeitsteilung unter Göttern scheint mir moderner und effizienter als die Allmacht eines einzigen Gottes in monotheistischen Kulturen zu sein. Der muss in Anbetracht dessen, wie wir Menschen mit seinem Werk und der Umwelt umgehen, an Multitasking, Überforderung und Burnout kläglich scheitern oder in Depressionen verfallen. Vielleicht guckt der Herrgott deshalb in allen Darstellungen so ernst und streng und lacht nie. Bezeichnenderweise sind die archaischen, polytheistischen Kulturen und ihre Mythen und Märchen völlig anders mit ihrer Umwelt umgegangen, als wir es tun, nämlich nachhaltig und weitaus weniger zerstörerisch. Vordenker wie Noam Chomsky von der Elite-Uni MIT in Boston sind der Überzeugung, dass wir unseren Planeten nur noch retten können, wenn wir uns beim Umgang mit unserer Umwelt an indigenen Kulturen wie den First Nations in Kanada, Indianern in den USA, Indios in Südamerika, Bushmännern in Afrika oder Aborigines in Australien orientieren würden. Das sind aber genau die Kulturen und Ethnien, die wir weitestgehend vernichtet haben.

Mythen und ihr wahrer Kern

Überlieferungen zeigen, dass diese vermeintlich barbarischen oder primitiven Kulturen eine tiefe Ehrfurcht hatten vor den Elementen. Neptun, Poseidon oder Tangaroa wurden respektiert und verehrt. Wenn sie wütend wurden, glaubten diese Völker, gab es brutale Stürme und zahllose Tote. Damals lebten Menschen gefährlich, in keinster Weise abgesichert wie wir heute. Es gab weder Rettungswesten noch Leuchtraketen oder Seenot-Retter. Man fuhr auf Schiffchen und Nussschalen über die Weltmeere, die wir heute nicht einmal für eine Kaffeefahrt auf dem Tegernsee besteigen würden. Alles, was man bei einem Tret- oder Ruderbootverleih mieten kann, ist wahrscheinlich sicherer und komfortabler.

Anders sieht es allerdings aus, wenn eine Notlage uns zwingt, wie derzeit viele Flüchtlinge, die versuchen, zum Beispiel von Libyen aus übers Mittelmeer nach Europa zu kommen. Diese Menschen nutzen sogar Wracks, um ihrer Heimat zu entfliehen. Viele überleben ihre Reise nicht. Insofern war es schon früher überaus klug, Angst und Respekt zu haben vor den jeweiligen Göttern und ihren Elementen und diese mit Demut zu behandeln. Vermutlich ist der Verlust dieser Art von Religiosität ein Werteverlust, der zu der unaufhaltsamen Umweltzerstörung führt, die wir mittlerweile erleben. Wenn man wie viele Indianer und andere indigenen Kulturen die Natur und das, was sie hervorbringt, vergöttert, dann geht man anders mit ihr um, als es unsere Wegwerf- und Konsumgesellschaft tut.

Manch uralte Legende scheint heute aktueller denn je. Zum Thema Artensterben beispielsweise fällt mir immer die biblische Geschichte von der Arche Noah ein. Wenn sich der Artenverlust weiter so beschleunigt, wie es heute der Fall ist, dann werden wir die letzten Vertreter der aussterbenden Tierarten tatsächlich in irgendeiner Form von Arche konservieren und sie irgendwo hinschaffen müssen, wo sie in Sicherheit sind. Wie in fast allen Hightech-Bereichen zeigen die USA, wie diese Arche aussehen wird: Im sogenannten »Frozen Zoo«, einem Labor nahe San Diego, werden Eizellen, Sperma und DNA von aussterbenden Tierarten gesammelt, eingefroren und konserviert, um sie eines Tages aus dem Gen-Labor wieder auferstehen zu lassen, ähnlich wie die Dinosaurier in *Jurassic Park*. Das aktuellste, sehr reale Beispiel ist das 2018 in freier Wildbahn endgültig ausgestorbene nördliche Spitzmaul-Nashorn. Mit dessen konserviertem Sperma werden Wissenschaftler demnächst in einem Reagenzglas eine weibliche Eizelle befruchten und anschließend von einem südlichen Spitzmaul-Nashorn in Afrika austragen lassen. Mission accomplished, Art gerettet, wenigstens eine einzige der einen

Million (von bisher bekannten zwei Millionen) Spezies, die laut neuestem IPBES-Bericht vom Aussterben bedroht sind. Das alttestamentarische Konzept der Arche Noah erhält durch diese Analyse des Weltbiodiversitätsrates eine tragische Aktualität und Dringlichkeit.

Auch die überlieferten Meeressagen und -geschichten, die weniger aktuell scheinen, sind faszinierend. Jonas und der Wal zum Beispiel. Seit ich die Geschichte kenne, frage ich mich, wie sie zu verstehen ist. Einerseits spielt sie mit der menschlichen Angst, gefressen zu werden, andererseits überlebt Jonas sein Abenteuer unbeschadet. Wenn der Wal Jonas aber unversehrt wieder ausspuckt, warum haben die meisten Menschen eine solche Angst vor großen Meeresbewohnern? Die Wissenschaft kennt keine einzige marine Spezies, zu deren Beute der Mensch gehört. Das gilt auch für Haie, Orcas, Wale, Riesenkraken. Meeresbiologen vermuten, dass es sich bei Jonas' Geschichte nicht um einen Wal, sondern um einen Walhai handelt, den größten Fisch im Meer. Sein Maul wäre groß genug, um einen Menschen zu verschlucken, aber er ernährt sich ausschließlich von Plankton, Krill und kleinen Fischen, ist also für Menschen völlig harmlos.

Hawaiianer, die Bewohner der vermutlich ältesten Inselgruppe der Erde, haben einen überaus liebevollen Respekt vor Haien. Sie betrachten den Hai als Gottheit, er spielt eine wesentliche Rolle in der polynesischen Mythologie. Dort gilt er nicht als hässliches, gefährliches Tier, im Gegenteil. Die Menschen hier haben offensichtlich schon vor Jahrtausenden begriffen, wie wichtig der Hai im Ökosystem Ozean ist: Er frisst als eine Art Ozeanpolizei bevorzugt tote, alte und kranke Meeresbewohner und sorgt so für einen gesunden Fischbestand.

Die alten Griechen erklärten Delfine zu Gottheiten; in der antiken Kunst tauchen diese Meeressäuger immer wieder auf. Das mag ganz profan auch damit zu tun haben, dass Delfine für Fischer die zuverlässigsten Wegweiser zu Herings-Schwärmen und anderen Beutefischen waren. Man brauchte sie also und behandelte sie entsprechend respektvoll.

Die Verehrung von Meeressäugern im alten Griechenland teilen Norweger, Isländer, Japaner und Russen bis heute leider nicht. Diese vermeintlich modernen, zivilisierten Nationen jagen, fangen und schlachten bis heute Wale und Delfine, sabotieren die IWC (die Internationale Walfang-Kommission) und ihre Walschutz-Moratorien. Und kein anderes Land der Welt kommt bisher auf die Idee, diese Nationen per Sanktion oder politischem Druck zu einem Umdenken zu bewegen.

Sehnsucht und Seemannsgarn

Auf die mündlich übertragenen Sagen der Frühzeit folgten nach Erfindung der Schrift unzählige Werke, die aus der Faszination des Menschen für das Meer entstanden sind, von Homers »Odyssee« über Melvilles »Moby Dick« bis zu Heyerdahls »Kon-Tiki«. Dazwischen großartige Jugendliteratur wie »Robinson Crusoe«, »Die Schatzinsel«, Jules Vernes »20 000 Meilen unter dem Meer« und »In 80 Tagen um die Welt«. Vielleicht hat die Sehnsucht vieler Menschen nach dem Meer mit diesen Büchern zu tun. »Robinson Crusoe« war ein Weltbestseller. Die Idee, allein auf einer einsamen Insel zu stranden und zusammen mit einem guten Kumpel dort überleben zu müssen, fand ich sehr viel inspirierender als Schulbesuch, Geigenunterricht und Messdienern, Gleiches galt für »Die Schatzinsel«. Einem Großstadtkind, dessen Spielplatz die Frankfurter Nordwest-Stadt und das vermüllte Nidda-Ufer war, erschien Stevensons exotische Insel wie das Paradies.

Eine weitere völlig unbekannte Geschichte ist die eines deutschen Frachtseglers, »Libelle« genannt, der 1866 auf der Reise von San Francisco nach Hongkong auf einem winzigen Atoll im Südpazifik, irgendwo zwischen Hawaii und Marianen-Inseln, auf ein Lava-Riff auflief und zerschellte. Mannschaft und Passagiere, darunter eine Opernsängerin und Geschäftsleute, konnten sich auf eine winzige, paradiesisch schöne Insel retten und überlebten dort drei Wochen lang. Weil es aber kein Süßwasser gab, es kein einziges Mal regnete und keinerlei Rettung in Sicht war, entschlossen sie sich, in den winzigen, notdürftig reparierten Rettungsbooten die Weiterreise in Richtung Marianen-Inseln zu wagen, um dem sicheren Tod durch Verdursten zu entkommen. Dank des brillanten deutschen Steuermanns überlebten die meisten die über 1000 Seemeilen weite Reise in den Nussschalen. Dieses Ereignis gilt bis heute als einer der spektakulärsten Rettungsaktionen der Seefahrtsgeschichte. Außerdem hatte auch die Libelle einen Silberschatz an Bord, mit dem ein Waffendeal für den japanisch-chinesischen Krieg bezahlt werden sollte. Der Schatz ist bis heute nicht geborgen; immer noch versuchen moderne Schatzsucher und Glücksritter, ihn zu finden. Solche Geschichten faszinieren mich heute genauso wie als kleiner Junge; am liebsten würde ich sie alle verfilmen.

Eine der bewegendsten Geschichten von Gewässer und Mensch erzählt Theodor Fontane in seiner Ballade »John Maynard« über einen Steuermann, der sein brennendes Schiff nicht verlässt und sich für seine Passagiere und die Besatzung opfert. Auch Bertolt Brechts »Ballade von der Hanna Cash« erzählt zwar eine tragische Geschichte, ist aber ein poetischer und gleichzeitig schonungsloser Text über die Härte der Seefahrt, der Seemänner, des Lebens auf See.

Beim Thema Wasser geht es im Grunde immer um Leben und Tod. Es spendet Leben und zerstört es auch wieder. Damit symbolisiert es das Leben an sich. Man kann in einem Flusslauf durchaus eine Metapher sehen für den *Lauf des Lebens*. Es ist kein Zufall, dass zumindest in der deutschen Sprache Mensch und Fluss »laufen«, sich »verlaufen« und »zulaufen«. Unser ganzes Leben ist ein Fluss. Bei manchen ein kurzer oder langer, ein ruhiger oder wilder, bei manchen beides. Mensch wie Fluss fangen klein, zart, unscheinbar an. Der eine im Bauch der Mutter, der andere in Mutter Erde. Wie Kleinkinder, die noch wackelig unterwegs sind, stolpern und schlängeln sich Flüsse durch ihren Oberlauf, bevor sie (ähnlich wie Menschen) im Unterlauf immer breiter und langsamer werden. Dazwischen kurven sie durch die unterschiedlichsten Landschaften, stürzen gelegentlich (Wasserfälle hinunter), werden aufgehalten und gestaut, paaren sich mit anderen (Zuflüssen), werden älter und behäbiger und landen irgendwann im Nirwana (der unendlichen Weite der Meere).

Entdecker und Helden

Jedes Gewässer transportiert Mythen und Versprechen, die alle berühmten Entdecker angetrieben haben müssen. Irgendwann fragten sich Menschen: Was passiert eigentlich, wenn ich mit meinem Einbaum oder Kahn diesen Fluss hier runterfahre, bis es nicht mehr weitergeht? Andere fragten sich: Wie sieht es eigentlich auf der anderen Seite dieses Ozeans aus? Kommt da noch was? Und schon waren die Griechen, Mauren, Wikinger, Polynesier, Maoris unterwegs, in aus heutiger Sicht abenteuerlichen Vehikeln. Es folgten Vasco da Gama, Christopher Columbus, James Cook, Charles Darwin, Ernest Shackleton, David Livingston, Alexander von Humboldt, Fridtjof Nansen, Thor Heyerdahl und viele mehr. In der Regel kennen wir heute nur noch die Glückspilze und Helden, die diese Abenteuer überlebt haben. Es gibt keine Schätzungen, wie viele Menschen auf Expeditionen und Seefahrten ihr Leben gelassen haben. Dafür wissen wir, dass alljährlich über 2,2 Millionen Deutsche eine Kreuzfahrt buchen. Das versteht man heute unter »See-Abenteuer«. Wer wie ich zu spät auf die Welt kam, um noch Entdecker zu werden, durfte wenigstens die Bücher über die Abenteuer der Seefahrt verschlingen.

Als Film- und Fernsehzuschauer waren Pioniere wie Hans Hass und Jacques Cousteau die Helden meiner Jugend. Auch wenn man sie heute zu Recht kritisch beurteilt – Costeau hat für seine Arbeit ganze Korallenriffe weggesprengt –, sie haben uns die damals weitgehend unbekannte Unterwasserwelt gezeigt und uns für den Meeresschutz begeistert.

Hans Hass und seine Ehefrau Lotte waren Vorreiter und Visionäre, die sich als Wissenschaftler bis zur Erschöpfung quälen mussten, um ihre Ergebnisse und Bilder publizieren zu können. Die damalige Kameratechnik war schon an Land schwer und unhandlich. Hass und seine Frau betrieben unter Wasser einen schier unglaublichen Aufwand, um ihr bahnbrechendes Filmmaterial produzieren zu können. Sie waren die Ersten, die Haie unter Wasser filmten, 60 Jahre bevor ich mit meinem Team und modernster Technik eine Hai-Doku drehte. Heute sind wir dank GoPros, Action-Cams, Drohnen, Digital-Technik, Mikro-Chips und Ähnlichem verwöhnt, das Filmmaterial wird immer spektakulärer. Und das Equipment wird immer leichter. Kamera-männer und -frauen müssen längst nicht mehr muskelbepackt sein, um ihren Job machen zu können.

Erst seit diese Pioniere das System Ozean erforscht haben, wissen wir, was es zu schützen gilt. Und wofür Ozeanschützer kämpfen müssen. Obwohl Themen wie Überfischung, Versaue-rung und Vermüllung der Meere, Korallenbleiche, steigende Meeresspiegel und Wassertemperaturen fast täglich in den Me-dien sind, passiert auf politischer Ebene weiterhin nichts. Oder viel zu wenig, zu zaghaft, zu spät. Umso wichtiger sind Meeres-schutz-Organisationen und ihre Aktivisten. Durch unsere Do-kumentarfilme durften wir die wichtigsten kennenlernen und mit vielen von ihnen zusammenarbeiten: Die US-Biologin Dr. Sylvia Earle ist mit ihrer »Mission Blue« eine der einflussreichs-ten Ozeanschützer*innen. Ähnliches gilt für den berühmtesten Orca-Schützer der USA, Ken Balcomb und sein »Center for Whale Research« nördlich von Seattle. Oder Randall Arauz aus Costa Rica, der mit den Organisationen »Pretoma« und »Turtle Island Restoration Network« unermüdlich für den Schutz von Haien, Mangroven und Meeresschildkröten kämpft. Dass er noch lebt, ist ein Wunder, so wie er sich seit Jahren mit Fischerei-Lobbyisten, spanischen und asiatischen Fangflotten, Hotel-Konzernen und Politikern anlegt. Oder Stefanie Brendl, eine der führenden Hai-Expert*innen und -Aktivist*innen mit ihren »Shark Allies«. Seit Jahren kämpft sie im Pazifik-Raum in mühe-voller Sisyphus-Arbeit für Gesetze gegen den Haiflossen-Handel, in Fischerei-Nationen mit mächtigen Lobbys. Mittlerweile haben 27 Staaten das Finning verboten, manche sogar allein den Besitz einer Haiflosse unter Strafe gestellt.

Kleine Fußnote: Deutschland, ehemals Vorreiter beim Umweltschutz, hat es doch tatsächlich geschafft, Schutzgesetze und Fangquoten für nur eine (!) von den bisher bekannten 450 Hai-Arten zu erlassen. Immerhin, könnte man sagen. Oder aber: genauso peinlich wie das fehlende Importverbot für Jagdtrophäen. Und genauso korrupt wie die Verlängerung der Glyphosat-Zulassung um fünf Jahre durch den Landwirtschaftsminister im Jahr 2018.

Man mag über Paul Watson, den kanadischen Gründer von »Sea Shepherd«, und seine Methoden geteilter Meinung sein, aber niemand ist erfolgreicher im Kampf gegen das weltweite Wal-Schlachten und die illegale Fischerei als er. Watson, Mitbegründer von Greenpeace im Jahr 1971, war die eigene Umweltorganisation irgendwann zu lasch. Sein Argument war: Wir können in Walfang-Kommissionen herumdiskutieren und blutrünstige Videos über japanischen Walfang zeigen. Oder wir versuchen, diese – pardon – »Arschlöcher« am Tatort, auf offener See zu stoppen. Er kaufte ein ausrangiertes Kriegsschiff und machte Jagd auf die Walfänger, wie zu besten Piraten-Zeiten. Ich treffe regelmäßig Mitarbeiter und Aktivisten von Sea Shepherd, und jedes Mal fällt mir die Annonce ein, mit der ein weiterer Held meiner Jugend Anfang des 20. Jahrhunderts eine Mannschaft für seine Antarktis-Expedition anwarb. Ernest Shackleton schrieb in der Times: »Men wanted for expedition journey: long hours of darkness, survival uncertain, glory guaranteed.«

Wir brauchen mehr Menschen wie die Seefahrer von Sea Shephard. Und mehr *Glory*, für das, was sie leisten.

Respekt und Demut

Obwohl ich einer Familie von Landratten entstamme, hatte ich, wie gesagt, nie Angst vor Wasser, auch vor tiefem nicht. Ich habe

Drehs erlebt, wo Kollegen laut Drehbuch auf offenem Meer von einem Boot springen sollten. Sie verweigerten, aus Angst vor der Tiefe und allem, was unter der Wasseroberfläche herumschwimmen könnte.

Ich weiß, es gibt Haie, Wasserflöhe, tödliche Quallen und Wasserschlangen. Eine Weile habe ich in Australien gelebt, wo solche Tiere zum Alltag gehören. Es mag naiv klingen, aber ich gehe grundsätzlich davon aus, dass einem nichts passiert, wenn man sich mit Respekt im Wasser bewegt und ein bisschen was über die entsprechenden Tiere weiß. Das gilt für Haie, das gilt für Quallen, das gilt für fast alle Wesen – außer für Wasserflöhe. Die beißen und jucken, egal wie nett man zu ihnen ist und wie höflich man ihnen aus dem Weg zu gehen versucht.

Wirklich gefährlich sind Strömungen; sie werden meistens unterschätzt. Vor ihnen habe ich mehr Angst als vor Tigerhaien und Würfelquallen. Mit Mitte 20 bin ich auf den Azoren einmal so unbedarft in den Atlantik gegangen wie ein Spaziergänger bei Ebbe ins Wattenmeer, kam aber plötzlich nicht mehr raus, weil der Sog hinaus ins Meer zu stark war: Der Tidenhub, das heißt die Differenz zwischen Ebbe und Flut, beträgt auf den Azoren bis zu acht Meter. Ein Kameramann musste mir per Schiffsleine vom Land aus an den Strand zurückhelfen. Seitdem weiß ich, wie leicht man verunglücken kann, wenn man sich unwissend und unerfahren in einem Meer oder einem Fluss bewegt. Es sind eben keine Planschbecken.

Es gibt ein paar eiserne Regeln, und die wichtigste zum Meer lautet: »Don't ever turn your back towards the sea« – kehre dem Meer nie den Rücken zu. Und: »Study the water before you go in« – guck dir das Wasser genau an, bevor du reingehst. An diese beiden Regeln halte ich mich seit meinem Azoren-Besuch. Gerade wenn man in wilderen Flecken oder schnellen Gewässern unterwegs ist, wie bei den Azoren oder auf Hawaii, an Gebirgsflüssen oder selbst am Donau-Durchbruch bei Weltenburg, sollte man zwar keine Angst, aber gesunden Respekt haben vor dem Wasser.

Dass ich das Meer eher beruhigend als beängstigend finde, hat vermutlich mit einem Traum zu tun, den ich seit meiner Kindheit habe. Zunächst ist es ein klassischer Traum vom Ertrinken: Ich sinke langsam immer tiefer ins Meer, es wird dunkler, mir fehlt die Kraft, um an die Wasseroberfläche zurückzuschwimmen. Ich gebe auf, lasse mich treiben, sinke weiter ab. Ich kann die Luft nicht mehr anhalten, Panik setzt ein, und irgendwann muss ich Luft holen. – Und stelle überrascht fest, dass ich unter Wasser atmen kann! Wie jedes Kiemen-Tier, die Meereswesen aus der Mythologie oder Arielle, die Meerjungfrau.

Ich glaube nicht, dass dies ein ungewöhnlicher Traum ist. Manchmal habe ich ihn in einer abgewandelten Variante: Ich stehe bis zum Hals im Wasser und kann mich nicht bewegen. Das Wasser steigt und steigt, bis Mund und Nase bereits unter der Oberfläche sind. Es steigt weiter, bis direkt unter meine Augen. Und dann stelle ich plötzlich fest, dass ich durch die Nase weiteratmen kann. Ein überaus beruhigendes Gefühl, ich wache jedes Mal total entspannt auf. Meine psychologisch mitnichten fundierte Deutung: Ich habe ein sehr freundschaftliches Verhältnis zum Wasser. Oder umgekehrt: Wasser will mir nichts Böses, meine Liebe zu ihm beruht auf Gegenseitigkeit. Oder es ist vielleicht doch was dran an dem Hokuspokus mit den Sternzeichen …

So wenig Angst ich *vor* ihm habe, so viel Angst hatte ich schon als Junge *um das* Wasser. Dazu muss man wissen, dass ich als Kind nicht mal meinen Fuß oder Finger in den Main oder Rhein stecken durfte, diese Flüsse waren hochgiftige Kloaken. An jedem Wehr türmten sich meterhohe, giftige Schaumberge. Das hat mich damals schon genervt, nicht weil ich schon Mini-Umweltschützer gewesen wäre, sondern weil es mir den Spaß am Spielen und Planschen versaute. Seit Menschengedenken benutzen wir Wasser begeistert als Spielzeug, zur Hygiene und Reinigung. Wir duschen, wir baden, unsere Wäsche landet in der Waschmaschine. Aber was wir dem Wasser zurückgeben, ist von geradezu schamloser Undankbarkeit: Wir hinterlassen es nach Gebrauch in einem katastrophal vergifteten Zustand. Wir verpesten es mit Chemikalien, Kosmetik- und Pharmaprodukten, Plastikmüll und Mikroplastik, Metallen, Düngemitteln, Weichmachern. Wir gehen mit Wasser um, als wäre es wertlos, unerschöpflich, selbstverständlich. Wir verschwenden, misshandeln und missbrauchen es eigentlich ständig.

Was Wasserliebhaber aber auch gerne verdrängen, ist, dass Wasser nicht nur Leben gibt, sondern auch nimmt. Es gibt kein Element, das so viel Leben spendet und gleichzeitig so viel vernichtet. Jeder Tsunami beweist das, jede große Flut. Die Hamburger Flut in den Sechzigerjahren, die zahlreichen Hochwasser an Rhein, Elbe, Donau; Hurricane Katrina, Sandy, all diese Horrorstürme und Sintfluten. Selbst ein Regenschauer kann sich zu einer Katastrophe auswachsen, wie auf Mallorca oder in Frankreich Ende 2018, als Mallorquiner und Südfranzosen starben, weil es innerhalb von zwei Stunden so viel regnete wie sonst in sechs Monaten. Und dann kommen Menschen in erschreckenden Zahlen um, wegen Tropfen, die vom Himmel fallen.

Das Faszinierende am Wasser ist sicherlich, dass es einerseits das wichtigste und (meiner Meinung nach) schönste Element ist, das wir haben. Es hält uns am Leben, es hält uns sauber, und es produziert unsere Nahrung. Neben der Luft zum Atmen brauchen wir nichts dringender als Wasser. Andererseits gibt es kein Element, das so erbarmungslos und massenhaft tötet und vernichtet, wenn es mal wütend wird.

Es lohnt sich also, demütig zu sein. Demut in Bezug auf Wasser können wir von den Touaregs lernen oder von den Berbern, Aborigines und anderen Wüstenbewohnern. Auch Menschen, die viel mit Wasser zu tun haben, weil sie in dessen Nähe leben oder zur See fahren oder auf ähnliche Weise mit ihm verbunden sind, haben einen höllischen Respekt vor dem Meer. Erst recht ihre Angehörigen. Und das völlig zu Recht, wie sich immer wieder zeigt. Auf den Tsunami 2004 in Indonesien und Thailand beispielsweise war niemand vorbereitet, weder Einwohner noch Urlauber waren über solche potenziellen Gefahren überhaupt informiert.

Problematisch ist auch, dass wir immer näher ans Wasser bauen. Früher wollte kein Mensch am Strand oder direkt am Ufer leben. Es war zu gefährlich. Egal ob in Hawaii, Kalifornien, am Mittelmeer oder an der Nordseeküste, niemand hat sich dort auf den Strand gehockt, geschweige denn direkt am Meer gebaut. Im Mittelalter hat man kein Dorf und keine Stadt direkt am Flussufer errichtet. Das begann erst, als der Mensch anfing, aus wilden Gewässern eingemauerte, begradigte und betonierte Kanäle zu machen. Erst lange nach dem Zweiten Weltkrieg fand der reiche Städter es plötzlich schick, direkt am Wasser zu wohnen. Der Ausblick auf ein Gewässer war begehrt. Eigentlich ist das grob fahrlässig, ein Bauwerk in direkter Ufernähe ist immer von Hochwasser, Fluten und Unwettern bedroht. Aber ehrlich gesagt kann auch ich mir nichts Schöneres vorstellen, als am Wasser zu leben, je näher, desto besser. Doch Klima und Wetter haben sich verändert, und damit ist auch die Gefahr für Bewohner von Küstengebieten gestiegen. Springfluten, Tornados, Zyklone und Winterstürme haben zugenommen. In Europa wissen die Griechen das am besten. Das Mittelmeer, vor allem in der Ägäis, wird irgendwann im November richtig ungemütlich. Da ist es plötzlich nicht mehr die Badepfütze, die wir kennen und lieben, da ist es genauso Mordsee wie die Nordsee, und niemand muss das auf tragischere Weise erleben als die bereits erwähnten Flüchtlinge, die ihr Leben riskieren, um Armut, Hunger und Krieg zu entfliehen und über das Mittelmeer nach Europa zu gelangen.

Aber es fehlt nicht nur an Demut für das Wasser als Element, sondern auch an Wertschätzung gegenüber der wichtigsten Ressource, die wir haben. Was für ein Luxus der Zugang zu sauberem Wasser ist, ist nur wenigen bewusst. Wir spülen damit unsere Toiletten, waschen unsere Autos, Flugzeuge, Schiffsdecks. Wir lassen es beim Duschen, Rasieren, Zähneputzen laufen, als hätten wir eine Gratis-Leitung zum Himmel. Ein Großteil der Bewohner Afrikas läuft dagegen stundenlang mit Wasserkanistern durch die Steppe oder Wüste, um an irgendeinem Ufer oder Brunnen verunreinigtes Wasser zu holen. Nur wenige Länder in Afrika und Asien haben die Mittel, die Technik und die Infrastruktur, ihren Bewohnern Zugang zu sauberem Wasser zu verschaffen. Die Ungleichheit der Verteilung ist eklatant, es gibt weltweit keine Ressource, die so ungerecht verteilt ist wie Wasser. Das ist in meinen Augen, in Anbetracht der weltweiten sozialen Missstände, kritischer als die Verteilung von Kapital.

Ungleichverteilung

Die in Afrika lebenden Millionen Frauen, die zwei Stunden lang zum Brunnen oder Fluss laufen müssen und dann wieder zurück, fallen damit als Mütter, Erzieherinnen, Arbeiterinnen, wichtigste Stützen der Gesellschaft für mehrere Stunden am Tag aus. Das gilt auch für Millionen von Kindern. Anstatt in die Schule zu gehen, müssen sie Zehn-Liter-Kanister schleppen, schon im frühen Kindesalter, um den Wasserbedarf der Familie zu decken. Wir dagegen drehen den Hahn auf und lassen es stundenlang laufen, um beispielsweise ein Planschbecken zu füllen.

Ich kenne nur ein modernes, industrialisiertes Land, das mit Wasser bewusst und verantwortungsvoll umgeht: Israel. Als die britischen Kolonialherren nach dem Zweiten Weltkrieg überlegten, welches ihrer sogenannten Protektorate am wertlosesten, weil wasserärmsten war, entschieden sie sich für einen Wüstenstreifen im Nahen Osten und überließen ihn den Überlebenden des Holocaust, um ihren Staat zu gründen. Aus der (Wasser-) Not machten die Israelis eine Tugend: Nirgendwo wurde aus Wüste so schnell und erfolgreich fruchtbares Land gemacht, nirgendwo wird mit Wasser so effizient und bewusst umgegangen wie in Israel.

Jede Weltraum-Mission der Russen, Amerikaner, Chinesen und Europäer war und ist immer verknüpft mit der Suche nach Wasser auf anderen Planeten. Die Frage nach außerirdischem Leben macht erst mit der Entdeckung von Wasser überhaupt Sinn. Seit Darwin und seiner Evolutionstheorie wissen wir, dass alles Leben im Wasser entstanden ist. Die meisten Lebewesen haben sich aus dem Wasser aufs Land entwickelt. Eine Ausnahme bilden Delfine und Wale. Das kann ich als Wasserfan ja verstehen. Aber ansonsten ist die evolutionäre Bewegung immer gewesen: vom Wasser aufs Land. Vielleicht hat der Mensch einfach vergessen, wo er herkommt, und fühlt sich als vermeintliche Krone der Schöpfung über das Wasser erhaben, seit er auf zwei Beinen über Land laufen oder per Geländewagen über Asphalt brettern kann.

Die Ressource Wasser und unser Umgang mit ihr sind so komplex und eng miteinander verknüpft, dass man es genauso wenig voneinander trennen kann wie Klimawandel von CO_2- und Methan-Ausstoß, Dürrekatastrophen und Überschwemmungen von falschem Wasser-Management, Versauerung der Meere von Agrarindustrie, Überdüngung und Pestizid-Einsatz.

Die Meeresspiegel verändern sich, sie steigen konstant, und dafür gibt es einen einfachen Grund, den nur Donald Trump und die AfD nicht verstehen: Wir heizen durch die Verbrennung von fossilen Brennstoffen die beiden Polkappen weg. Und die dritte Polkappe, das Himalaya-Gebirge mit seinen gigantischen Gletschern gleich mit. Was steigende Meeresspiegel auf lange Sicht für Folgen haben werden, weiß noch niemand genau. Die Bewohner einiger Inseln, vor allem im Südpazifik, müssen jedoch jetzt schon umsiedeln. Einerseits ist durch die Versalzung der Uferlandschaften Agrarwirtschaft nicht mehr möglich, andererseits steigt die Frequenz von Fluten und Hochwassern so, dass ein sicheres Leben dort nicht mehr gewährleistet ist. Am genauesten wissen das die großen Rückversicherer, wie Münchner Rück oder Swiss Re. Sie müssen die Rechnung bezahlen für die Sturm- und Flutschäden, also die Folgen von Klimakrise und steigenden Meeresspiegeln. Nicht ohne Grund beschäftigen sie ganze Teams von Meteorologen und Wissenschaftlern, die berechnen sollen, wie es mit Mutter Erde und ihrem Klima weitergeht.

Die Leidensgeschichte des Wassers

Das größte Problem neben unserem unersättlichen Hunger nach Energie und Ressourcen ist die Wasserverschmutzung. Vornehmlich durch die Agrar- und Fleischindustrie, ihre Monokulturen, massenhafte Produktion von meist genmanipulierten Futtermitteln, den massiven Einsatz von Düngemitteln und Pestiziden und die komplette Vermüllung durch Plastik und andere giftige Abfälle.

Dass wir unsere Ozeane als Mülldeponien benutzen, hat eine lange Tradition. Früher hat man seine Notdurft in den sogenannten Rinnstein verrichtet, die Exkremente wurden die Rinne hinuntergespült, gingen in den Fluss, der transportierte sie weiter, sagen wir mal vom Rhein in Richtung Nordsee. Und weg war das Problem. Aus den Augen, aus dem Sinn, nur nicht aus der Nase. Die musste leiden, aber das war man seinerzeit gewohnt, denn es gab noch keine Toiletten, chemischen Duftstoffe, Raumsprays und aluminiumhaltigen Deos.

Mittlerweile haben wir Sanitärtechnik, wir haben Kläranlagen. Aber die Denkart, dass wir Flüsse und Gewässer zur Müllentsorgung benutzen, hat sich nicht verändert. Allein was Kreuzfahrtschiffe, ohnehin übelste CO_2-Schleudern, an Müll produzieren, würde reichen, um ganze Fernwärme-Kraftwerke zu befeuern. Aber dieser Müll geht einfach über Bord. Jeder Frachter, Fisch-Trawler, jedes Containerschiff, jeder Dampfer macht das so. Auf hoher See wird alles entsorgt, was Müll ist oder nicht mehr gebraucht wird. Und noch schlimmer: Dort werden Tanks gereinigt, giftige Chemikalien entsorgt, schlicht weil es an Land teurer ist und auf See nicht kontrolliert wird.

Es gibt bisher leider wenig Möglichkeiten, diese Art der Müllentsorgung zu kontrollieren oder effektiv zu unterbinden. Gleichzeitig ist der Ozean die größte Plünderungsstätte des Planeten. Wer kontrolliert Fischfangquoten? Wer kontrolliert chinesische, taiwanesische, spanische Fangtrawler, die durch den Pazifik schippern? Niemand. Man müsste jedes Kriegs- und Marineschiff der Welt abkommandieren, um Netze, Fangquoten und Meeresschutzgebiete zu überwachen. Das macht aber niemand. Kriegspielen scheint fast allen Regierungen dieser Welt wichtiger. Oder sie leisten sich wie die Bundesrepublik eine sündhaftteure Marine, deren Gerät unbenutzt in den Häfen vergammelt. Wenn es nicht gerade wie die Gorch Fock für Hunderte Millionen Euro aus unserer Steuerkasse einer Restaurierung unterzogen wird, die länger dauert als die Fertigstellung von Stuttgart 21, Berliner Flughafen und Energiewende zusammen.

Der größte Teil aller Meere und Ozeane ist Niemandsland, das wahlweise genutzt wird als Wasserstraße und Transportsystem, um Müll zu entsorgen oder um es zu plündern für unsere Omega-3- beziehungsweise Proteinzufuhr. Solange sich daran nichts ändert, werden wir die Meere immer weiter belasten – und irgendwann werden sie umkippen. Spätestens wenn alle Korallen gebleicht sind und das Meer keinen Sauerstoff mehr produziert, bekommt der Mensch ein ernsthaftes Problem. Aber auch das scheint Industrie, Politik und die meisten Verbraucher nicht zu interessieren.

Die Macht des Verbrauchers

Mein persönliches Schlüsselerlebnis zum Thema Umwelt- und Meeresschutz ereignete sich 1986 in Köln am Rhein. Gemeinsam mit Herbert Grönemeyer war ich zur Vorbereitung des Films »Väter und Söhne« einem Kölner Ruderclub beigetreten. Die vierteilige Reihe erzählte die Geschichte des Bayer-Vorgängers IG Farben während des »Dritten Reichs«, Herbert und ich spielten beste Freunde. Es war mein zweiter Film, Herberts letzter als Schauspieler, seine legendäre LP »Bochum« war kurz zuvor erschienen. Die Besetzung war international. Dabei waren unter anderem Burt Lancaster, Julie Christie, Bruno Ganz. Für unsere Rollen mussten Herbert und ich zum Ruder-Training nach Köln-Poll. Dann passierte bei Basel ein Chemie-Unfall, bis heute bekannt als »Sandoz-Katastrophe«, das größte Fischsterben aller Zeiten im Rhein war die Folge. Danach war für Herbert und mich erst mal Schluss mit dem Training im Vierer bei Blauweiß

Köln. Zum Glück wurde die Filmszene auf dem Neckar gedreht, der war zwar auch nicht sauber, aber nicht klinisch tot wie damals der Rhein. Ich war zwar schon Greenpeace-Mitglied und zahlte brav meinen jährlichen Mitgliedsbeitrag von 500 Deutsche Mark, aber das war der Moment, in dem ich dachte: Es reicht nicht mehr, ein bisschen Geld zu überweisen und zu hoffen, dass sich etwas ändert. Es gab zwei Möglichkeiten: Entweder man wurde Aktivist wie die Greenpeacer, die sich an Kletterseilen vor die Abwasserrohre der Bayer AG in Leverkusen hängten, Banner an Fabrikschloten festmachten oder sich vor Atomkraftwerken und Castor-Transporten anketteten. Oder man nutzt seine Macht als Verbraucher. Für Ersteres hätte ich meine soeben begonnene Karriere als Filmschauspieler an den Nagel beziehungsweise an den Klettergurt hängen müssen. Es schien mir in meiner Situation praktikabler, bewusster einzukaufen. Und ich begann nachzudenken: Was kaufst du? Wie viel? Und vor allem: Bei wem kaufst du deine Sachen? Ist es korrekt, Nestlé-Produkte zu konsumieren? Die Antwort war: nein. Ist es korrekt, etwas aus dem Sortiment von Sandoz, Ciba-Geigy, Boehringer-Ingelheim, BASF, Bayer, Coca-Cola, McDonald's zu kaufen? Die Antwort: nein. Die Bayer AG und ihre Partnerfirma Kronos Titan haben bis 1989 (!) Dünnsäure im Rhein und in der Nordsee verklappt und damit Millionen von Fischen vergiftet. Und das Jahre nach dem Sandoz-Debakel! Coca-Cola produziert bis heute 200 000 (!) Plastikflaschen pro Minute, ohne sich um die Folgen für die Umwelt zu kümmern. Nestlé verdient Milliarden mit Nespresso-Kapseln und in Einwegplastik verpacktem Junkfood. Lobby-Arbeit und Greenwashing des weltgrößten Konsumgüter-Konzerns sind so erfolgreich, dass die ehemalige Weinkönigin und derzeitige Agrarministerin Julia Klöckner sich grinsend als Werbepüppchen vor den Nestlé-Karren spannen lässt.

Langsam kapierte ich, welche Macht wir Konsumenten besitzen.

Die Politik wird immer das tun, was die Industrie ihr diktiert. Das Totschlag-Argument ist dabei immer, dass die fraglichen Firmen ja Arbeitsplätze schaffen. Beste Beispiele sind VW und Daimler. Der Diesel-Skandal hat kaum Konsequenzen, die Politik kuscht vor diesen Großkonzernen. Und die Industrie tut immer das, was am meisten Rendite bringt: Ein Musterbeispiel ist der Kauf von Monsanto durch Bayer im Jahr 2017. Monsanto ist der älteste Hersteller von genmanipuliertem Saatgut und Pestiziden wie den Roundup-Produkten, in denen das gefürchtete Glyphosat enthalten ist.

Unser Geldbeutel ist die schärfste Waffe, die wir besitzen. Sie kann wirkungsvoller sein als das Kreuzchen, das wir alle vier Jahre machen dürfen. Wenn wir sie richtig einsetzen, kann man tatsächlich etwas bewegen. Die Geschichte der ausrangierten Bohrinsel ›Brent Spar‹ im Jahr 1995 bestätigte dies: Shell wollte die schwimmende Öl-Plattform voller Giftmüll einfach in der Nordsee versenken. Weil es kostengünstiger war, als sie umweltfreundlich an Land zu entsorgen. Greenpeace bekam Wind davon und besetzte die Brent Spar medienwirksam: In Deutschland, Dänemark und den Niederlanden folgten große Protestaktionen der Bevölkerung, sodass der Umsatz an Shell-Tankstellen um bis zu 50 Prozent einbrach. Und prompt gab der Konzern klein bei, schleppte die Brent Spar an Land und entsorgte sie vorschriftsmäßig.

Unsere Macht als Verbraucher unterschätzen wir bis heute. Coca-Cola hätte sich längst vom Einweg-Plastik verabschiedet, wenn wir seine Produkte boykottieren würden. Gleiches gilt für Kik, H&M, C&A, Otto, Primark, Nestlé, Procter&Gamble, Unilever, Henkel und viele mehr. Und für SUVs: Kein deutscher Autohersteller würde die schweren Stinker noch bauen, wenn nicht über ein Fünftel der Neuwagen-Käufe in Deutschland Geländewagen wären.

Wir Deutschen sind mittlerweile bei einem Jahresverbrauch von 17 Milliarden PET-Flaschen und 37 Milliarden Plastikstrohhalmen angekommen, bei 380000 weggeworfenen Coffee-to-Go-Bechern pro Stunde und besagter SUV-Quote bei Kfz-Neuzulassungen. Wir sind einsamer Europameister im Produzieren von Verpackungsmüll und die einzige Industrienation der Welt, in der der CO_2-Ausstoß im Privatverkehr weiter ansteigt, dank immer größerer Autos und immer stärkerer Motoren. Wenn man sich in München, Hamburg oder Stuttgart durch den Berufsverkehr quält, ist man umgeben von SUVs, Range oder Land Rovern, Cayennes, Macans. Neben einem ein Q7, vor einem ein Q5, im Rückspiegel ein Touareg, gefolgt von einem Tiguan, alles scheint G-, M- oder X-Klasse zu sein. Den Fahrern dieser Dreckschleudern ist offensichtlich herzlich egal, was mit dem Klima passiert. Bis sie es irgendwann, siehe Sandoz 1986, selber um die Ohren kriegen. Und man muss keine Aktivistin wie Greta Thunberg sein und auch kein Klimaforscher, um zu ahnen, dass der Leidensdruck in Zukunft steigen wird, ähnlich wie in den frühen 80ern. Und zwar nicht nur bei exotischen Inselbewohnern im Südpazifik, die wegen des steigenden Meeresspiegel ihre Heimat verlassen müssen. Trotzdem muss dem keiner von uns tatenlos zusehen. In dem kleinen Rahmen, den jeder Einzelne hat, gibt es zahlreiche Möglichkeiten. Produkte wie Sodasprudler oder Bio-Reinigungsmittel und ihre rasant steigenden Verkaufszahlen beweisen, dass der Verbraucher immer öfter das Gehirn einschaltet, bevor er den Geldbeutel zückt.

Geld regiert die Welt. Vielleicht müssen wir diese Binsenweisheit einfach nur neu interpretieren. In unserem Sinne. Und im Sinne von Meeren und Umwelt.

KAPITEL 2

Von Aalen und Lachsen –
Das Meer beginnt vor der Haustür

Wenn du ein Schiff bauen willst, so fange nicht damit an, Holz zu sammeln, Planken zu schneiden und die Arbeit einzuteilen, sondern erwecke in den Menschen die Sehnsucht nach dem weiten endlosen Meer.

Aus »Die Stadt in der Wüste« von Antoine de Saint-Exupéry

INA KNOBLOCH

Zu den wundersamsten Wesen der Erde gehören Aale, die selbst den Rheinfall von Schaffhausen und andere Wasserfälle bezwingen, sie können mit ihrer Haut atmen und sich über Land fortbewegen. Nichts scheint sie bei ihrer Wanderung durch Flüsse, Seen und die Weiten des Ozeans bis zu ihrem Laichplatz in der Karibik aufhalten zu können. Aber der Mensch schafft es, diesen Wunderfisch fast auszurotten. Seit Jahrtausenden leben Menschen mit und von Aalen. Bereits Aristoteles beschäftigte sich mit der wundersamen Vermehrung dieser Fische, die erst Anfang des 20. Jahrhunderts wissenschaftlich aufgeklärt wurde: Sie werden in der Sargassosee geboren und wandern Tausende von Kilometern bis zu unseren Küsten, wo sie sich in Süßwasserfische verwandeln, die Flüsse hinaufschwimmen und heranwachsen, bis sie geschlechtsreif sind und die große Reise zurück zu ihrem Geburtsort antreten. Eine einzigartige Lebensweise, die noch lange nicht restlos erforscht ist. Die Gelehrten der Antike glaubten, dass Aale im Schlamm der Flüsse geboren würden, eine Vorstellung, die sich über Jahrhunderte hielt.

Aale – vom Rheinfall ins Bermudadreieck

Als sich der Oberrhein am 1. November 1986 blutrot färbte, starben 150 000 Aale. Jeder einzelne war von seinem Geburtsort Tausende Kilometer durch das Meer geschwommen und schließlich den Rhein hinaufgewandert. In einer Lagerhalle des Chemiekonzerns Sandoz bei Basel war ein Großfeuer ausgebrochen. Mit dem Löschwasser bei Flusskilometer 186 flossen mehr als 20 Tonnen hochgiftige Chemikalien in den Rhein. Wenig später war der Fluss biologisch tot, und die toxische Mischung entlud sich als blutroter stinkender Strom etwa eine Woche später in die Nordsee, mit ihm Tausende Tonnen toter, vergifteter Fische. Nur ein Bruchteil der toxischen Biomasse konnte geborgen und entsorgt werden. Kein einziger Aal erreichte lebend das Meer und konnte den langen Weg in die Karibik antreten, um zu laichen. Obwohl im versuchten Rhein noch Tausende anderer vergifteter Fische regelrecht krepierten, wurde der Aal zum Symbol des Chemieunglücks, denn er galt bis dahin als so robust, dass er selbst in völlig überdüngten, versuchten, sauerstoffarmen Gewässern überleben konnte.

In dieser Zeit war dies nicht die einzige folgenschwere Umweltkatastrophe, ein halbes Jahr zuvor war der Atomreaktor in Tschernobyl explodiert. Auch der Bodensee war verseucht, in weiten Bereichen war das Wasser gar nicht mehr zu sehen, weil es unter einer dicken Schaum- und Algenmasse verschwand. Wenig später rammte der Öltanker Exxon Valdez ein Riff vor der Küste Alaskas – der Kapitän war betrunken, hieß es später. Knapp 42 Millionen Liter Rohöl traten aus dem Leck aus und verseuchten die südliche Küste des US-Bundesstaates. Geschätzte 250 000 Seevögel und unzählige andere Tiere verendeten in der schwarzbraunen Brühe. Die Region hat sich bis heute nicht davon erholt.

Sandoz – Chemie-GAU im Rhein

Das Sandoz-Unglück hätte verhindert werden können, zahlreiche Umweltschützer hatten längst auf die fahrlässige Lagerung hochgiftiger Substanzen hingewiesen. Der Rhein erholte sich wieder, der Aal-Bestand nicht. Denn der Chemie-Unfall war und ist nicht die einzige Bedrohung für diese Art: Ihr Laichplatz hat sich in den vergangenen Jahrzehnten längst in einen Müllstrudel verwandelt. Gigantische Mengen Plastik und anderer driftender Müll von Schiffen und auch Flüssen haben sich in der Sargassosee angesammelt. Das atlantische Meergebiet in der Nähe von Florida und der Karibik wurde nach den bereits erwähnten, großen Mengen frei schwimmender Braunalgen benannt, die sich natürlich in dem Strömungsstrudel sammeln und einen essenziellen Lebensraum für zahlreiche Tierarten bilden. Die Fliehkräfte zwischen den verschiedenen Meeresströmungen sind dort so stark, dass der Meeresspiegel im Zentrum des Strudels etwa einen Meter unter dem umgebenden Atlantik liegt und nicht nur die Algen, sondern auch gigantische Plastikmüllabfälle angezogen werden.

Delikatesse Glasaale

Falls die Aale dort trotz dieser Verseuchung ihr Leben als winzige Larven beginnen können und sie dann noch alle natürlichen Gefahren auf ihrem langen Weg von der Karibik nach Europa überwinden und sich in durchsichtige kleine Aale, die sogenannten Glasaale, verwandeln, lauert erneut der Mensch als Gefahr: In zahlreichen Ländern werden Glasaale als Delikatesse gehandelt und, trotz internationaler Fangquoten, illegal geschmuggelt – nicht nur nach Asien. Im Baskenland gelten Glasaale als traditionelles Weihnachtsgericht und werden als »Angulas« gehandelt. Nicht aus Artenschutz-Gründen, sondern weil der Kilopreis innerhalb von wenigen Jahren von etwa 80 Euro auf über 1000 Euro angestiegen ist, wird inzwischen ein Ersatzprodukt (Angulas-Ersatz) aus gepresstem Fischeiweiß angeboten – mit aufgesetzten, aufgemalten Augen!

Niemand weiß genau, weshalb Aale diese 6000 Kilometer weite Reise auf sich nehmen und warum sie überhaupt zwischen den Welten wandern. Aber eines ist sicher: Auf einzigartige Weise verbinden diese Tiere sprudelnde Süßwasserquellen, Flüsse und Seen mit den Tiefen der hohen See, wie Blutkörper das Herz mit der Lunge. Sie wandern durch die Lebensadern der Erde.

Über die asiatischen Aalarten ist noch weniger bekannt, als über die europäischen, doch wandern tun diese genauso, selbst von den Quellen entlegener polynesischer Inseln treten sie ihre Reise zu einem geheimen Ort im Pazifik an.

Ina und der Hai – die Odyssee beginnt

Auch in der polynesischen Sage um die spätere Meereskönigin Ina von der polynesischen Cook-Insel spielen Aale eine Rolle. Ihre Odyssee zur schwimmenden Insel beginnt mit einem Aal. So interpretiere ich zumindest den nur dürftig überlieferten Mythos:

Die Geschichte beginnt im Herzen von Rarotonga, dort wo die Berge glasklares Wasser ausspucken, das über einen Flusslauf behäbig in eine Südsee-Lagune mäandert. Am Ufer dieses Flusses stand ein schönes großes Haus, in dem Ina mit ihren Eltern ein sorgenfreies Leben führte. Eines Tages, als das Mädchen wohl alt genug war, um ein paar Stunden alleine zu bleiben, wollten die Eltern zum Fischen ans Meer gehen und baten Ina, den Familienschatz aus zahlreichen Muscheln, Perlen, Korallen und Federn zu hüten. Schätze, die ihnen Tinirau, der Sohn des großen Meeresgottes Tangaroa, anvertraut hatte.

Der Dämon Ngana hatte jedoch das Gespräch belauscht und drang mit einer List in das Haus ein, um den Schatz zu stehlen, was ihm auch gelang. Als Inas Eltern zurückkehrten, waren sie sehr erbost darüber, dass das Mädchen seine Pflicht nicht erfüllt hatte, den heiligen Schatz zu hüten. Nur Tinirau selbst konnte den Schatz zurückholen, doch niemand wusste, wo er zu finden war, denn er lebte auf einer schwimmenden Insel.

Vor lauter Scham rannte das Mädchen davon und traf an dem Flussufer ihren Freund, den Aal, der sofort seine Hilfe anbot. Ina stieg

auf seinen schmalen Rücken und ließ sich von ihm in die Lagune zie-
hen. Doch dort geriet der Aal so in Ekstase vor Glück, das Meer endlich
erreicht zu haben, dass er das Mädchen völlig vergaß und sich so schnell
wand, dass es schließlich von seinem glitschigen Rücken abglitt und von
den Wellen wieder an den Strand gespült wurde.

Der Aal aus der Sage wird sich ganz sicher auf die Reise zur
schwimmenden Insel gemacht haben, wo auch immer sie herum-
trieb und -treibt, denn der Laichplatz der Aale im Pazifik ist bis
heute nicht bekannt. Anders im Atlantik, dort gilt die Sargassosee als gesicherter Laichplatz der europäischen und nordameri-
kanschen Aale. Aber diese Brutstätten bergen vielleicht noch ein
ganz anderes Geheimnis: Als Columbus Bekanntschaft mit den
gigantischen Braunalgenteppichen machte, die er und seine
Mannschaft für schwimmende Inseln hielten, notierte er in seinem Logbuch noch ein weiteres Alarmsignal: Der Kompass
funktionierte nicht mehr richtig. Als Grund dafür wurden auch
später immer wieder unterseeische Magnetberge ins Spiel gebracht, die zwar nie gefunden wurden, aber die Fantasie für
zahlreiche Geschichten beflügelten.

Wie sich Aale orientieren, ist bis heute ein Rätsel. Fakt ist aber,
dass viele wandernde Tierarten sich mithilfe ihres Magnetsinns
orientieren, vor allem Zugvögel. Warum sollte es bei wandernden Fischen anders sein? Und erst 1922 haben Wissenschaftler
überhaupt herausgefunden, dass in diesem Meer ohne Ufer jeder
europäische und auch nordamerikanische Aal sein Leben beginnt
und beendet. Aber wie und warum, weiß niemand, obwohl es
schon einige Expeditionen auf den Spuren der Aale gab, um dieses Geheimnis zu lüften. Besonders spektakulär war eine Expedition 1993 mit dem deutschen Forschungsschiff Poseidon. Der
Biologe und Filmemacher Professor Hans Fricke organisierte
damals die Expedition für das Max-Planck-Institut für Verhal-
tensphysiologie. Die Wissenschaftler hatten 20 Aal-Weibchen
mit Hormonen behandelt, sodass sie zur Geschlechtsreife kamen
und damit auch zum Salzwasserfisch mutierten. Vor Ort in der

Sargassosee sollten sie den Forschern den Weg zum Laichort weisen. Doch nur zwei der Aale überlebten und wurden mit Sendern ausgestattet in der Sargassosee ausgesetzt, verschwanden aber nach 250 Metern vom Radar und waren nie wieder gesehen. Die Wissenschaft war trotz der aufwendigen Expedition des Rätsels Lösung keinen Schritt näher gekommen. Fricke ließ jedoch nicht locker und studierte alle Aal-Larvenfunde, kreiste die Fundstellen ein und kam zu dem Schluss, dass die Aal-Orgie und Eiablage mit anschließendem kollektivem Sterben an einem riesigen Riff, der sogenannten Echobank, stattfinden müsste. Er hätte sogar das passende U-Boot gehabt, um die Forschungen durchzuführen, die seine Theorie hätten bestätigen können, die »Jago«. Damit hatte er bereits erfolgreich den Quastenflosser aufspüren können. Fricke fehlte jedoch ein Expeditionsschiff, um das Forschungs-U-Boot dorthin zu transportieren, und deshalb wurde seinem Forschungsantrag nicht stattgegeben. »Wenn der deutsche Forschungsbürokrat ›Tiefsee‹ hört, fällt er sofort in Tiefschlaf«, klagte Fricke damals und weckte bei den Japanern Interesse. Auf der anderen Seite der Erde half er schließlich beim Orten des Laichplatzes der pazifischen Aale. Wo sich diese Tiere zum Paaren und Laichen treffen, war wie gesagt bis vor wenigen Jahren nämlich noch völlig unbekannt. Auch im Pazifik konnte sich Fricke dem Spektakel zwar nähern, es aber nicht genau orten. Erst 2017 kamen österreichische Forscher dem Geheimnis ein Stück näher. Auch sie besenderten einige Aale und wählten dafür Exemplare der Südpazifik-Insel Gaua vom Inselstaat Vanuatu. Die Wanderung der Fische konnten sie 850 Kilometer in den Norden verfolgen, dann verlor sich jedoch die Spur. Die Sender hatten sich gelöst, wurden später aber an einem Südseestrand gefunden und konnten ausgewertet werden. Auf schwimmende Inseln im Südpazifik waren die Salzburger Forscher dabei zwar nicht gestoßen, aber immerhin waren diese Aale weit in den Ozean vorgedrungen, ganz im Gegensatz zu den Unmengen ihrer Artgenossen, die 1986 von den Chemikalien der Sandoz AG vergiftet worden waren.

Die Sandoz-Katastrophe im Jahr 1986 nicht mitzubekommmen war damals unmöglich, vor allem wenn man wie ich ziemlich direkt am Rhein wohnte. Ich ging täglich mit den Hunden am Ufer entlang. Dort lagen Tausende verendeter Fische, der Gestank war kaum zu ertragen. »Vatter Rhein«, wie Rheinländer ihren Fluss gerne nennen, war faktisch und sichtbar tot.

Vorher hatte es so viele Chemie-Unfälle und Umweltkatastrophen gegeben, dass diese damals fast zur Tagesordnung gehörten. Die Chemiekatastrophe von 1984 im indischen Bhopal, bei der Tausende Menschen qualvoll gestorben waren, galt als größter und schlimmster Industrieunfall aller Zeiten. Die Fabrik hatte das Insektizid Sevin mit dem Wirkstoff Carbaryl hergestellt, das in einigen Ländern bis heute zugelassen ist. Die Nachfrage nach dem Gift war in den frühen 8oer-Jahren zurückgegangen. Der US-Konzern UCIL lagerte große Bestände unzureichend gesichert in Bhopal. Dann kam es durch schlampiges und fahrlässiges Management zu einer folgeschweren Kettenreaktion in der Chemieanlage. Die Schätzungen der damaligen Todesopfer reichen von 4000 bis 25 000, die Zahl der Verletzten bis zu einer halben Million. Aber Bhopal war weit weg, ebenso wie das Tanker-Unglück der Exxon Valdez im kanadischen Prince Albert-Sund, der AKW-Unfall in Harrisburg, Pennsylvania und viele andere Umwelt-Desaster. Der Sandoz-Unfall aber passierte vor unseren Augen, Nasen, unseren Haustüren, den konnte man nicht einfach ignorieren oder verdrängen. Vor allem deshalb nicht, weil viele deutsche Anrainer-Firmen das Unglück am oberen Lauf des Rheins in der Schweiz gewissenlos dazu nutzten, möglichst leise und illegal ihren Giftmüll ebenfalls in den Rhein zu entsorgen. Frei nach dem Motto: Jetzt ist der Fluss sowieso hinüber, da machen ein paar weitere Tanks oder Fässer voller toxischer Kloake mehr keinen Unterschied.

Vor unserer Haustür

Das Sandoz-Unglück ereignete sich nur wenige Monate nach der Nuklearkatastrophe in Tschernobyl. Und dies waren nun keine abstrakten Horror-Meldungen mehr aus irgendwelchen unterentwickelten Ländern am anderen Ende der Welt. Jetzt konnte jeder mit eigenen Augen sehen, was ein Chemieunfall in der Schweiz tausend Kilometer weiter flussabwärts in der Kölner Südstadt auslösen konnte. Ich war vermutlich nicht der Einzige, dem direkt unter die eigene Nase gerieben werden musste, was solche »Unfälle« bedeuten: das Ende von gemütlichen Redewendungen wie »Vatter Rhein« oder »Mutter Erde«. Und der Anfang vom Ende des Nestes, in dem wir leben, gerne auch »blauer Planet« genannt. Der war am Rhein nun nicht mehr nur blau, sondern wahlweise giftig braun oder blutrot.

Katastrophen wie das Fischsterben im Rhein 1986 scheinen traurigerweise nötig zu sein, um ein Umdenken in Gang zu setzen. Erst wenn jeder vor der eigenen Haustür sehen kann, wie fragil unsere Natur und Umwelt sind, werden Veränderungen in Gang gesetzt.

Mein Vater, Biochemiker von Beruf, erzählte in den 70er-Jahren gerne von Kollegen im Ruhrgebiet, die aus Jux einen nicht entwickelten Film von Agfa irgendwo an Wupper oder Ruhr ins Wasser legten. Das war lange vor der Erfindung digitaler Kameras und Handys, jedes Foto wurde auf Zelluloid geschossen und musste entwickelt werden. Dafür brauchte es neben einer Dunkelkammer jede Menge Chemikalien – und die Abwässer, die seinerzeit in deutsche Flüsse eingeleitet wurden, waren so giftig, dass der gute alte analoge Film nach wenigen Stunden zu etwa 50 Prozent entwickelt war. Das war der Zustand der deutschen Flüsse in den 60er- und 70er-Jahren.

Aber es blieb zum Glück nicht dabei. Der Rhein nach dem Sandoz-Unfall ist eine der weltweit seltenen Erfolgsgeschichten einer Erholung. Gab es 1986 kein Leben mehr im Rhein, so konnte man 30 Jahre später wieder bedenkenlos in ihm baden. Das war in meiner Kindheit undenkbar, unsere Mütter erlaubten nicht einmal, dass wir unsere Finger ins Wasser steckten. »Bääh! Giftig! Davon wirst du krank!«, hieß es dann. Heute können Kinder am Rodenkirchener Rheinufer, auch als ›kölsche Riviera‹ bezeichnet, wieder schwimmen gehen, ohne dass die Eltern sich Sorgen um ihre Gesundheit machen müssen. Im Fall des Rheins hat das Unglück von 1986 dazu geführt, dass alle Beteiligten – Politik, Industrie, Anwohner – ihr Wasser in gemeinsamer Anstrengung von einer hochgiftigen Brühe zu einem lebendigen Gewässer gemacht haben.

Man kann den Rhein, insbesondere nach Lektüre des aktuellen BUND- und EU-Wasserreports, trotzdem nur bedingt als gesäubert bezeichnen. Denn kaum war diese für Umwelt-Interessierte ermutigende Leistung vollbracht, kaum schwammen wieder Aale und Lachse den Rhein hinauf, kaum genoss man rheinauf und -ab den sommerlichen Badespaß, da ging es auch schon wieder bergab. Nach Jahren voller Erfolgsgeschichten und des Eigenlobs werden wir wieder schlampig, der Leidensdruck ist anscheinend gesunken. Der Zustand der deutschen Flüsse und Seen hat sich seit den 90er- und Nuller-Jahren wieder rapide verschlechtert. Die meisten von ihnen sind in einem miserablen Zustand, verursacht durch die Überdüngung der Agrarindustrie, die Unmengen von Gülle aus der Massentierhaltung und Fleischindustrie, durch Mikroplastik, Stickoxide, den verantwortungslosen Einsatz von Pestiziden, Insektiziden, Fungiziden und Herbiziden.

Zum Beispiel Glyphosat

Neuerdings wird viel und intensiv über Glyphosat berichtet und diskutiert, dabei ist es nur eins von etwa 700 auf dem Markt erhältlichen Pestiziden. Ein Breitband- oder Total-Herbizid, das in immer höherer Dosierung eingesetzt werden muss, um wirksam zu sein, denn fast jedes Unkraut entwickelt Resistenzen, ähnlich wie wir Menschen beim übermäßigen Einsatz von Antibiotika. Vertrieben wird Glyphosat unter dem Markennamen »Roundup«, das vom US-Konzern Monsanto hergestellt wird, der kürzlich von der Bayer AG übernommen wurde. Monsanto wurde berühmt und berüchtigt durch Agent Orange, ein Entlaubungsmittel und Herbizid, das die USA im Vietnamkrieg großflächig eingesetzt haben, um die Soldaten des Vietcong im Dschungel besser ausfindig machen zu können. Das aus Flugzeugen der Air Force versprühte Gift hat nicht nur Bäume entlaubt, sondern auch Tausenden Menschen das Leben gekostet. Es löste unheilbare Krankheiten aus und schädigte das Erbgut. Darunter leiden viele Vietnamesen bis heute, Entschädigung erhielten sie nie.

Die Bayer AG wiederum ist der Nachfolge-Konzern der IG Farben, einer der wesentlichen Bausteine in Hitlers Kriegs- und Rüstungsmaschinerie und Hersteller von Zyklon B, dem Giftgas, das in den Vernichtungslagern der Nazis zur »Endlösung der Judenfrage« eingesetzt wurde. Nicht nur historisch betrachtet ist der Zusammenschluss von Monsanto und Bayer an Zynismus und Geschichts-Amnesie kaum zu übertreffen: zwei Weltkonzerne, deren Erfolg zu nicht unwesentlichen Teilen auf der Vernichtung von Mensch und Natur zu beruhen scheint. Wer das für eine Übertreibung hält, möge sich vor Augen halten, dass die Neonikotinoide (hochwirksame Insektizide), die das fatale Bienensterben zur Folge haben, von Bayer hergestellt werden. Die bereits erwähnte Verklappung von Dünnsäure durch Bayer und die Partner-Firma Kronos Titan bis Ende der 1980er führte dazu, dass Fischer in Elbe und Nordsee ihren Fang nicht mehr verkaufen konnten. Zu vergiftet und verkrüppelt war das, was sie aus ihren Netzen holten. Auf der anderen Seite des Atlantiks produziert Monsanto diverse Sorten genmanipulierten Saatguts, die dank der Knebelverträge zwischen Konzern und Farmern in Indien, Argentinien, Brasilien nicht nur zu unheilbaren Krankheiten durch Pestizid-Einsatz, sondern auch zu Selbstmord-Wellen unter verarmten Bauern geführt haben. Sie müssen Saatgut und Pestizide durch langlaufende Kredite finanzieren, die sie im Fall auch nur einer einzigen Missernte nicht mehr zurückzahlen können.

Wie viel Bayer verdienen muss, lässt sich daran ablesen, dass der Leverkusener Konzern 66 Milliarden Dollar berappen konnte, um Monsanto zu übernehmen. Für viele Bauern und sogar Hobby- und Kleingärtner ist Glyphosat die bequemste und schnellste Lösung. Aber es ist auch die kurzsichtigste Lösung, denn alles, wirklich jedes Gift und Düngemittel landet früher oder später in den Gewässern, in deren Bewohnern und anschließend irgendwann auf unseren Tellern.

Grünes Deutschland?

Dank guter Ansätze beim Umweltschutz in den 80ern, geschickter PR seitens der Industrie und gebetsmühlenartig wiederholten grünen Sprechblasen seitens der Politik hat sich Deutschland lange weisgemacht, Vorreiter, Musterschüler, Vorbild, Weltmeister in Sachen Umweltschutz zu sein. Wir starteten eine Energiewende, bauten ach so saubere Autos und beschlossen den Atomausstieg. Wir haben uns viel zu lange eingeredet: Deutschland ist grün. Schließlich sind wir Müll-Trennungsland. Die meisten Deutschen glauben tatsächlich, wenn sie ihren Plastikmüll brav in die gelbe Tonne stecken, werde dieser sachgemäß recycelt. So ist es aber leider nicht: Etwa 50 Prozent des Inhaltes der gelben Tonnen wird »thermisch verwertet«, sprich einfach verbrannt, nur knapp zehn Prozent werden tatsächlich recycelt. Der Rest wird oft illegal in die sogenannte Dritte Welt verschifft, wo es meist in der Umwelt, sprich in den Wüsten, Flüssen, Seen und Meeren landet.

Wir sind nicht nur von Industrie und Politik jahrzehntelang schamlos belogen worden, wir haben uns vor allem selbst belogen. Wir sind keine Vorreiter. Schon gar nicht beim Klimaschutz. Wir sind bestenfalls Mittelmaß. Sogenannte Schwellenländer wie Marokko, Ruanda oder Costa Rica haben uns längst überholt, was die CO_2-Bilanz betrifft. Jeder Fußgänger, jeder Radfahrer, der in deutschen Innenstätten unterwegs ist, dürfte wissen, wie schlecht die Luft hier ist. Es stinkt nach Diesel, daran ändern auch die bis zur Ermüdung diskutierten Fahrverbote nichts. Es stellt sich wie so oft die Frage, was ich beziehungsweise jeder von uns tun kann, denn wir sind ja nicht machtlos gegen die Untätigkeit von Politik und Industrie, gegen Flächenfraß, Vermüllung, Vergiftung, Artensterben und Klimawandel. Und wie immer kann man erfreulicherweise Gandhi zitieren: »Be the change you want to see.« Jeder kann vor seiner Haustüre kehren, jeder noch so kleine Schritt multipliziert sich mit erstaunlichen Folgen: Würden alle Deutschen ihre Geräte ausschalten, anstatt auf Standby zu belassen, und ihre Ladegeräte bei Nicht-Gebrauch aus dem Stecker ziehen, könnte laut Potsdamer Institut für Klimafolgen-Forschung ein ganzes AKW vom Netz genommen werden.

Wenn ich vor meiner eigenen Haustüre kehre, muss ich zugeben, dass mein ökologischer Fußabdruck bei Weitem nicht dem entspricht, was ich mir wünschen würde: Zwar fahre ich einen I3, eines der vielgescholtenen Elektroautos, lade dessen Batterie mit Öko-Strom und lebe weitestgehend plastikfrei. Ich besitze weder Spülmaschine noch Wäschetrockner, dafür ein Dutzend Stofftaschen. Ich kaufe im Bioladen und nutze Bioputzmittel. Ich drehe meine Heizung runter, so weit es geht – nur wenn ich Damenbesuch erwarte, wird der Thermostat ein bisschen hochgedreht. Ich verlasse meine Wohnung nie ohne meine Thermos-Tasse und Metall-Trinkflasche, esse seit 35 Jahren vegetarisch beziehungsweise vegan – und trotzdem ist meine CO_2-Bilanz schändlich. Versaut wird sie durch ständiges, beruflich bedingtes Fliegen. Seit 2006 drehe ich mit meinen Münchner Partnern Dokumentar-Filme zum Thema Umweltzerstörung. Das ist bedauerlicherweise nicht möglich, ohne ein Flugzeug zu besteigen. Derzeit arbeiten wir an einem Film über Lachse, sowohl die letzten verbleibenden wilden als auch die in Fischfarmen gezüchteten. Drehorte sind Kanada, Chile, Norwegen. Noch haben wir keine Alternative zum Fliegen gefunden, es gibt bisher leider weder Solar-Flugzeuge noch fliegende Teppiche. Ich tröste mich mit einer britischen Studie von 2018, die besagt, dass ein Veganer, der vier bis fünf Mal pro Jahr rund um die Welt fliegt, immer noch eine bessere CO_2-Bilanz aufweist als ein Fleischesser. Das soll nicht heißen, dass ein Veganer hemmungslos fliegen darf. Aber es zeigt, dass man an vielen verschiedenen Schrauben drehen kann, wenn man seine CO_2-Bilanz verbessern will.

Lachskonsum

Dass die meisten Speisefische mit Giftstoffen belastet und viele Arten bis an den Rand der Ausrottung überfischt sind, hat sich mittlerweile herumgesprochen. Trotzdem wächst der Fisch-Konsum kontinuierlich, was vor allem bei der Lachs-Produktion erkennbar wird. Lachs ist nicht nur der meistverkaufte, sondern auch der billigste Speisefisch weltweit, er kostet weniger als Hering oder Makrele. Das liegt daran, dass man ihn leicht züchten kann, in immer mehr und größeren Aqua-Farmen, in immer mehr Ländern rund um den Globus.

Größter Produzent weltweit ist Norwegen, auch bekannt als die Walfang-Nation Nummer eins, weit vor Japan. Nebst Öl und Gas ist Lachs das wichtigste Export-Produkt dieses reichen nordeuropäischen Landes.

Vor 30 Jahren noch eine teure Delikatesse, ist Lachs wegen der Fischfabriken auf das Preisniveau von Abfallprodukten wie Leber- und Fleischwurst gesunken. Auf jedem Frühstücks-Buffet findet man ihn inzwischen, meist ist er nur mit größeren Mengen scharfer Meerrettich-Sahne genießbar.

In der freien Natur, sprich in Flüssen und Meeren, braucht ein echter Wildlachs je nach Art vier bis sieben Jahre, bis er ausgewachsen ist. Das schafft ein gewiefter Lachsfarmer in Norwegen, Chile, Kanada, USA oder Schottland in knapp über einem Jahr. Wie er das macht? Er hält die Raubfische in viel zu großer Anzahl, in viel zu engen Gehegen mit möglichst wenig Bewegungsfreiheit, sodass die Fische möglichst schnell möglichst fett werden. Außerdem traktiert er sie täglich mit Antibiotika, Desinfektionsmitteln sowie anderen Chemikalien und Medikamenten. Wüssten die Freunde des Lachs-Verzehrs, was für einen giftigen Cocktail sie da als vermeintlich gesundes Superfood zu sich nehmen, sie würden jeden Bissen Lachs-Steak, jedes

Stück mit Lachs belegtes Sushi oder Sashimi sofort wieder ausspucken. Wenn einem heute etwas als >Wildlachs< verkauft wird, ist das in der Regel weder wild noch gesund noch nachhaltig. Viele der vermeintlichen Wildlachse kommen falsch etikettiert doch aus Fischfabriken, oder sie sind mit allem belastet, was wir ins Meer spülen: PCBs, Methylquecksilber, Quecksilber, Nickel, Cadmium, Mikroplastik und zahllose Chemikalien. Und wenn es sich tatsächlich um einen echten Wildlachs handeln sollte, ist es eigentlich ein Verbrechen, dass er überhaupt auf dem Markt angeboten wird. Die letzten Bestände sind gnadenlos überfischt. Das ist nicht nur dramatisch für das Überleben des Lachses, sondern auch für zahlreiche andere Tiere, beispielsweise Bären und Orcas. Es gibt in den USA und Kanada zwei sehr genau erforschte Orca-Populationen. Die »Northern Residents«, sie leben nördlich der US-kanadischen Grenze, bei Vancouver Island. Und die »Southern Residents«, die ihr Gebiet südlich der Grenze haben und die tatsächlich aussterben, weil sie verhungern. Diese Orcas ernähren sich ausschließlich von Chinook oder Quinnat, hierzulande Königslachs genannt. Der ist aber mittlerweile so überfischt, dass die Orcas keine Nahrung mehr finden, ihre Geburtenrate rapide sinkt und ihre Population entsprechend immer weiter zurückgeht.

Da Speisefisch aufgrund der Überfischung immer seltener und teurer wird, richtet man also Fischfarmen ein. Aber was diese für Folgen für die Gewässer und Umwelt haben, will niemand hören. Es ist eine Kettenreaktion von Katastrophen.

Kürzlich war aus den Medien zu erfahren, dass 750000 Lachse aus einer chilenischen Fischfarm ausgebüxt sind. Im ersten Moment mag man sich da für die internierten Tiere freuen, aber die Auswirkungen sind dramatisch. Wenn Zuchtlachse sich mit Wildlachsen paaren, entstehen sogenannte Hybriden, und der Wildbestand kollabiert in kürzester Zeit. Die Farmlachse übertragen Krankheiten, verhalten sich überaus aggressiv und verdrängen aufgrund ihrer künstlich gesteigerten Körpergröße die wilden Artgenossen. In Norwegen gab es wiederholt Viren und Schädlinge, die den gesamten Bestand der Lachsfarmen bedrohten. Am resistentesten ist die sogenannte Lachslaus. Sie frisst die Fische bei lebendigem Leib und gefährdet den Milliarden-Umsatz, den norwegische Lachsfarmer mit der vermeintlichen Delikatesse erwirtschaften. Also werden Chemikalien in solch rauen Mengen in die Gehege geschüttet, dass nicht nur der Lachslaus der Garaus gemacht wird, sondern jeglichem Getier, das in Fjorden oder Küstennähe schwimmt und lebt. In der Folge gibt es, auch wegen des Abfischens von sogenanntem Futterfisch, kaum noch Krill. Diese Krebstierchen aber sind die Basis-Nahrung und wichtigster Bestandteil der marinen Nahrungskette. Wenn sie fehlen, bekommen das selbst die großen Meeressäuger zu spüren, wie Blau- und Buckelwale. Durch das chemische und medikamentöse Bombardement vieler Lachsfabriken kippt die Ökobalance der norwegischen Küstengewässer. Aber noch härter betroffen ist die südliche Küste Chiles.

Um ein Kilo Lachsfilet für die Fischtheke zu produzieren, braucht man zwischen sechs und zehn Kilo Futterfisch. Und der ist teuer. Auch er muss gefangen oder gezüchtet werden. Das wurde den findigen und geschäftstüchtigen Norwegern irgendwann zu umständlich. Und vor allem zu teuer. Sie hatten eine brillante, weil vermeintlich ›nachhaltige‹ Idee, die so zynisch und absurd ist, dass »Volksverarsche« noch eine liebevolle Bezeichnung wäre:

Wie ständig überall nachzulesen ist, essen wir ja hauptsächlich deshalb gern und viel Fisch, weil Omega-3-Fettsäuren so unglaublich gesund sind. Nur haben die Norweger irgendwann festgestellt, dass es viel billiger ist, ihre Lachse mit Soja-Pellets zu päppeln. Diese Pellets bestehen aus genmanipuliertem Soja aus Argentinien oder Brasilien, wo nicht nur der Amazonas weggerodet wird, um Soja anbauen zu können, sondern auch mehr Pestizide eingesetzt werden als irgendwo sonst auf der Welt. Es gibt Bücher und Dokumentarfilme über die Folgen dieses Soja-Anbaus: Erbgut-Schäden, horrende Krebsraten, Missgeburten

und zahllose andere gesundheitliche Schäden sind darauf zurückzuführen. Die Kindersterblichkeit unter den Farmarbeitern
ist extrem hoch. Die Anbau-Methoden haben massenhafte Plei-
ten der Kleinbauern zu Folge. Ihre Farmen sind der Soja-Mafia
im Weg, oft werden sie von Großbauern und Agrarkonzernen
einfach umgebracht oder enteignet. Chico Mendes war 1988 das
erste und prominenteste Mordopfer dieser Praxis von Groß-
grundbesitzern. Laut der Organisation ›Global Witness‹ wurden
allein im Jahr 2017 über 200 Umweltschützer in Brasilien wegen
ihrer Aktivitäten ermordet.

Auch muss Soja-Pellets und Fischmehl für den Schiffstrans-
port von Südamerika nach Europa als Brand- und Explosions-
schutz ein Gift namens Ethoxyquin beigemischt werden. Die
Internationale Seeschifffahrtsorganisation IMO schreibt das
vor. Ethoxyquin ist ein krebserregendes Pflanzenschutzmittel,
das auch als Brandschutzmittel fungiert und von Monsanto, der
berüchtigten Bayer-Tochter, vermarktet wird. Welche Überraschung.

Das alles interessiert die reichen Lachsfarmer sozusagen einen Dreck. Die toxischen Soja-Pellets werden tonnenweise täglich nach Norwegen verschifft und in den Fischfabriken verfüttert. Das schöne, per Chemikalie rosa gefärbte Fleisch dieser
Lachse kann nun gar kein Omega-3 mehr enthalten, der ehemalige Raubfisch lebt jetzt nämlich gezwungenermaßen vegetarisch! Das heißt, uns wird ein sowieso schon ungesunder Farm-
Fisch in dem Glauben angedreht, er enthalte diese wertvollen
Fischöle. Das ist in etwa so glaubwürdig wie die seinerzeit
»sauberen Dieselmotoren« von VW und Audi. Und ganz nebenbei eine kleine Info, die sich wegen der mächtigen Fische-
rei-Lobby nur langsam herumspricht: Fast jedes hochwertige
Speiseöl wie Leinsamen- oder Hanf-Öl enthält mehr Omega-3
als Fisch. Abgesehen davon ist der gesundheitliche Nutzen von
Omega-3 bis heute wissenschaftlich umstritten. Auch das nur
nebenbei.

Farm-Lachs als Geldanlage

Aqua-Farming mit Lachsen ist ein Milliardengeschäft, der reichste Norweger ist Lachsfarmer. Er ist geschätzt elf Milliarden Dollar schwer, heißt John Fredriksen und hat seinen norwegischen Pass gegen einen zypriotischen eingetauscht, um Steuern zu sparen. Kann man in Anbetracht seines bescheidenen Vermögens ja verstehen; Formel-1-Fahrer leben schließlich auch meist in Monte Carlo. Seine Firma heißt *Marine Harvest* – bitte merken –, sie produziert mehr billigen Lachs als jeder Konkurrent weltweit. Das mag für Freunde von preiswertem Fisch und Sushi-Bars erfreulich sein. Für Fredriksens Zucht-Produkt ist es eine lebenslange Quälerei.

Der Lachs ist eine wilde, wandernde Tierart, ein Hochleistungssportler, der fast ausschließlich aus Muskeln besteht. Er springt bis zu acht Meter hoch, wandert Tausende von Kilometern Flussläufe und Wasserfälle hinauf, quält sich bis zur totalen Erschöpfung an die Quelle eines Flusses. Dort paart er sich und legt im Sand oder Kies nahe der Quelle den Laich ab. Dann stirbt er, sein Kadaver gefriert über den Winter und bildet im nächsten Frühjahr die erste Nahrung für die frisch geschlüpften Jungfische. Lachse opfern sich nach ihrer endlosen Wanderung quasi für ihren Nachwuchs. Der lässt sich dann flussabwärts treiben, landet irgendwann im Meer, wächst und jagt dort mehrere Jahre lang und macht sich dann auf dieselbe Reise flussaufwärts wie zuvor die Eltern. An exakt dieselbe Quelle, an der er selbst auf die Welt kam. Lachse leben in einem der faszinierendsten Kreisläufe der Natur, der jahrtausendelang auf nachhaltige Weise Menschen, Bären, Raubvögel, Meeressäuger und große Raubfische ernährt hat.

Das Leben in der Lachsfarm sieht anders aus. Es ist eine grausame Tierquälerei, ähnlich wie in Schweinefabriken: Bis zu 200 000 Tiere sind in einem Gehege zusammengepfercht, so eng nebeneinander, dass sie sich kaum bewegen können, sie überfetten und werden extrem anfällig für Haut- und Infektionskrankheiten. Aber vermarktet und medial gelobt wird dieses Tier immer noch als gesunde Proteinquelle, als Edelfisch, als kulinarisches Statussymbol. Lachs ist in Deutschland der mit Abstand beliebteste Fisch, die klassischen, im Meer gefangenen Speisefische wie Hering, Makrele und Kabeljau werden auf die hinteren Plätze der Fischtheke verwiesen.

Es bleibt nur zu hoffen, dass wir Verbraucher eines Tages die Lust verlieren, uns via Lachsgenuss größere Mengen an Pestiziden, Antibiotika, Hormonen und Chemikalien einzuverleiben. Man kann sich damit trösten, dass wir viele Gifte wieder ausscheiden. Aber auch die landen irgendwann wieder im Meer, im Fisch, und dann wieder in uns. Es nimmt kein Ende ...

In Chile, einem Land mit extrem niedrigen Umweltstandards, wurde gefarmter Lachs untersucht, dessen Fleisch bei einer fünf-Kilo-Portion die Wochendosis einer Antibiotikum-Behandlung enthielt. Und wir wundern uns über resistente Erreger, gegen die kein Antibiotikum mehr wirkt? Aber bevor wir jetzt den Zeigefinger auf chilenische oder norwegische Lachsfarmer richten: Hierzulande werden dem Trinkwasser der Geflügelindustrie auch gerne zur Prophylaxe schon mal Antibiotika zugesetzt.

Wenn wir den Einsatz dieses überlebenswichtigen Medikaments nicht bald strenger regulieren und reduzieren, wird es immer mehr Erreger geben, die auf gar kein Antibiotikum mehr reagieren. Dann sterben Patienten wie im Mittelalter wieder an einfachen Infektionskrankheiten, weil kein verfügbares Medikament mehr wirkt.

Lachs-Straßen in Betonkanälen

Wem jetzt der Appetit auf Lachs noch nicht vergangen ist, möchte vielleicht kurz darüber nachdenken, warum die Natur viele Jahre braucht für einen Lebenszyklus, den der Mensch um 75 Prozent herunterstutzt, nur um schnelles Geld zu machen.

Viele Freunde des Lachsverzehrs reden sich damit heraus, dass sie ja sowieso nur Wildlachs essen, nicht den billigen Farmlachs. Die Entscheidung zwischen beiden ist die zwischen Pest und Cholera: Dem echten, in Freiheit lebenden und wandernden

Lachs setzen nicht nur die nimmersatten Fangflotten der Fischerei-Industrie zu, sondern vor allem unser Umgang mit seiner wichtigsten Wanderroute, den Flüssen. (Und die Zahlen der norwegischen Bestände sind alarmierend: Derzeit schwimmen nur noch circa 450000 wilde Lachse in den dortigen Meeren, Fjorden und Flüssen, aber über 450 Millionen in den Lachsfarmen.) Was wir in Deutschland Flüsse nennen, sind in Wirklichkeit betonierte Kanäle und sogenannte »Wasserstraßen«, und genau so sehen sie aus. Wir zwängen sie in Trassen, Half-Pipes, begradigte Kerker und wundern uns, dass sie gelegentlich wütend über die starren, steinernen Ufer treten und zuschlagen: Ufermauern und Beton anstatt Auen; Schleusen, Wasserkraftwerke und Staudämme, wo auf Straßen Ampeln und Einbahnstraßen-Schilder stehen. Wie sollen Lachse da zur Quelle gelangen? Die Berliner Mauer war durchlässiger als unsere Flussläufe. Deutschland und die EU haben in den letzten 30 Jahren Hunderte von Millionen Euro ausgegeben, um im Rhein wieder Lachse anzusiedeln. Aber weil die Niederlande nicht mitspielen und sie genau dort, wo der Rhein in die Nordsee fließt, eine gewaltige, für Fische kaum passierbare Schleuse namens Haringvliet gebaut haben, schaffte es nur jeder 20000. (zwanzigtausendste!) der mühsam gezüchteten und später ausgesetzten Lachse, den Fluss hinauf bis in die Schweiz oder in andere Zuläufe.

Das sogenannte ›De-Damming‹, also der Abbau von Dämmen und Schleusen, wird im Rahmen von Renaturierungen und Überschwemmungen wie an Elbe, Rhein, Isar und Donau zwar regelmäßig diskutiert, aber viel zu langsam oder gar nicht umgesetzt. Die Idee, Wasser zu stauen und so Energie zu gewinnen, ist fast so alt wie der Mensch selbst. Ein klassisches Beispiel ist das Mühlrad. Mit ihm wurde jahrtausendelang nachhaltige Energie gewonnen. Mittlerweile sind Hydro-Power oder Wasserkraftwerke angesagt, und die sind leider nicht mehr so nachhaltig. Inzwischen weiß man, dass große Staudämme wie sie in China oder Brasilien gebaut wurden, eine Umweltkatastrophe sind, vor allem was Bodenerosion, Grundwasser-Pegel und das gesamte Ökosystem vor Ort betrifft. Trotzdem gilt Wasserkraft immer noch als nachhaltige, CO_2-neutrale, »grüne« Energie. Ein trauriges Beispiel dieses Irrglaubens sind die letzten wilden Flüsse Europas, die allesamt im Balkan fließen, sprich in Bosnien-Herzegowina, Albanien, Mazedonien und Kroatien. Diese seit der Römerzeit unangetasteten, atemberaubend schönen Flüsse sollen jetzt für insgesamt 3000 Wasserkraftwerke gestaut werden. Finanziert von privaten Banken und Konsortien, vor allem aus Österreich, subventioniert von EU und Weltbank. Das ist das Ende dieser letzten unberührten Natur-Paradiese Europas, der klein-parzelligen Agrarindustrie dort und des nachhaltigen Lebensstils der lokalen Bevölkerung. Zum Glück regt sich heftiger Widerstand gegen den Bau der Dämme, sowohl in der regionalen Bevölkerung, als auch seitens verschiedener Initiativen wie »Save the Blue Heart of Europe« oder »River Watch«. Die Amerikaner sind hier ausnahmsweise weiter, dank der Outdoor-Marke Patagonia und ihres Gründers Yvon Chouinard. Der hat einen überaus erfolgreichen Dokumentarfilm namens »Damnation« finanziert, also »verdammte Nation«. Es geht um Dämme, mit denen im 20. Jahrhundert unzählige Flüsse gestaut wurden, um die US-Agrarindustrie mit Wasser zu versorgen. Der Preis war das Verschwinden der gesamten Fauna, hauptsächlich von Vögeln und Fischen, und der Kollaps des Ökosystems Fluss. Patagonia produzierte nicht nur den Film, sondern finanziert neben zahlreichen anderen Umweltprojekten und Klagen gegen die Trump-Regierung auch den Abbau dieser Dämme. Ziel ist, den gesamten Verlauf der Flüsse zu renaturieren. Die ersten De-Dammings im Nordwesten der USA waren so erfolgreich, dass schon im zweiten Jahr nach Abbau der Dämme wieder eine Lachswanderung einsetzte, viel schneller als erwartet.

Deutschland und Europa sollten sich an solchen Privatinitiativen ein Beispiel nehmen. Auch hier leben zahlreiche Salmoniden wie Lachs, Forelle, Saibling und Huchen, auch Donau-Lachs genannt. Huchen ist der weltweit größte Lachsfisch; er wird bis zu 1,80 Meter groß und steht auf der roten Liste der bedrohten Arten. In Deutschland ist er praktisch ausgestorben, aber in der Una, einem verwunschenen Fluss in Bosnien-Herzegowina, kommt er noch zahlreich vor. Genau da, wo die besagten Hydro-Kraftwerke gebaut werden sollen. Der Huchen wird nur überleben, wenn wir verhindern, dass seine letzten freien Flussläufe gestaut werden.

Klimawandel

Doch die Flüsse leiden nicht nur unter Giften und Dämmen, auch die Veränderung des Klimas macht ihnen zu schaffen. Deutschland hat vom Klimawandel bisher dank seiner Lage wenig mitbekommen. Hier wird er hauptsächlich als fernes Problem am anderen Ende der Welt wahrgenommen. Deutschland durchläuft vier Jahreszeiten, hat Schnee, Schmelzwasser, Sonne, Ackerbau, Ernte, Weinanbau. Im »Heiß-Zeit«-Sommer 2018 ist manchen Deutschen zum ersten Mal bewusst geworden, was passiert, wenn es plötzlich keinen Regen mehr gibt. Das war für gewisse Branchen großartig, zum Beispiel die Getränke- und Eiskrem-Industrie, Badeanstalten, Beach Bars, Weinanbau. 2018 wird ein großartiger Jahrgang werden.

Für andere Branchen, wie beispielsweise die Landwirtschaft, war es eine Katastrophe. Auch stieg plötzlich der Spritpreis, weil die Ölschiffe aus Rotterdam den ausgetrockneten Rhein nicht mehr hochfahren konnten. Das ging so weit, dass BASF für seine zukünftigen Transporte Flachschiffe orderte, weil Klimaforscher davon ausgehen, dass sich solch trockene Sommer häufen werden.

Kalifornien kennt das schon lange. Es erlebt regelmäßig katastrophale Feuersbrünste, weil es dort seit Jahren viel zu wenig Niederschlag gibt. Und wenn es dann mal kräftig regnet wie Ende 2018 und Anfang 2019, gibt es wegen der Boden-Erosion nach den Bränden sofort »Mudslides«, Erdrutsche mit ähnlich tragischen Folgen. Thomas Gottschalk hat bekanntlich sein Haus durch die Brände in Malibu verloren, Oprah Winfrey ihr

Anwesen weiter nördlich durch einen Mudslide nach starkem Regen.

Der Colorado, einer der berühmtesten Flüsse der Welt, trägt keinen Tropfen Wasser mehr in den Pazifik, er ist in der Regel schon vor dem Übertreten der Grenze nach Mexiko ausgetrocknet. Das ist, sehr amerikanisch, selbstverschuldet: Las Vegas, eine Millionenstadt mitten in der Wüste, saugt den Colorado trocken, weil dort unbedingt nicht nur Paris und Venedig en miniature, sondern auch der Comer See nachgebaut werden mussten, mitsamt Belagio-Hotel am Ufer und Riva-Booten. Nevada hat pro Kopf den höchsten Wasserverbrauch Amerikas, ohne auch nur ein einziges Agrarprodukt zu liefern. Das nicht weit entfernte Central Valley im benachbarten Kalifornien, das 70 Prozent des US-Obstes und -Gemüses produziert, kämpft seit Jahren mit notorischer Wasserknappheit. Dass die USA, vor allem unter republikanischen Regierungen, bis heute so tun, als wären sämtlichen Ressourcen der Erde unerschöpflich, gehört zu den überaus unsympathischen Errungenschaften amerikanischer Kultur, ähnlich wie McDonald's, Coca-Cola, die Kardashians und Waffen-Fetischismus.

Insofern war der deutsche Sommer 2018 vielleicht ein Aha-Erlebnis für viele, die den Klimawandel für ein abstraktes, sich fernab abspielendes Problem hielten. Dass der deutsche Fischbestand extrem gelitten hat in diesem Sommer, gehört zur Kehrseite der Medaille.

Es gibt aber tatsächlich Menschen, die sehr vorbildlich mit Wasser umgehen: so kurz duschen, wie es ein Minimum an Hygiene erfordert, nie das Wasser laufen lassen, nur so viel Tee-Wasser kochen, wie in die Tasse passt, und in den trockenen Gegenden der Welt das kalifornische Motto »If it's yellow let it mellow, if it's brown flush it down« beherzigen (soweit das zivilisatorisch vertretbar ist). Das ist großartig, aber es ändert wenig an dem grundsätzlichen Problem unseres Umgangs mit Wasser. Der ist paradox: Wir verschmutzen es durch Luftverpestung, schon bevor es als Regen vom Himmel fällt, erwarten aber, dass es uns reinigt. Das ist in etwa so, als würden wir unsere tägliche Notdurft im Gemüsebeet verrichten und dann erwarten, dass wir da leckeres Gemüse ernten.

Wir haben längst vergessen, wie verwöhnt wir sind: Früher ist man mit Eimern zum Brunnen gelaufen oder hat Wasser gepumpt. Jetzt wird einfach nur der Hahn aufgedreht, und schon läuft's. Gerne auch stundenlang, es kostet ja praktisch nichts. Agua e vida – wir sollten uns gelegentlich daran erinnern.

Neben dem beruhigenden Anblick, den Bäche, Flüsse, Seen und Meere uns bieten, ist das Schönste daran: die Stille. Mich wundert, dass es immer noch schweigt, das Meer und seine Zuflüsse. Und wie selten sie sich rächen.

KAPITEL 3

Seepferdchen –
Begehrt, Verzehrt, Vernichtet

Als ich noch ein Seepferdchen war,
Im vorigen Leben,
Wie war das wonnig, wunderbar
Unter Wasser zu schweben.
In den träumenden Fluten
Wogte, wie Güte, das Haar
Der zierlichsten aller Seestuten,
Die meine Geliebte war.

Aus dem Gedicht »Seepferdchen« von Joachim Ringelnatz

INA KNOBLOCH

Es ist erstaunlich, mit welcher Intensität diese Fische, die überhaupt nicht aussehen wie Fische, Menschen berühren und faszinieren, und das schon seit der Antike. In der Vorstellung der griechischen Mythenwelt zogen die Vorfahren der Seepferdchen den Streitwagen des Meeresgottes Poseidon, sie nannten sie Hippokampen. Der Name wurde nicht nur von der Wissenschaft übernommen, sondern hat auch eine konkrete Übersetzung: »Pferde-Raupen«, was sich auf ihren pferdeähnlichen Kopf und den raupenähnlichen Schwanz bezieht. Bis heute ist die wissenschaftliche Bezeichnung dieser Gattung: *Hippocampus*.

An meine erste Begegnung mit diesen Wesen kann ich mich noch genau erinnern, obwohl ich noch sehr klein war. Es war im Frankfurter Zoo, genauer im dortigen Exotarium. Um in das Aquarium zu schauen, musste ich mich auf die Zehenspitzen stellen. Von dem Anblick konnte ich mich gar nicht mehr lösen: Ein paar winzige Seepferdchen-Augen schienen mich geradezu hypnotisch zu fixieren. Geschickt hatte es sein Schwänzchen um den Bewuchs im Aquarium gewickelt und schaukelte sein Bäuchlein gemächlich hin und her, während es mich fast flehentlich ansah. Das bildete ich mir zumindest ein. »Vergiss mein nicht«, war die Botschaft, die sich bei mir einprägte. Jahrzehnte später musste ich genau an diesen Augenblick denken, als mich Seepferdchen-Augen auf einem Foto anstarrten. Das Bild gehörte zu den Finalisten des begehrtesten Naturfotografie-Preises 2017. Es war ein Foto, von dem sich der Fotograf Justin Hofmann wünschte, dass es nicht existieren würde, zumindest nicht die Wahrheit dahinter: Ein Schnappschuss von einem Seepferdchen, das sich an einem Wattestäbchen festklammert und durch das Meer driftet.

Plastik-Fluch

Plastik – ein Fluch der modernen Zivilgesellschaft und in fast allem enthalten, was der moderne Mensch im Alltag nutzt, darunter Milliarden Einwegprodukte, die achtlos in die Umwelt geworfen werden und am Ende im Meer landen. Mehr noch als Wattestäbchen gehören Plastikstrohhalme zu dieser mörderischen Alltagspest, die schon zahlreiche Meerestiere das Leben gekostet haben. Seevögel, Delfine, Wale, Schildkröten und viele andere Meeresbewohner sind schon an unserem Müll elendig verendet.

Aber dieses Bild von dem Seepferdchen mit Wattestäbchen berührte besonders die Herzen und lenkte endlich den Blick auf die Bedrohung dieser faszinierenden Wesen. Laut einem WWF-Bericht ist allein im Mittelmeer der Seepferdchen-Bestand in den letzten Jahren um etwa ein Drittel geschrumpft.

Diese außergewöhnlichen Fische wurden trotz ihrer geringen Größe auch von den ersten Meeresforschern mehr bestaunt als die Giganten der Meere. »*Die großen Wunderwerke Gottes und die Geschicklichkeit der Natur erzeigen sich in vielen wunderbarlichen Geschöpfen, inbesonderheit in diesem gegenwärtigen Meerthier oder Fisch*«, schrieb der große Schweizer Naturforscher Conrad Gessner (1516–1565) im 16. Jahrhundert über die Seepferdchen. Tatsächlich wussten die Forscher damals noch nicht, wo sie die Seepferdchen einordnen sollen, die mit ihrem pferdeähnlichen Kopf und wurmförmigen Schwanz so gar nicht nach Fisch aussehen. Kiemen und Schwimmblase lassen aber keinen Zweifel zu, und gemeinsam mit den Fetzenfischen gehören sie zu den *Seenadeln*.

Ringelnass und Ringelnatz

Fasziniert waren aber nicht nur die Wissenschaftler seit der Antike, die eigenartigen Meeresbewohner eroberten auch die Herzen zahlreicher Künstler, Maler, Bildhauer, Dichter und Denker, wie Joachim Ringelnatz. Der Satiriker und Dichter hieß eigentlich Hans Bötticher und war fasziniert von der Seefahrt und dem Meer, sodass er selbst auch als Schiffsjunge anheuerte. Daher wusste er, dass Seepferdchen damals im Seefahrerjargon »Ringelnass« genannt wurden, und sympathisierte ganz offensichtlich mit diesen Tierchen so sehr, dass er seinen Künstlernamen danach wählte.

Insgesamt wurden bisher etwa fünfzig Arten beschrieben, aber immer wieder werden neue entdeckt, vor allem winzig kleine, die sich hervorragend zwischen Algen oder Korallen verstecken und wie ein Chamäleon anpassen können. Es gibt Seepferdchen, die nur wenige Millimeter groß sind, andere werden fast einen halben Meter lang. Mit ihrem pferdeähnlichen Mäulchen können sie Unterdruck erzeugen und ihre Nahrung wie ein Staubsauger einsaugen. Dabei sind sie nicht sonderlich wählerisch, sondern schlürfen alles Plankton in sich hinein, das vorbeischwimmt.

Sie selbst stehen bei eher wenig Tieren auf dem Speiseplan, da sie durch ihren kleinen Panzer aus etwa 50 knöchernen Schutzplättchen ziemlich schwer verdaulich sind. Vor Pinguinen und noch einigen anderen Seevögeln und auch vor Krabben müssen sie sich allerdings hüten. Zum Schutz vor diesen Fressfeinden haben einige Seepferdchen noch einen interessanten Trick auf Lager: Sie können nicht nur die Farbe wechseln, sondern beherrschen die Camouflage in Perfektion und können sich komplett ihrer Umgebung anpassen. Vor allem kleine Arten, die in Korallenriffen leben, sind dadurch fast gar nicht zu erkennen.

Seepferdchen Gender

Das Faszinierendste an diesen Meeresbewohnern sind ihre Geschlechterrollen, die in die heutige gendergerechte Zeit gar nicht besser passen könnten: Die Männchen tragen die Jungen aus und gebären sie auch! Wie Kängurus sind diese Fischchen mit Beuteln ausgestattet, in die die Weibchen ihre Eier spritzen. Dort befruchten die Männchen sie und bilden ein Nährgewebe, von dem sich die Seepferdchen-Embryonen ernähren. Bei der Geburt krümmt sich der »Papa« und kann bis zu 2000 Seepferdchen-Babys aus seinem Beutel ins Meer entlassen – je nach Art. Von den vielen Winzlingen wird allerdings nur ein Prozent erwachsen, was bei den vielen Nachkommen zur Arterhaltung allerdings völlig ausreichen würde, wären sie nicht durch den Menschen auf unterschiedlichste Arten bedroht: Sie werden gejagt, vergiftet, und ihr Lebensraum wird zerstört.

Mit ihrer Nahrung, dem Plankton, saugen Seepferdchen auch Mikroplastik und andere Gifte ein. Pestizide aus der Landwirtschaft haben die Seepferdchen im Mittelmeerraum, vor allem in Spanien und Portugal, wo die größte Population der Region beheimatet ist, fast völlig zerstört. Mehr als 3000 Tonnen Nitrat und verschiedenste chemische Pestizide wurden in das südspanische Schutzgebiet Mar Menor geleitet. Die einst glasklare Lagune hat sich in eine grüne, stinkende Algenbrühe verwandelt.

Die Gifte stammen aus der Landwirtschaft, für billiges Obst und Gemüse in deutschen Supermärkten wird das Mittelmeer mit den hochgiftigen Abwässern aus dem intensiven Anbau vergiftet. Mithilfe von Bewässerungs-Systemen und unter Plastikplanen wird in Murcia, Almería und Huelva rund ums Jahr produziert. Die Abwässer werden direkt ins Meer geleitet. Im Mar Menor verendeten Tausende Seepferdchen und zahlreiche andere Meeresbewohner elendig an den Giften.

Doch nicht nur die Umwelt leidet: Zehntausende Flüchtlinge und Migranten aus Nordafrika schuften dort unter sklavenähnlichen Bedingungen. Tausende Hektar Anbauflächen wurden angelegt, viele ohne Genehmigung, dazu Brunnen gebohrt und Pumpen installiert. Sie leiten mit Nitrat, Phosphat, Glyphosat und anderen Pestiziden belastete Abwässer in die Natur.

Pestizide töten Seepferdchen

Bleibt die illegale Brunnenbohrung erfolglos, werden die Löcher notdürftig zugedeckt und damit zu lebensgefährlichen Fallen. Erst 2018 verunglückte ein Kleinkind tödlich, das in so einen ungesicherten Brunnenschacht gefallen war. Bereits Ende 2017 hat die Staatsanwaltschaft in Murcia Strafanzeige gegen 37 Bauern, Händler, Politiker und Funktionäre erhoben – sie werden eines schweren Umweltverbrechens beschuldigt. Darunter die größten Obst- und Gemüseproduzenten Europas.

Es ist ein Milliardenmarkt, finanziert mit vielen Millionen Agrarsubventionen der EU. Die Produzenten beliefern auch die deutschen Supermärkte und werben mit Nachhaltigkeit – nachhaltig zerstören sie aber dabei nur die Umwelt.

Auch die Lagunenlandschaft Ria Formosa in Portugal, bei Faro, war einst stark überdüngt und mit Pestiziden belastet. Die dort bedeutende Seepferdchenpopulation schrumpfte dramatisch, bis die Regierung eingriff und das Gebiet unter strengen Schutz stellte. Trotzdem sind die Bestände dort um 90 Prozent zurückgegangen und erholen sich erst langsam wieder. Die Schutzmaßnahmen zeigen aber immerhin Wirkung.

Einst gehörten die Seepferdchen von Formosa zur weltweit größten und stabilsten Population. Forscher vermuten, dass neben dem Eintrag von Schadstoffen der Rückgang der Seegraswiesen für den Schwund der Seepferdchen verantwortlich ist, ebenso die Schleppnetze, in denen sie als Beifang landen und elendig verenden.

Zu den umfangreichen Schutzmaßnahmen gehört auch die Einschränkung der Fischerei. Professioneller Fang ist im Naturpark Ria Formosa inzwischen gänzlich verboten, außerdem züchten Naturschützer Seegras nach und setzen es an versandeten Stellen ein. Die Einleitungen von Abwässern ins Meer und aus der Landwirtschaft werden mittlerweile ebenfalls streng kontrolliert.

Seepferdchen als Viagra

Aber gegen die brutale Jagd auf Seepferdchen für den asiatischen Markt war deren Zerstörung im Mittelmeer noch harmlos. In der traditionellen chinesischen Medizin gelten Seepferdchen geradezu als Wundermittel, und entsprechende Preise werden für getrocknete Tiere bezahlt: Bis zu 6000 Euro pro Kilo. Die Jagd nach den bedrohten Tieren ist zwar inzwischen verboten und in einigen Ländern droht Haft, das scheint die Händler aber wenig abzuschrecken. In Peru wurden mehr als 16 000 Tiere bei einer Routine-Untersuchung beschlagnahmt. Millionen dieser Tiere landen jährlich auf asiatischen Märkten. Es heißt: Wer in China eine bedrohte Tierart sehen will, muss nur in die Apotheke gehen. Dabei berufen sich die asiatischen Staaten auf eine jahrtausendealte Tradition, doch die gab es auch in Europa und überall sonst auf der Welt. Viele Tiere wurden in der Antike und bis zur Neuzeit weltweit als Universalheilmittel eingesetzt. Beispielsweise wurden in Europa Murmeltiere, Kröten, Schlangen und viele andere Arten für medizinische Zwecke als vermeintliche Wundermittel geschlachtet. Aber diese Zeiten sind in Europa lange vorbei, und so sollte es auch in den aufstrebenden asiatischen Ländern sein. Denn im Gegensatz zu heute waren die

Tiere den Menschen damals auch heilig, und für die Jagd standen ihnen nur einfache Mittel zur Verfügung.

Trotz geringer Größe galten Seepferdchen als Krafttiere der Meere, und die Existenz der 42 verschiedenen Arten fasziniert und verwirrt Forscher seit Jahrhunderten. Manche Gelehrte hielten sie für Insekten, und Carl von Linné schlug sie den Amphibien zu. Auch wenn Kiemen und Schwimmblase sie eindeutig als Fische ausweisen, behalten Seepferdchen ihre geheimnisvolle Aura und dürfen in keiner Meeressage fehlen – auch nicht in der von »Ina und dem Hai«.

Ina und der Hai – Das Seepferdchen

Der Sage nach soll Ina, nachdem der Aal sie so schmählich versetzt hatte, verzweifelt versucht haben, selbst das Meer zu durchschwimmen. Aber schon bald verließen sie die Kräfte, und sie hatte Glück, dass sie ihre Freundin Susi, das Seepferdchen, traf, die sie sogleich auf ihren Rücken aufsitzen ließ. Doch kaum hatte es sich Ina auf Susis Rücken bequem gemacht, kam eine riesige Welle. Susi konnte sich mit ihrem Schwanz gerade noch an einen langen Tang klammern, um sich vor Strömung und Strudel zu schützen, doch Ina wurde fortgerissen und von einer riesigen Welle wieder an den Strand getragen. Aber die wenigen Minuten, die Ina auf dem Rücken des Seepferdchens geritten war, hatten ihr Kraft und Mut gegeben, nicht aufzugeben. Und so stand sie schon wenig später wieder auf und hielt nach einem anderen Freund Ausschau, der ihr bei der langen Reise zur schwimmenden Insel von Tinirau behilflich sein würde.

Wen wundert es, dass auch »Aquaman«, in dem Kino-Blockbuster der Comicverfilmung von 2018, auf einem riesigen Seepferdchen reitet. Das sagenhafte *Hippocampus* gehört zu den beliebtesten Meerestieren. Das hat aber auch Nachteile. Denn beliebt ist es auch bei Aquarien-Besitzern. Zwar ist der Kauf von Wildtieren längst verboten, nur der Handel mit Nachzuchten ist erlaubt, aber da Seepferdchen schwer zu züchten sind, blüht der illegale Handel auch hier.

Korallensterben

Glück im Unglück hat das kleinste Seepferdchen der Welt, das nur 1,6 Zentimeter lange Pygmäen-Seepferdchen *Hippocampus denise*. Es wurde erst 2003 von der Unterwasserfotografin Denise Tackett entdeckt, und wenig später wurden endlich alle Seepferdchen-Arten unter Schutz gestellt. Aber nicht nur dieser Status schützt die Winzlinge, die Denise-Seepferdchen sind so winzig, dass sie uninteressant für die asiatischen Jäger sind, deren Beute nach Gewicht bezahlt wird. Dafür sind diese Zwerge unter den Seepferdchen jetzt akut von einer anderen Gefahr bedroht: dem Korallensterben. Diese und einige andere Seepferdchen-Arten leben nämlich ausschließlich auf tropischen Korallen oder in Korallenriffen und können sich dort so gut anpassen, dass sie kaum zu entdecken sind. Die winzigen Tiere leben in sogenannten Gorgonien, das sind fächerartige Hornkorallen, in denen sie von den vielen Verästelungen kaum zu unterscheiden sind und exakt deren Färbung annehmen können.

Tierische Korallenblüte

Obwohl Korallen aussehen wie verästeltes Gebüsch, sind sie keine Pflanzen, sondern gehören zu den Nesseltieren. Ihre nächsten Verwandten sind Quallen und See-Anemonen. Die einzelnen Tiere sind winzige Polypen, die in einer Gemeinschaft riesige Kolonien bilden können und sich dabei regelrechte Burgen bauen, weitverzweigte Kalkskelette, an deren Spitzen oft farbenprächtige Polypen wie exotische Blüten thronen.

Dabei sind es nicht die Nesseltiere selbst, die für das Farbenspiel sorgen, sondern eine Alge, mit der sie in Symbiose leben. Eine ziemlich nützliche Gemeinsaft, denn die Koralle bietet den Algen Schutz vor Fressfeinden, dafür versorgen die Algen die Korallen mit Sauerstoff und Nährstoffen.

Garten Eden im Ozean

Korallenriffe sind einzigartige Lebensräume und bieten nicht nur einigen Seepferdchen-Arten eine Heimat, sie sind die Kinderstube unzähliger Meeresbewohner, die zwischen den Korallenverzweigungen Schutz vor gefräßigen Feinden und jede Menge Nahrung finden. Es gibt auf der ganzen Erde keinen vergleichbaren Lebensraum. Korallenriffe sind bizarr und einzigartig, ein Magnet für jeden Taucher, der dort jede Menge Schaden anrichten kann. Schon durch eine leichte Berührung können sie Teile der lebendigen Riffe nachhaltig zerstören.

Aber auch sonst sind Korallenriffe sehr empfindlich, reagieren schon auf die kleinsten Umweltveränderungen und sind schon jetzt Opfer der Klimaerwärmung. Kein Wunder bei dem komplizierten Leben, das diese winzigen Tierchen führen. Allein die Algen, mit denen die Korallen in Symbiose leben und die ihnen die wunderschönen Farben verleihen, sind hoch sensibel. Bereits bei einem geringen Temperaturanstieg fangen sie an, Gifte zu produzieren, und werden dann von ihren Wirtskorallen abgestoßen. Aber ohne Alge stirbt die Koralle, verliert sofort ihre Farbe – bleicht aus – und erstickt dann regelrecht, denn sie ist auf den Sauerstoff, den die Algen produzieren, angewiesen.

Die große Bleiche

Aber auch die Versauerung der Ozeane setzt den Korallen erheblich zu. Durch den Anstieg von CO_2 in der Erdatmosphäre löst sich auch mehr dieses Klimagases in den Meeren und schädigt die Korallen. Gasmoleküle zwischen Ozean und Luft sind stets in einer ausgewogenen Balance, das heißt je mehr CO_2 in der Luft, desto mehr CO_2 auch im Ozean. Gelöst im Wasser wird daraus Kohlensäure, und Säure greift bekanntlich Kalk an. So wie mit dem Essigreiniger die Kalkflecken verschwinden, lösen sich die Kalkskelette mit steigendem Säuregehalt im Ozean in Wohlgefallen auf: Korallen, Muscheln, Schnecken, die Außenskelette vieler Meeresbewohner sind aus Kalk gebaut. Außer der Kohlensäure kommt noch Schwefelsäure aus dem Schweröl der hunderttausend Schiffe, die weltweit unterwegs sind, hinzu. Wenn diese Entwicklung anhält, kollabiert der Ozean allein wegen der Versauerung in einigen Jahrzehnten.

Darüber hinaus setzen zahlreiche Gifte den empfindlichen Korallenriffen erheblich zu. Fäkalien und Chemikalien können die symbiontischen Algen gar nicht vertragen, sie sterben ab und werden von den Korallen abgestoßen. Besonders deutlich hat das bedeutendste Korallenriff der Welt diese Umweltveränderungen zu spüren bekommen: das Great Barrier Reef vor der Nordostküste Australiens. Es besteht aus fast 3000 einzelnen Riffen, wurde schon vor Jahrzehnten von der UNESCO zum Weltnaturerbe erklärt und zählt zu den sieben Naturwundern der Erde. Durch die Erwärmung der Ozeane und die damit verbundene Versauerung, aber auch durch eingeleitete Agrar- und Industrieabwässer kam es im Jahr 2016 zu einer Massenbleiche der Korallen. Mehr als die Hälfte des fast 350000 Quadratkilometer großen Riffs starb ab.

HANNES JAENICKE

Auch ich muss beim Thema Seepferdchen immer sofort an das legendäre Foto denken, auf dem ein Seepferd ein Wattestäbchen umarmt und vermutlich versucht, sich mit ihm zu paaren. Das einzig Positive an seinem tragischen Schicksal ist, dass jemand es dokumentiert hat. So ist das Plastik-Thema mittlerweile auch beim Massenpublikum angekommen und wird diskutiert. Das gilt auch für die Meeresschildkröte aus Mexiko, der ein Plastik-Strohhalm aus der Nase herausoperiert werden musste, oder für die gestrandeten, verendeten Wale, deren Mägen mit Plastikmüll gefüllt sind. Die Bilder dieser Tiere haben etwas bewegt. Dass die EU jetzt mit ihrem Verbot von Einweg-Besteck, -Geschirr und Plastikstrohhalmen ab 2021 immerhin mal nicht nur Symbolpolitik betreibt, dass Deutschland ein zwar völlig unzureichendes, aber immerhin neues Verpackungsgesetz bekommt und so die ersten kleinen Schritte gegen die Plastikpest gemacht werden, haben wir letztendlich solchen Fotos zu verdanken. Und der Tatsache, dass die Chinesen uns seit Januar 2018 unseren Plastikmüll nicht mehr abnehmen, gegen kein Geld der Welt. Insofern kann man mit Seepferdchen großartig Umweltpolitik machen. Das kommt offensichtlich selbst bei den Bürokraten in Brüssel an. Entsprechend darf man sogar hoffen, dass es auch in der bundesrepublikanischen Lobbykratie beziehungsweise in Berlin irgendwann ankommt. Der Regierung sind Artensterben und Klimawandel scheinbar egal, aber wenn sie merkt, dass solche Fotos die Wählermassen bewegen, dann bewegen sich plötzlich auch die Marionetten der Agrar-. Verpackungs-, Lebensmittel-, Pharma-, Chemie- und Banken-Lobby. Ein gutes und positives Beispiel ist der Umgang des bayrischen Ministerpräsidenten Markus Söder mit dem bayrischen Volksbegehren zum Thema Artensterben und Insektenschutz. Er leistete, wie seine Agrarministerin, zunächst Widerstand gegen das Volksbegehren, war aber klug genug, sich nach seiner Niederlage dank 1,7 Millionen Unterschriften als Pionier der Agrarwende zu positionieren. Der von ihm eingesetzte runde Tisch kam tatsächlich zu nachhaltigen Ergebnissen jenseits der sonst üblichen Lippenbekenntnisse und Symbolpolitik. Insofern ist Söders Opportunismus gut für die Umwelt, für den Verbraucher und für seine Karriere.

Lobbyland Deutschland

Jeder Umweltschützer hätte vermutlich Tausende von Appellen an die Politik. Die werden in der Regel konsequent ignoriert; selbst über Gerichtsurteile zum Thema Feinstaub setzt sich die Politik hinweg. So etwas geschieht sonst nur unter Regimes wie in Russland, Türkei, Iran und Saudi-Arabien. Eine der Grundregeln unserer Politik scheint zu sein, sich von Lobbyisten beraten, gängeln, unterstützen, einladen, sponsern, in Form von Parteispenden bezahlen oder nach Amtsaufgabe in die Industrie versetzen zu lassen. Dort verdient man weitaus besser als in der Politik, man frage Gerhard Schröder, Joschka Fischer, Roland Koch, Hannelore Kraft, Ronald Pofalla, Matthias Wissmann, die Liste ist endlos. Dieter Hildebrandt hat einmal formuliert: »Die Politik ist nur der Spielraum, den die Wirtschaft ihr lässt«. Das kann man wunderbar am Beispiel der deutschen Automobilindustrie sehen. Sie regiert in Deutschland nach Belieben, siehe Diesel-Gate, Abgaswerte, Abwrack-Prämie. Gleiches gilt für die Chemie- und Agrarindustrie, siehe Glyphosat-Verlängerung. Oder die Lebensmittel- und Verpackungs-Industrie, siehe Deutschlands internationale Spitzenposition beim Verbrauch von Plastik- und Verpackungsmüll und die skandalös niedrige Recyclingquote. Regiert werden wir von DAX-Konzernen, Lobbygruppen, Industrie- und Interessenverbänden. Anders kann ich mir nicht erklären, warum Ruanda es bereits 2009 geschafft hat, Plastiktüten zu verbieten, und wir bis heute nicht. In Kenia wirst du verhaftet, wenn du mit Einwegtüten aus Plastik unterwegs bist. Auch Bangladesch und Marokko haben die Plastiktüte abgeschafft, und in Costa Rica gibt es Plastikbecher nur noch aus kompostierbarem Material. Warum schaffen wir es nicht, genau wie bei Glas, Papier und Metall einen Kreislauf herzustellen, sprich auch Plastik wiederzuverwerten und zirkulär zu verarbeiten? Warum wird Einwegplastik nicht entweder verboten oder so hoch besteuert, dass es sich für die Verpackungs- und Konsumgüter-Industrie nicht mehr rechnet? Warum verbieten andere Länder wie Dänemark (primäres) Mikroplastik in Kosmetikprodukten und wir nicht? Warum haben diese Konzerne in Deutschland scheinbar eine größere Macht als in Dänemark? Dahinter können nur die Verpackungsindustrie, große Discounter, die Lebensmittelindustrie und natürlich Multis wie Nestlé, Procter & Gamble, Unilever, Henkel, Coca-Cola stecken. Dieser US-Konzern sponsert übrigens besonders gern und großzügig Zusammenkünfte und Veranstaltungen der EU und unserer Regierung. Das scheint, was Einwegplastik betrifft, Früchte zu tragen: Coca-Cola ist und bleibt der weltweit größte Produzent von Einweg-Plastikflaschen. Lobbyisten haben hierzulande offensichtlich einen größeren Einfluss auf unsere Politiker als zum Beispiel in Skandinavien. Anders ist ihr

Zögern in der Umweltpolitik nicht zu erklären. Was würde es eine Regierung kosten, Plastiktüten zu verbieten? Was ist so schwer daran, jede noch so kleine Plastikflasche so zu bepfanden, dass niemand sie mehr wegschmeißt?

Der Preis der Wegwerfgesellschaft

Warum kostet nicht jeder To-go-Becher in Deutschland einen Euro Pfand? Wir verballern wie erwähnt pro Stunde 380 000 dieser nicht-recycelbaren Dinger. Wenn sie bepfandet würden wie Glühweinbecher auf dem Weihnachtsmarkt, hätten wir dieses Müllproblem schon mal gelöst. Auch hier geschieht von Seiten des Gesetzgebers nichts. Warum bereitet Frankreich eine erhöhte Steuer auf Einwegplastik vor, eine niedrige für Mehrwegplastik, und Deutschland nicht? Alles, was Mehrweg ist und im Kreislauf bleibt, sollte steuerfrei sein. Frosch, ein deutscher Hersteller von Bio-Wasch- und Reinigungsmitteln, führt längst vor, dass eine Plastikflasche zu 100 Prozent aus Recyclat, sprich recyceltem Alt-Plastik hergestellt werden kann. Vöslauer, ein österreichischer Mineralwasser-Hersteller, bietet sogenannte rePET-Flaschen an, ebenfalls aus recyceltem Plastik. Solche Hersteller müssten doch in irgendeiner Form belohnt und gefördert werden! Die anderen, wie P&G, Coca-Cola, Nestlé mit seinem Nespresso und Henkel mit Meister Propper sollten so zur Kasse gebeten werden, dass sie endlich einen Anreiz haben, ihre Verpackungen zirkular zu produzieren. Eigentlich wäre das alles ganz einfach. Aber warum dürfen Granini und Rabenhorst mit PET-Saftflaschen werben, auf denen groß »Pfandfrei« steht? Warum gibt es überhaupt noch pfandfreies Plastik? Wir zahlen mit der skandalösen Ausnahme von Kerosin auf jedes Rohöl-Produkt Steuern, auf Benzin, Diesel, Heizöl. Warum nicht auf Plastik, schließlich ist es auch ein Öl-Produkt? Da versagt die Politik kläglich, und die Müllberge und -inseln wachsen und wachsen. Im Falle des North Pacific Garbage Patch, der größten aller im Ozean schwimmenden Plastikmüll-Inseln, auf die gut sechsfache Größe Deutschlands.

Leben ohne Plastik

Es wäre zu einfach, die Schuld an der Vermüllung unserer Ozeane
allein der Politik und Industrie in die Schuhe zu schieben. Wir
Verbraucher tragen eine ebenso große Verantwortung für den
Zustand der Meere. Verantwortungsvolles Verbraucherverhalten
ist eigentlich auch erschreckend einfach: Besorge dir Stoffbeutel
oder Mehrwegtaschen, leg ein paar davon ins Auto, ins Büro, in
die Satteltasche, du wirst immer einen in der Wohnung vergessen haben oder umgekehrt. Benutze die Toilette nie als Abfall-
eimer, schon gar nicht für Plastikprodukte wie Zahnseide oder
Wattestäbchen. Kauf dir einen Soda-Sprudler, sodass du nie
wieder ein Sixpack von 1,5-Liter-PET-Flaschen voll schlecht
schmeckendem Mineralwasser aus dem Supermarkt nach Hause
in den dritten Stock schleppen musst. Gleiches gilt für Saft-Schor-
len, Limonaden, Colas. Die kann man allesamt zu Hause selbst
aufsprudeln. Es gibt zum Beispiel Biosirups in Glasflaschen, mit
denen man Rhabarberschorle, Apfelschorle, Holunderschorle
mit Leitungswasser zubereiten kann, dem am strengsten kon-
trollierten Lebensmittel in Deutschland. Kauf Bio-Putzmittel.
Kauf Produkte der Hersteller, die ihre Plastikflaschen aus Recyclat herstellen, die Plastik aus dem Kreislauf verwerten. Das ist
eben nicht Procter & Gamble, das ist nicht Nestlé oder Mondelez (ehemals Kraft Foods) oder Unilever oder Coca-Cola oder
Pepsi. Sie sind die größten Plastikmüll-Verursacher der Erde.
Meide verschweißte Produkte, zum Beispiel Käse, bei dem jede
einzelne Schreibe in Zellophan verpackt ist. Auch Bio-Ware
muss nicht in Zellophan eingeschweißt sein. Es gibt längst Lä-
den, die ihr Obst und Gemüse unverpackt verkaufen. In einigen
deutschen Städten kann man mittlerweile sogar in Unverpackt-
Supermärkten seine Besorgungen machen. Wer auf dem Land
wohnt, kann zum Bauern gehen und sich dort seine Lebensmittel holen. Oder zum Gemüsemarkt, da wird auch nichts in Plastik eingeschweißt. Man kann Plastikverpackungen im Lebens-
mittelbereich weitgehend meiden. Und je mehr Menschen das
tun, desto eher werden die Hersteller umdenken.

Deutsche Industrievertreter und Politiker reden gern davon, dass das größte Müllproblem in Asien bestehe und wir in Europa nur einen kleinen Teil des Plastikmülls zu verantworten hätten. Wenn man aber genau hinsieht, welche Herstellernamen auf dem Verpackungsmüll in Fernost stehen, dann sind das die üblichen Verdächtigen, in diesem Buch schon mehrfach erwähnt: Nestlé, Coca-Cola, P&G, Unilever, Pepsi, Mondelez und so weiter, also ausschließlich europäische und amerikanische Konzerne. Würde man sie zwingen, ihren Plastikmüll zurückzunehmen, sie würden ihre Verpackungen in Blitzesschnelle auf Kreislauf umstellen.

Ich will damit nicht sagen, dass asiatische Länder bei Müllvermeidung, Meeres-, Regenwald-, Tier- und Artenschutz vorbildlich sind, eher im Gegenteil. Das hat teilweise mit der jeweiligen traditionellen Medizin zu tun, in der tierische Produkte, meist von seltenen oder aussterbenden Arten, weiterhin sehr verbreitet sind. Das gilt für Haiflossen, Seepferdchen, Tigerpenisse, Gürteltierpanzer, Löwen- und Orang-Utan-Knochen, Elfenbein, geriebenes Nashorn und ähnliche Produkte. Fast alle sogenannten »Signatory species«, also Schlüsselarten, die gerade aussterben, haben direkt oder indirekt mit der asiatischen Nachfrage nach vermeintlichen Delikatessen, traditionellen Medikamenten oder Aphrodisiaka zu tun.

Auch Seepferdchen werden, wie von Ina beschrieben, als Allheilmittel gejagt und getötet. Sie sind selten geworden. Merkwürdig finde ich, dass fast alle Meeresschutz-Kampagnen der vergangenen 50 Jahre ausschließlich mit großen Meeressäugern wie Walen, Orcas, Delfinen gemacht wurden. In Anbetracht des komplexen Öko-Systems Ozean finde ich das zierliche, fragile Seepferd viel passender: Ozeane wirken immer so, als könnten sie alles wegstecken, jeglichen Missbrauch durch uns Menschen, jegliche Wetter-Katastrophe, jedes Tanker- und Bohrinsel-Unglück. Das trügt: Die aussterbenden Seepferdchen sind leider ein tragischer Beweis dafür.

—

KAPITEL 4

Meeresschildkröten –
Mordopfer der Plastikindustrie

Die Schwimmerin
Gerettet! Und sie streichelt den Strand,
um den sie rang mit dem wilden Meer;
noch peitscht die weiße Gischt ihre Hand.
Und sie blickt zurück aufs wilde Meer.

Frei nach »Der Schwimmer« von Richard Dehmel

INA KNOBLOCH

Insgesamt gibt es nur sieben verschiedene Meeresschildkröten-
arten, die alle einzig und allein vom Menschen bedroht sind. Sie
sind großartige Schwimmer und können sich auch an Land bewegen, aber nur die Weibchen verlassen tatsächlich den Ozean
und wuchten ihre mächtigen Körper über den Sand. Die Männchen berühren nur einmal, wenn sie als frisch geschlüpfte Babys
ihren Weg zum Meer suchen, das Land.

Wer einmal einen »Kreißsaal der Meeresschildkröten« betreten und diese wundervollen archaischen Tiere bei Eiablage und
Geburt beobachtet hat, wird sie niemals vergessen. Das Leiden,
die Hingabe und die Anstrengung der Muttertiere ist mehr als
berührend. Meine erste Begegnung mit diesen einzigartigen
Meeresbewohnern hat sich mir fest ins Gedächtnis gebrannt

und ist noch so präsent, als wäre es gestern gewesen, aber es war vor über 30 Jahren an der costa-ricanischen Pazifikküste.

Als ihr massiger Körper endlich den Strand erreichte, stand der schwächliche Zwischenmond noch hoch am Himmel, aber die Sonne schickte schon einen Hauch von Morgenrot durch die diffuse Wolkenschicht. Dieses Schildkrötenweibchen war eines der letzten. Mühevoll quälte es sich aus der Gischt und kletterte keuchend den dunkelgrauen Strand empor. Der Sand dort wirkte bereits wie eine viel befahrene Strandpiste, denn die Spuren der Meeresschildkröten sehen auf den ersten Blick wie Lastwagenspuren aus. Tausende waren in den letzten Stunden schon vor dem Tier, das ich beobachtete, gekommen und auch bereits wieder gegangen. Einzig und allein, um ein Nest zu buddeln, Hunderte von Eiern hineinzulegen und diese wieder sorgfältig mit Sand zu bedecken. Das ist alles, was diese Weibchen von ihrem Nachwuchs haben. Die Männer belassen es bei der Paarung und kommen erst gar nicht an den Strand. Wo genau sich die Meeresreptilien vereinigen, weiß bis heute niemand genau. Irgendwo im offenen Meer, heißt es. Dabei müssen einige Arten eine regelrechte Massenorgie veranstalten, denn beispielsweise die Weibchen der Bastardschildkröte, die ich damals beobachtete, kommen alle gleichzeitig an den Strand, um ihre Eier abzulegen. Während der Regenzeit krabbeln Tausende dieser Schildkröten jeden Monat genau zu einer bestimmten Zwischenmondphase auf den Strand, an dem auch sie einst schlüpften, um ihre Eier abzulegen. Danach verschwinden sie wieder in den Tiefen des Ozeans, und andere folgen im darauffolgenden Monat zur gleichen Mondphase.

Der dunkelbraungraue Strand Ostional an der costa-ricanischen Pazifikküste ist weltweit eine der größten und bedeutendsten Brutstätten für die Bastardschildkröte, *Lepidochelys olivacea*. Wie die Schildkröten ihren eigenen Geburtsort wiederfinden, ist auch noch weitgehend unbekannt. Dass ihr Magnetsinn und das Magnetfeld der Erde dabei eine zentrale Rolle spielen, wurde inzwischen aber erforscht. Viele Tiere haben eine Art GPS im

Kopf und können sich damit an den Magnetfeldern der Erde orientieren. Bis zu ihrer ersten Rückkehr zum Strand vergehen Jahre, in denen sie Tausende von Kilometern zurücklegen und dabei den halben Ozean durchqueren. Das konnten Wissenschaftler inzwischen mithilfe von Sendern feststellen, mit denen sie einige Tiere ausgestattet hatten.

Genau wie Aale steuern auch einige Meeresschildkrötenarten zielsicher die Sargassosee mit der schwimmenden Insel aus Tang an. Die Schildkröten suchen den Algenteppich allerdings nicht auf, um sich zu paaren, sondern um geschützt aufzuwachsen. Genau wie Aale sind sie von Geburt an auf sich alleine gestellt und müssen den Ozean durchqueren. Schon ohne die Gefahr durch den Menschen sind die Überlebenschancen für eine frisch geschlüpfte Meeresschildkröte denkbar gering. Dort an der Tanginsel anzukommen und sich zwischen den braungrünen Verästelungen zu verstecken, ist schon ein erster erfolgreicher Schritt auf dem Weg ins Erwachsenenalter.

Der Vorteil des schwimmenden Tangs für die kleinen Schildkröten ist die unübersichtliche Dichte an der Oberfläche, die sie vor Fressfeinden schützt. Denn sie haben keine Kiemen und müssen alle paar Minuten auftauchen, um zu atmen. Im offenen Meer präsentieren sie sich dabei ihren Feinden völlig ungeschützt. Solange sie noch klein sind und keinen festen Panzer haben, sind sie für zahlreiche Tiere ein echter Leckerbissen. Die Gefahr lauert jedoch nicht nur im Meer, sondern auch aus der Luft: Möwen und viele andere Seevögel stürzen sich mit Genuss auf die Winzlinge. Selbst am Gelege warten bereits Geier und stürzen sich auf die frisch geschlüpften Babys, noch bevor sie das Meer erreichen, und reißen ihnen den Kopf bei lebendigem Leib ab. Ein brutaler Anblick, der mir fast das Herz zerriss, als ich damals eine solche Szene beobachtete. Selbst vor den ausgewachsenen Muttertieren machen die Geier keinen Halt.

Die Schildkröte, die ich nun schon eine ganze Weile beobachtete, war erst nach Sonnenaufgang unter großen Anstrengungen an Land gekrochen und legte gerade ihre Eier in das frisch gebuddelte Nest, als die Geier sich auf sie stürzten. Nur mit Mühe konnte ich die aufdringlichen und gierigen Vögel vertreiben. Nachdem ich die Schildkröte eine Weile verteidigt und ihre Mühen beobachtet hatte, musste ich ihr einen Namen gegeben: Olivia. Sie war nur eine unter Tausenden von Schildkröten, die an diesem Morgen ihre Eier in den Sand gelegt hatten, aber mir war dieses laut schnaufende Tier besonders ans Herz gewachsen, vielleicht weil es irgendwie aus der Reihe tanzte, besonders langsam war und schnaufte wie kein anderes. Insgesamt werden es wohl ein paar Hunderttausend Eier gewesen sein, die die Schildkrötendamen an diesem Morgen in den Sand gelegt hatten. Mehr als genug für die Nachkommenschaft. Es war klar, dass nicht jedes Ei zur Arterhaltung beitragen würde. Aber aus jedem einzelnen könnte theoretisch etwa zwei Monate später eine entzückende winzige, kaum handtellergroße Schildkröte schlüpfen, die auf schnellstem Weg zum Meer rennen würde. Die Bestimmung des Geschlechts überlassen die Schildkröten dabei dem Wettergott – je nach Temperatur kann es bis zu drei Wochen dauern, bis entschieden ist, ob so ein kleines Wesen ein Männchen oder ein Weibchen ist.

Die Regeln in der Natur sind manchmal hart. Bei Meeresschildkröten und vielen anderen Arten gehört die natürliche Selektion dazu, aber auch das hat einen ökologischen Sinn: Ein Großteil des Nachwuchses spielt als Futter für Vögel und Fische eine wichtige Rolle. Als Biologin wusste ich das natürlich genau. Aber als ich Olivia schnaufen hörte und ihre Tränen sah, die mit jedem Ei, das sie legte, größer wurden, waren meine Emotionen stärker als mein wissenschaftlicher Verstand. Die Geier, die unbarmherzig auf Olivias Augen einhackten, »musste« ich armwedelnd und schreiend vertreiben und wollte die Schildkröte so lange beschützen, bis sie das Meer endlich wieder erreicht hatte.

Zum Glück war ich nicht allein am Strand, und einige Mitstreiter halfen bei der Vertreibung der Geier. Doch Olivias Kräfte ließen nach, und die Geier wurden immer hartnäckiger, sodass wir sie letztendlich das letzte Stück ins Meer trugen. Auch den Schildkrötenbabys, die gleichzeitig an diesem Morgen geschlüpft waren, gewährten wir Geleitschutz. Aber im Grunde hatte ich natürlich die Falschen angeschrien, das wusste ich auch damals schon. So brutal es aussieht: Die Geier erfüllen eine wichtige Aufgabe in der Natur. Würden sie die kranken und gerade verendeten Tiere nicht fressen, dann würden die verrottenden Kadaver zu stinken beginnen und verfaulen. Krankheiten würden sich in Windeseile ausbreiten, überall würden verwesende Tierleichen herumliegen oder im Wasser treiben. Beerdigungen in der Tierwelt finden still, heimlich und gründlich statt und gehen mit sehr geordneter Reihenfolge der Verwerter einher. Meinen Aufschrei hätte ich mir sparen und stattdessen mit einem Megafon vor die Vetreter von Politik und Wirtschaft treten sollen. Denn damals waren Schildkrötensuppen noch gang und gäbe, und Schildplatt galt als luxuriöse Verzierung. In Costa Rica war das Abschlachten zwar damals schon verboten, aber bei ihrer weiten Reise durch das Meer mussten sie die geschützten Gewässer verlassen. Zurück in Europa habe ich mich dann auch politisch für den Schutz der Meeresschildkröten engagiert.

Diese Begegnung mit den beeindruckenden Meerestieren spielte sich Ende der 1980er-Jahre ab, einer Zeit, in der die Menschheit zum ersten Mal langsam begriff, dass sie längst begonnen hatte, den Planeten gründlich zu zerstören. Kurz zuvor waren Millionen von Wassertieren durch die Sandoz-Katastrophe gestorben. Noch immer wurden Atomversuche in der Südsee durchgeführt, und das Unglück des Tankers Exxon Valdez zeigte verheerende Folgen.

Jahrzehnte später waren die Geier immer noch am Strand von Ostional, aber die Bedrohung war längst eine andere: Hunderte von Menschen, Touristen, die Schildkröten bedrängten und im Selfie-Wahn die Tiere mit grellen Blitzlichtern und bizarren Posen ernsthaft bedrohten, außerdem Einheimische, die inzwischen ausschließlich vom Handel mit den Schildkröteneiern lebten.

Der Handel mit Schildkröteneiern aus Ostional ist eigentlich ein Regierungs-Konzept zum »Schutz« der Tiere, das kurz nach meinem ersten Besuch speziell für diesen Strand erlassen wurde. Das Gesetz erlaubt den Dorfbewohnern von Ostional, die ersten Gelege der Schildkröten quasi »abzuernten«, weil die nachfolgenden Schildkröten sie sowieso zerstören würden. Denn bei einer großen Arribada – so wird die Massenankunft der Schildkröten genannt – ist nicht genug Platz für alle Schildkröten am Strand, daher kommen sie quasi in Schichten, an zwei bis vier aufeinanderfolgenden Tagen, je nach Anzahl der Tiere. Da die späteren Schildkröten die ersten Nester zerstören würden, könnten die Einheimischen auch die ersten Gelege einsammeln. So würde der illegale Raubbau verhindert, die Dorfbewohner hätten ihr Auskommen und müssten nicht auf eine uralte Tradition verzichten.

So weit die Theorie. Diese »wissenschaftliche« Kalkulation beruht allerdings auf keinen wirklichen Fakten, sondern nur auf einer theoretischen Überlegung. Wenn die massenhafte Vermehrung der Meeresschildkröten keinen ökologischen Sinn machen würde, wäre sie im Laufe der Evolution verloren gegangen, und die Tiere würden nur noch wenige Eier legen. Jedes einzelne Ei bedeutet schließlich einen enormen Energieaufwand für die Muttertiere. Eine geringe Entnahme von Eiern hat den Schildkröten über die Jahrtausende nicht geschadet – aber wie sich diese aktuelle massenhafte »Eier-Ernte« langfristig auswirken wird, bleibt noch abzuwarten.

Als ich damals die Schildkröten beobachtete, gab es an diesem Strand noch überhaupt keine Touristen, die Einheimischen hatten keine Autos, und die Piste zur Hauptstraße führte durch mindestens ein Dutzend Flüsse, die während der Regenzeit kaum zu durchqueren waren. Inzwischen haben an diesem abgelegenen Ort fast alle ein Auto, über die Flüsse führen Brücken, und die Schildkröteneier werden lastwagenweise in die Hauptstadt gebracht, wo sie vor allem an asiatische Kunden meistbietend verkauft werden. Aber auch viele Einheimische (Männer) schlürfen die rohen Eier als vermeintlich potenzförderndes Mittel. Der

Trieb der zivilisierten Gesellschaft scheint unersättlich. Überall auf der Welt wird entweder die Natur zur Potenz-Steigerung ausgebeutet oder die Natur mit potenzsteigernden Mitteln verseucht. Auch Viagra verlässt den männlichen Körper zum Teil wieder und wirkt in den Gewässern nach.

Die gute Nachricht am weltweiten Anstieg synthetischer Potenzmittel ist, dass sich vielleicht dadurch die Populationen der Meeresschildkröten ein wenig erholt haben. In einer Studie der Universität von Thessaloniki, die von der Fachzeitschrift »Science Advances« 2017 veröffentlicht und interntional in den Medien zitiert wurde, konnte jedenfalls nachgewiesen werden, dass es wieder mehr Schildkröten in den Weltmeeren gibt. Das als Naturschutzmaßnahme angepriesene Management des Schildkrötenstrands Ostional hat wohl weniger zu diesem Erfolg beigetragen, wohl eher die strengen internationalen Verbote von Schildkrötenfleisch und dem Handel mit Schildplatt – und vielleicht auch das synthetische Viagra.

Der Handel mit Schildkrötenprodukten wurde erst 1979 durch die internationale Schutzkonvention CITES verboten, wobei die Eier ganz offensichtlich nicht zu diesem Verbot zählen, allerdings international nicht gehandelt werden dürfen. Auf jeden Fall greifen die Schutzmaßnahmen und geben Hoffnung für andere Tierarten, die erst später oder überhaupt nicht unter Schutz gestellt wurden. Gesetze sind die wichtigsten Schritte, reichen alleine aber nicht aus, denn vieles lässt sich einfach nicht kontrollieren, vor allem nicht im Meer. Zum Schutz von Meeresschildkröten und anderen bedrohten Arten wurden daher weltweit auch zahlreiche private Schutzprojekte gestartet, die die Tiere nicht nur aktiv schützen, sondern sich darüber hinaus mit Bildungsprojekten an die lokale Bevölkerung richten und damit schon viel erreicht haben.

Nach den Jägern lauert der Plastikmüll

Schlimmer als die aktive Jagd auf Schildkröten ist inzwischen die Zerstörung ihres Lebensraums. Ganz besonders betroffen sind

Meeresschildkröten von der Plastikflut in den Ozeanen, denn Plastiktüten gehören bei Meeresschildkröten regelrecht zum Beuteschema. Sie verwechseln sie mit ihrer Hauptnahrung, den Quallen und Rippenquallen, und verschlingen herumdriftende Plastiktüten, an denen sie dann elendig ersticken. Damit sind sie nicht die alleinigen Opfer. Alle Meerestiere haben früher oder später Plastik im Magen, von Seevögeln bis zu Walen. Wissenschaftler von der Universität Exeter in Cornwell und dem Plymoth Marine Laboratory haben bei einer Untersuchung von über 100 verendeten Meeresschildkröten in allen Mägen Unmengen von Plastik gefunden. Während die Schildkröten am Plastik verenden, nimmt die Zahl der Quallen weltweit zu. Es scheint, als würde der Ozean sich rächen, indem er den Menschen ganze Quallen-Invasionen regelrecht entgegenschleudert. Bewusst straft der Ozean die Menschheit ganz gewiss nicht mit der Quallen-Schwemme, aber eine Reaktion auf die Überfischung der Meere und die Verseuchung mit Plastik ist die explosionsartige Vermehrung der Quallen durchaus. Wissenschaftler aus aller Welt warnen schon seit Jahren vor dieser quasi menschengemachten Plage. Durch die Überfischung der Meere fehlen nämlich die Fressfeinde der Quallen, die zudem vom Klimawandel profitieren, denn sie reagieren auf CO_2-Anstieg, Versauerung und Verseuchung lange nicht so empfindlich wie die meisten anderen Meeresbewohner. Und sie können sich prächtig vermehren, denn die Nahrung der Quallen gedeiht ebenfalls: Algen und Plankton. Diese winzigen Organismen stehen zwar auch bei zahlreichen anderen Meerestieren auf dem Speiseplan, aber die werden immer weniger. Pottwale und Walhaie beispielsweise verdrücken Unmengen, wurden aber bis fast zur Ausrottung vom Menschen gejagt. Bereits seit einigen Jahren lösen die Quallen regelmäßig im Sommer an zahlreichen Küsten Alarm aus und stellen eine ernsthafte Gefahr dar. Einige Arten, wie die australische Würfelqualle, produzieren ein tödliches Gift, das auch für Menschen allein bei Berührung lebensgefährlich ist und schon innerhalb von wenigen Minuten wirkt.

Für Meeresschildkröten sind sie jedoch ungefährlich – ganz im Gegensatz zu den Plastiktüten.

Der Ozean ist durch den Menschen aus dem Gleichgewicht geraten. Wundervolle Lebewesen werden zur Plage, allein weil der Mensch zu stark in die Natur eingegriffen hat. Denn Quallen sind keinesfalls nur eklig oder giftig, sie gehören zu den faszinierendsten Organismen überhaupt. Sie beginnen ihr Leben schwimmend als Larve im Ozean und werden dann als Polyp sesshaft, ähnlich einer Anemone oder einer Koralle. Wie Blumen sind die Quallen in diesem Lebensstadium am Meeresboden verankert, mit einer Fußscheibe, auf der ein hohler zylinderförmiger Körper steht, der von einer zerfransten, blumigen Mundöffnung gekrönt wird. Erst diese am Meeresgrund verankerten Wesen bilden die freischwimmenden, gallertartigen Medusen mit ihren langen Tentakeln aus, die wir als Quallen kennen. Und erst in diesem Erwachsenen-Stadium können sie durch die Meere der Welt driften. Biologen unterscheiden bei diesem komplizierten Entwicklungszyklus 14 verschiedene Stadien. Es gibt sogar eine unsterbliche (wenn sie nicht gefressen wird) Qualle, die sich wieder zurückentwickelt, sobald sie ganz ausgewachsen ist, und dann ihr Leben von vorne beginnt, die sogenannte Benjamin Button Qualle, *Turritopsis Dohrnii*.

Die berühmteste und berüchtigtste Qualle ist jedoch die Portugiesische Galeere, die eigentlich gar keine Qualle ist, biologisch gesehen noch nicht einmal ein einzelnes Wesen, sondern ein ganzer Schwarm von Polypen, die jeweils verschiedene Aufgaben in dem Gesamtorganismus übernehmen. Denn nicht alle Polypen sind am Meeresboden verankert, die aller echten Quallen aber schon. Bei der Portugiesischen Galeere haben sich die Polypen quasi selbstständig gemacht. Im Zentrum dieser Schwarmtiere sitzt der Gasblasen-Polyp, der den Wesen ihren Namen gab: Wie ein Segel ragt es aus dem Wasser und wird von der Polypen-Gemeinschaft auch als solches genutzt. Die giftigen Tentakel können rot, blau oder weiß leuchten und bis zu 50 Meter in die Tiefe ragen. Auch diese ungewöhnlichen

Wesen stehen bei Meeresschildkröten und einigen anderen Fischen auf dem Speiseplan.

Aber die natürlichen Feinde dieser bizarren Lebensgemeinschaft werden immer weniger, und dadurch breitet sich auch die Portugiesische Galeere immer weiter aus. Teilweise sind es so viele, dass der Ozean sie wie Treibgut in großen Massen ausspuckt. Erst im Januar 2019 waren einige Strände in Australien übersät mit angeschwemmten Exemplaren, und einige Monate zuvor gab es an verschiedenen Stränden am Mittelmeer Alarm, weil zahlreiche Portugiesische Galeeren angeschwemmt worden waren. Denn auch am Strand sind die Nesseln dieser Tiere noch lange nach ihrem Tod hochgefährlich.

Diese giftige Plage, die sich immer mehr ausbreitet, ist wie eine Warnung des Ozeans an die Menschheit, den Umgang mit dem Meer dringend zu ändern. Gleichzeitig bieten Quallen und Polypen der Wissenschaft ungeahnte Möglichkeiten. Diese Tiere bilden gelatineähnliche Quellstoffe, Kollagen und andere Nährstoffe, die sowohl für die Kosmetik als auch die Lebensmittelindustrie und die Medizin von Interesse sind. Die stets nachwachsenden Zellen der Polypen und die Verjüngung der Benjamin Button Qualle liefern spannendes Material für die Altersforschung. Oder die Gifte der Nesseln könnten beispielsweise als Grundlage für die Entwicklung neuer Schmerzmedikamente dienen.

Das haben sich auch einige Forscher bereits gedacht und sich zu einem Großprojekt zusammengeschlossen, das sich der Erforschung dieser Wesen widmet. Unter der Leitung des Geomar Forschungszentrums in Kiel haben sich 15 Institutionen aus acht europäischen Ländern vereint, um die Quallen zu erforschen. Sie haben sich den passenden Namen »GoJelly« gegeben.

Alleine die eingeschleppte amerikanische Rippenqualle bringt es in europäischen Gewässern auf eine Biomasse von einer Milliarde Tonnen, haben die Wissenschaftler bereits herausgefunden und wollen große Mengen abfischen, um ihr Potenzial als Dünger, Fischfutter, Medizin und Nahrungsergänzung zu erforschen. Quallen könnten sogar beim Kampf gegen die Plastikflut helfen. Forscher konnten nachweisen, dass ihr Schleim Kunststoff bindet. Mit Quallen als Nahrungsmittel können aktuell schon zwei Fliegen mit einer Klappe geschlagen werden: Die Jagd nach den Tieren hilft, die Quallen-Invasion einzudämmen, und kreiert ein nachhaltiges, umweltfreundliches Nahrungsmittel. In Asien stehen Quallen schon lange auf dem Speisezettel, und auch in europäischen Restaurants wächst das Interesse an diesen Tieren, die zu 99 Prozent aus Wasser bestehen und außerdem wertvolle Mineralien und Eiweißstoffe enthalten. Vor allem Gastro-Betriebe, die Wert auf eine nachhaltige Küche legen, experimentieren mit den glibberigen Wesen.

Für Meeresschildkröten dürfte die weltweite Zunahme von Quallen-Populationen dagegen eine gute Nachricht sein. Es hilft vielleicht auch dabei, dass sich die Schildkrötenbestände weiter erholen. Als der Mythos von »Ina und dem Hai« entstand, gab es weder Plastik noch Überfischung oder Quallen-Alarm, aber die Schildkröten kamen auch damals schon zur Eiablage zu genau den Stränden, zu denen sie auch heute noch Tausende von Kilometern weit schwimmen.

Ina und der Hai – Die Schildkröte
Und so kam es, dass kurz nachdem Ina von der Welle erfasst und an den Strand geschleudert worden war, Leda, die Lederschildkröte, schnaufend ans Ufer robbte, sich ein Nest buddelte und mit der mühevollen Eiablage begann. Andächtig beobachtete Ina, wie Leda ein Ei nach dem anderen in die Grube legte, und obwohl sie Hunger hatte, widerstand sie den frischen Eiern und streichelte stattdessen den Kopf der Schildkrötendame. Erst nachdem Leda sorgfältig das Nest wieder verschlossen hatte, trug Ina ihre Frage und Bitte zugleich vor. Leda hatte sich noch nicht ganz von den Strapazen erholt und brauchte einen Moment, bis ihr wieder einfiel, dass sie die schwimmende Insel kannte, und natürlich wollte sie Ina dorthin bringen.

Freudig schwang sich Ina auf den breiten Schildkrötenpanzer und hielt sich gut daran fest, als die Schildkröte ins Meer glitt und zielstre-

big davonschwamm. So waren sie einige Tage unterwegs. Ina war schon ganz schwach vor Hunger und Durst, doch Leda versicherte, dass sie gleich ihr Ziel erreicht hätten und dass die Insel sogar einen wunderschönen Springbrunnen hätte. Überglücklich und erschöpft sank Ina auf den Panzer und schloss die Augen. Im gleichen Moment hörte sie plötzlich einen zarten Gesang. Wenig später erkannte sie enttäuscht, dass Leda zu Bea, der Blauwalin geschwommen war und der Springbrunnen der gigantische Blas des Wals war. Eine andere schwimmende Insel würde sie nicht kennen, meinte Leda, als sie Ina auf dem Rücken des Blauwals absetzte und im Meer verschwand. Und schon bald hatte Leda die schwimmende Insel und Ina vergessen, denn sie traf auf einen Schwarm Portugiesischer Galeeren und merkte, wie hungrig sie auf der Reise geworden war.

Wahrscheinlich hätte sich Leda auf herumtreibendes Plastik genauso gestürzt wie auf die Portugiesischen Galeeren. Denn Forscher haben auch bei fast allen Lederschildkröten Plastik im Magen gefunden. Plastikmüll ist zu einem dramatischen globalen Problem geworden. Allein im großen pazifischen Plastikstrudel treiben nach Schätzungen von Forschern mehr als 80 000 Tonnen Kunststoff. Insgesamt gibt es inzwischen fünf große Plastikstrudel in den Weltmeeren. Auch wenn wir Deutschen uns gerne mit unserem Recycling-System rühmen, tragen wir und alle Industriestaaten die Schuld an dem Desaster, denn unser Müll landet nicht nur zu großen Teilen in Asien und Afrika, wir haben die ganzen Plastikverpackungen erst dorthin gebracht, gerne auch mal als Entwicklungshilfe getarnt.

HANNES JAENICKE

Meine Affinität zu Schildkröten kommt vermutlich von einem Familien-Urlaub, bei dem ich etwa sechs Jahre alt war. Wir fuhren einen ganzen Sommer lang mit einem alten Armee-Zelt auf dem Dachgepäckträger durch die USA von Nationalpark zu Nationalpark und sammelten am Straßenrand eines Highways irgendwo in der texanischen Pampa eine Landschildkröte auf. Aus Angst, dass sie überfahren werden könnte, wurde sie im Suppentopf unseres Camping-Geschirrs auf Salatblätter gebettet und vorübergehend zu unserem Haustier und Mitfahrer. Sie durfte, wenn wir nicht gerade fuhren, ausführlich Gassi gehen und wurde mit Wassermelonen verwöhnt. Am Ende der Reise ließen wir sie an einem sicheren Ort fernab der Straße wieder frei. Wir Kinder wollten sie unbedingt nach Hause mitnehmen, aber unser Vater überzeugte uns, dass sie es in der Natur des amerikanischen Südens besser hatte als in einer Dachgeschosswohnung in Pittsburgh, Pennsylvania, der seinerzeit größten Kohle- und Stahlmühle der Welt. Also wurde unsere gepanzerte Gefährtin in New Mexico verabschiedet und anschließend vermisst wie ein verstorbener Haushund.

Meeresschildkröten habe ich zum ersten Mal Anfang der 90er beim Windsurfen auf Hawaii gesehen. Es gibt an der Ostküste von Oahu, der Ort heißt Lanikai, eine Bucht, in der sich »Green Turtles« tummeln. Und die sind ausgesprochen neugierig. Wenn man auf sie zusurft, strecken sie den Hals aus dem Wasser und beobachten einen. Kurz bevor man sie überfährt, tauchen sie ab, man schippert vorbei, und – schwupps – taucht der Kopf der Schildkröte wieder auf und guckt einem nach. Das kannte ich bis dato nur von den Seehunden auf Borkum. Diese wunderbaren Genossen finden Wind- oder Kitesurfen ähnlich interessant oder kurios wie Green Turtles. Sie scheinen keinerlei Angst zu haben, und das wird ihnen oft zum Verhängnis, wenn sie es mit motorisierten Gefährten zu tun bekommen: Motorboote, Jetski, Wasserski, Wakeboard, Tube-Rides. Es gibt leider keine Zahlen darüber, wie viele Meeresbewohner einfach überfahren werden. Aber überall, wo motorisierter Wassersport erlaubt ist, werden Schildröten zerfetzt und Wale, Delfine, Robben, Seekühe verletzt.

Kollateralschäden

Wer Wassersport liebt, sollte lieber mit Schildkröten schnorcheln und tauchen, statt sich von einem heulenden Motorboot ziehen zu lassen. Fast alle Meeresschildkröten-Arten sind vom Aussterben bedroht. Umso erfreulicher ist es, wie viele Schutz-Projekte und -Organisationen es mittlerweile rund um den Globus gibt. Einige habe ich bei den Dreharbeiten zu unseren Dokus besucht: in Costa Rica, Mexico, Hawaii, Sulawesi, Australien. Am beeindruckendsten fand ich den Biologen Randall Arouz in Costa Rica. Er fing als junger Mann mit einem Schildkröten-Projekt an und ist mittlerweile der Erzfeind der Fischerei- und Hotel-Lobby. Er kämpft gegen Mangroven-Abholzung, Küsten-Verschandelung, Haiflossen-Handel, Industrie-Trawler und deren Raubzüge durch mittelamerikanische Gewässer und für Schutzzonen für Schildkröten und Fische. Und er lebt gefährlich: Während der Dreharbeiten zu einem Film über Haie ging ein wütender Mob von Fischern dermaßen auf ihn los, dass wir im wahrsten Sinne des Wortes fliehen mussten. Die verarmten Fischer in Puntarenas waren der festen Überzeugung, die Meeresschützer und die von ihnen beeinflusste Umweltpolitik seien schuld an ihrer Misere, mit all den Fangverboten, Schutzzonen und Reglementierungen. Sie wollten nicht wahrhaben, dass spanische oder chinesische Thunfisch-Trawler mit ihren Longlines alles aus dem Wasser holen, was Geld bringt, oft illegal. Was nichts oder wenig bringt, wird als toter Beifang ins Meer zurückgeschmissen.

Unterstützt wird Randall unter anderem von der AGA (Aktionsgemeinschaft Artenschutz) aus Deutschland, die sich weltweit für Artenschutz einsetzt und mit der wir bei den ZDF-Dokus seit Jahren zusammenarbeiten.

Es gibt kaum einen traurigeren Anblick als Tiere, die als Beifang oder – deutlicher ausgedrückt – als Kollateralschäden der erbarmungslosen Überfischung der Meere an den Haken einer Longline verenden. Die moderne, industrielle Fischerei ist so unpräzise und auf Masse ausgerichtet, dass Schildkröten, Seelöwen, Delfine, Seevögel und Haie auf die Köder der Longlines hereinfallen und den Haken verschlucken, der eigentlich nur für edle Speisefische wie Thunfisch oder Red Snapper gedacht ist. Fisch-Liebhaber vergessen gern, dass ihr Genuss von Thunfisch, Kabeljau, Seewolf, Seezunge fatale Nebenwirkungen für die Meeresfauna hat, egal ob mit Grundnetzen, Treibnetzen, Kiemennetzen oder Longlines gefischt wird. Bei den Dreharbeiten mit Randall Arouz in Costa Rica entdeckten wir an einer Longline eine Schildkröte, die sich beim Versuch, einen der Köder zu fressen, am Haken verfangen hatte. Und zwar so, dass sich dieser durch ihren Hals gebohrt hatte. Wir versuchten an Bord unseres Schiffes alles, um das Tier zu retten, aber selbst Randall als Fachmann konnte nichts mehr tun. Sie starb vor laufender Kamera, und wir legten sie ins Meer zurück.

Kaum vorstellbar ist, dass es in meiner Jugend auch in Deutschland in jedem größeren Lebensmittel-Geschäft noch Schildkrötensuppe gab, in Dosen. Schildkröten wurden bis an den Rand der Ausrottung dezimiert, um als Delikatesse verkauft und verzehrt zu werden. 1988 wurde dies endlich verboten, und die Bestände erholten sich. Jetzt bringen wir die Schildkröten-Bestände wieder an den Rand der Ausrottung, nicht weil wir sie essen, sondern weil wir sie mit Plastikmüll ersticken, ihre Plätze zum Eierlegen zerstören oder sie als Beifang töten.

Von der Plastiktüte zur Quallenplage

Ina hat schon erwähnt, dass Plastiktüten für Meeresschildkröten lebensgefährlich sind. Sie verwechseln sie mit Quallen und ersticken massenhaft. An der Ostküste Australiens, wo ich eine Zeit lang gelebt habe, konnte man Mitte der 90er-Jahre auf traurige Weise studieren, wie schwer es ist, ein aus der Balance geratenes Ökosystem wiederherzustellen. Durch den weltweiten Hunger auf Schildkrötensuppe waren die Tiere entlang des Great Barrier Reef weitestgehend ausgestorben. Das führte zu einer Quallen-Plage, die das Schwimmen im Meer von Oktober bis April, also den gesamten australischen Sommer lang, außerhalb von Schutznetzen unmöglich machte. Dazu muss man wissen, dass es in Queensland zwei Quallenarten gibt, die für Menschen gefährlich, sogar tödlich sein können: Box-Jellyfish und Bluebottles, beides Nahrung für Schildkröten. Also richtete man Aufzuchtstationen ein. Eine große Zahl Meeresschildkröten sollte die Quallen-Plage unter Kontrolle bringen. Schildkröten wachsen bekanntlich langsam und werden sehr alt, also steckte man Millionen von australischen Dollars in das Programm und setzte die Tiere aus, sobald sie die nötige Größe erreicht hatten. Das gut gemeinte, mit großer Sorgfalt und wissenschaftlicher Akribie betriebene Projekt scheiterte kläglich: Die endlich in Freiheit schwimmenden Reptilien erstickten fast alle an im Meer treibenden Plastiktüten. Bis heute gehen Queenslander im Sommer nur an mit feinmaschigen Netzen eingezäunten Strandabschnitten ins Wasser oder tragen einen »Stingersuit«, eine Art feinmaschiges Ganzkörper-Kondom. Alle 500 Meter steht an jedem Strand eine Holzbox, darin eine riesige Flasche Essig. Essig ist das beste Mittel gegen das Gift der Quallen-Tentakel.

Plastik-Strände

Es wird wie auch in diesem Buch viel über die Plastikpest geschrieben, geredet, diskutiert. Trotzdem passiert viel zu spät viel zu wenig, auch in Australien. Nun liegt Queensland am anderen Ende der Welt, und bei uns gibt es keine tödlichen Quallen. Bei uns verenden dafür Wale und Seevögel am Plastikmüll, der entweder über Flüsse wie Rhein oder Elbe ins Meer gelangt oder von Trawlern, Fracht-, Container- und Kreuzfahrtschiffen ins Wasser entsorgt wird.

Wer gern am Strand von Nord- oder Ostsee spazieren, Wind- oder Kitesurfen geht oder segelt, kennt das Problem. Plastikmüll, so weit das Auge reicht. Hoffnung macht, dass immer mehr engagierte Menschen sich zu Beach-Clean-ups zusammentun und viele Strände regelmäßig vom angeschwemmten Müll befreit werden. Aber es ist ein Kampf gegen Windmühlen: Jedes Jahr werden schätzungsweise zwölf bis 15 Millionen Tonnen

Plastikabfälle ins Meer gespült oder entsorgt. Und aufgeräumt wird nur dort, wo Menschen leben und saubere Strände wollen, oder an Orten, die vom Tourismus leben.

Seit ein paar Jahren nehme ich regelmäßig an einer Charity-Segelregatta teil, die unter anderem von der ARD übertragen wird und für Meeresschutz wirbt. 2018 fand das Rennen in Kroatien statt, ausgelaufen sind wir in Trogir in der Nähe von Split. Die Regatta dauert jeweils eine Woche, die täglichen Rennen führen von Insel zu Insel, teils bewohnt, teils unbewohnt. An Tag vier hatte meine Crew einen guten Tag, wir wurden Zweite und konnten so zum Schwimmen in eine Badebucht segeln, um zu warten, bis die letzten Boote über die Ziellinie gefahren waren.

Wir schipperten zur nächstbesten Insel, warfen den Anker und sprangen ins Wasser. Meine Kollegin Nina Gnädig schwamm ans Ufer der unbewohnten, kleinen Insel, winkte plötzlich zu uns herüber und rief, wir möchten mit dem kleinen Rettungsboot zur Insel kommen. Wir ruderten zu ihr und stellten fest, dass die im Querschnitt etwa 500 Meter messende Insel mit einem halbmeterhohen Wall aus Plastikmüll umgeben war, den die Winterstürme des Mittelmeers dort offenbar angeschwemmt und aufgetürmt hatten. Wir holten sämtliche Müllbeutel, Taschen, Behältnisse von Bord und begannen nun zu sechst, den Müll einzusammeln und an Bord zu schaffen. Nach einer Stunde war unsere 54-Fuß-Jacht so voll, dass wir keinen Plastikmüll mehr transportieren konnten. Die Kabine der Yacht war bis zur Decke voll, im Cockpit war gerade noch genug Platz, dass ich auf prallvollen Plastiksäcken hockend hinterm Steuer Platz nehmen konnte. Und wir hatten vielleicht gerade mal 200 Meter der Inselküste von Plastik befreit. Wir wollten gar nicht daran denken, wie es auf den anderen Hunderten von unbewohnten, kleinen Inseln entlang der kroatischen Küste aussehen musste. Halbwegs sauber ist das Mittelmeer nur da, wo es Tourismus gibt, ansonsten sieht es um keinen Deut besser aus als die Meere in Asien, die Atlantikküste in Marokko und Pazifikstrände auf Hawaii.

Je ärmer die Gegend, in der sich Müll ansammelt, desto eher bleibt er liegen. Wer einmal von Casablanca aus die nordafrikanische Küste nach Süden reist, fährt an einem endlosen Plastikwall entlang, manchmal bis zu einem Meter hoch. Egal ob er bis Essaouira, Agadir, Westsahara, Senegal, Gambia oder Elfenbeinküste fährt, der Müll bleibt und erinnert irgendwie an die chinesische Mauer. Nur dass er länger ist, sehr viel haltbarer und nicht in qualvoller Handarbeit gebaut wurde.

Meere spucken nur einen winzigen Teil dessen wieder aus, was wir in sie entsorgen und hineinspülen. Aber dieser winzige Teil reicht aus, damit es keinen Fleck mehr gibt auf der Welt, an dem man die Folgen unserer Konsum- und Wegwerfgesellschaft nicht beobachten kann. Selbst im Marianengraben, dem tiefsten Punkt unseres Planeten am Meeresgrund, hat ein US-Forscher mit einem Spezial-U-Boot Plastikmüll gefunden. Eigentlich war er auf der Suche nach noch unbekannten, mysteriösen Lebewesen, die in fast 11 000 Meter Tiefe überleben können. Die fand er nicht. Dafür aber hinlänglich bekannte Produkte unseres Konsums: Plastiktüten und Bonbon-Verpackungen. Was muss eigentlich noch passieren, bis Regierungen, Konsumgüter-Konzerne und ihre Kunden etwas unternehmen gegen diese Pest?

KAPITEL 5

Wale –
Tödliche Begegnung mit
Jägern, Militär, Müll und Lärm

Das teuflische Geschick, das wir bei der Erfindung der verschiedensten todbringenden Maschinen entwickeln, die Rachgier, mit der wir unsere Kriege führen, und das Elend und die Verzweiflung, die sie mit sich bringen, sind ausreichende Beweise, um den zivilisierten Weißen als das wildeste Tier auf dem Erdboden zu kennzeichnen.

Aus »Moby Dick« von Herman Melville

INA KNOBLOCH

Herman Melville, Autor des weltberühmten Abenteuerromans über einen weißen Wal, wusste sehr wohl, wer die wahre Bestie ist, als er die Geschichte über Moby Dick schrieb: der Mensch, nicht der Wal. Und wer seinen Roman richtig liest, sieht in Moby Dick auch das Opfer, das sich wehrt, und nicht das Monster, das besiegt werden muss.

Melville lebte in der brutalen Blütezeit des kommerziellen Walfangs, sein Roman ist eine großartige Metapher und eine Warnung an die Menschheit: Wenn wir das Meer vergewaltigen, werden wir uns selbst töten. In seiner Geschichte überlebt nur der unschuldige Schiffsjunge, der den prophetischen Namen Ismael trägt. Der Prophet Ismael gilt als Sohn Abrahams und

Vater aller Araber, somit als Bindeglied zwischen den monotheistischen Weltreligionen. Doch dabei belässt es Melville nicht, sein wahrer Held ist ein Polynesier, der letztendlich dafür verantwortlich ist, dass Ismael überlebt. Für den bösen Helden, den berüchtigten Kapitän, wählte Melville einen ebenso prophetischen Namen: Ahab. So hieß ein israelischer König (um 850 v. Chr.), der sein Volk verriet. Einzig der gute Gegenspieler des Kapitäns erhielt einen Fantasie-Namen, der zumindest damals nicht historisch aufgeladen war. Heute kennt ihn jeder, bringt ihn aber kaum mehr in Verbindung mit der berühmten Geschichte um den weißen Wal: Starbuck.

Der Steuermann von Melvilles Abenteuerroman inspirierte tatsächlich den Kaffeekonzern zur Namensgebung. Im Logo der Firma taucht zwar kein Kapitänssymbol auf, sondern eine Figur, die eine Meerjungfrau symbolisiert, aber die Botschaft ist eindeutig und ein kluger Schachzug: Ohne das Meer wäre Kaffee niemals zum beliebtesten Heißgetränk der Menschheit geworden, denn Kaffee wird auch heute ausschließlich über die Weltmeere transportiert. Inzwischen werden jährlich fast zehn Millionen Tonnen in tropischen Bergregionen geerntet und verschifft. Der Rohkaffee wird dafür auf Containerschiffe verladen. Zu dem Dreck und dem Lärm, den diese Ozeanriesen erzeugen, werde ich später noch kommen. Zu Melvilles Zeiten glitten die Schiffe noch relativ lautlos über den Ozean, und die Gefahr lauerte auf Deck: Waljäger mit tödlichen Harpunen. Damit ausgerüstet richteten die Männer ein Massaker von biblischem Ausmaß an. Vielleicht rührte Melvilles spiritueller Ansatz von seinen eigenen Erfahrungen auf einem Walfangschiff.

In seinem Abenteuerroman gibt er selbst dem Walfangschiff einen prophetischen Namen: Pequot. So hießen die Ureinwohner von Nantucket, wo auch Melvilles eigenes Walabenteuer begann. Zu Melvilles Zeiten waren die Pequot allerdings bereits ausgerottet.

Sein großartiges Werk ist vor allem auch ein gesellschaftskritischer Text, verpackt in eine große Abenteuergeschichte.

Nicht nur sein berühmtes Zitat über die »zivilisierten Weißen« als »wilde Tiere« belegt sein zeitkritisches Denken, es taucht in fast all seinen Schriften auf. Dennoch war Melville auch versiert in weltlichen Dingen und kannte sich mit den Details des Walfangs hervorragend aus, ebenso mit der Historie der Region, in der die Odyssee in seinem Roman beginnt: Hermann Melville hatte selbst 1841 auf dem Walfänger *Acushnet* in Nantucket angeheuert, fand die Bedingungen auf dem Schiff jedoch so unerträglich, dass er auf der Marquesas-Insel Nuku Hiva desertierte. Auf der Flucht verletzte er sich und wurde von den Einheimischen gefangen, aber gut behandelt und verarztet. Während der Gefangenschaft blieb ihm viel Zeit, die Rituale der Polynesier zu studieren, seine Odyssee durch die Südsee endete nach einigen weiteren Zwischenstationen erst zwei Jahre später in Hawaii. Seine überwiegend positiven und inspirierenden Begegnungen mit Polynesiern mündeten in die detaillierte und respektvolle Beschreibung des Harpuniers Queequeg in »Moby Dick«.

Moby Dick – Rächer der Meere

Melvilles Idee, den rücksichtslosen Walfang mit dem Untergang der Menschheit zu verquicken, griff mehr als hundert Jahre später auch der berühmte »Club of Rome« auf: »Die Geschichte des Walfangs zeigt in einem kleinen Bereich, was dabei herauskommt, wenn ein begrenzter Lebensraum immer stärker ausgebeutet wird. Die Walfänger haben einen Grenzwert nach dem andern erreicht und stets versucht, diese Begrenzungen durch den Einsatz noch größerer technologischer Hilfsmittel zu durchbrechen. Sie haben eine Walart nach der anderen ausgerottet. Das Endergebnis dieser Haltung, die Wachstum um jeden Preis verlangt, kann nur die totale Ausrottung aller Walarten und der Walfänger selbst sein. « (Club of Rome 1972 in »Die Grenzen des Wachstums«)

Neben philosophisch-zeitgeschichtlichen Aspekten und eigenen Erfahrungen verarbeitete Melville auch einige historisch verbürgte Ereignisse in seinem Roman, vor allem die Geschichte des Walfängers »Essex«.

Vom dramatischen Untergang der Essex erfuhr Melville auf seiner Reise mit der *Acushnet* von dem Nachfahren eines Überlebenden. Die Essex lief wenige Tage nach Melvilles Geburt, am 12. August 1819 in Nantucket aus. An Bord waren 20 Mann Besatzung unter Kapitän Georg Pollard. Als sie das Pottwal-Gebiet im Pazifik erreichten, waren sie bereits zweieinhalb Jahre unterwegs gewesen. Ihr Ziel war wohl eine unter Walfängern bekannte Region, in der die Weibchen kalben und dann in größeren Gruppen unterwegs sind. Die Mannschaft der Essex war bereits erfolgreich auf Jagd, als ein riesiger Pottwal das Schiff mehrfach rammte und schließlich zerstörte. Ein Teil der Mannschaft konnte sich in Beibooten retten, die auch zur Jagd genutzt wurden. Die wenigen Überlebenden berichteten später von einem 25 Meter langen Pottwal.

Weiß wurde Moby Dick durch einen anderen Tatsachenbericht, der Melville auch zu dem Namen für den Wal inspirierte: Die Geschichte von Mocha Dick, einem weißen oder grau-weißen Pottwal, der intensiv gejagt wurde, allerdings ohne Erfolg. Er soll häufig vor der chilenischen Insel Mocha gesichtet worden sein.

Pottwale werden eigentlich nicht größer als 20 Meter, und weiße Pottwale sind so selten, dass sie so gut wie nie gesichtet werden. Fehlende Pigmentbildung, Albinismus genannt, kommt zwar bei fast allen Säugetieren vor, auch bei Menschen, aber nur sehr vereinzelt. Aktuell macht mal wieder ein weißer Wal Schlagzeilen, es ist ein weißer Buckelwal, der immer wieder vor der australischen Küste auftaucht. Walschützer haben ihn »Migaloo« getauft, ein Wort aus der Sprache der australischen Ureinwohner, das so viel heißt wie »Weißer Kumpel«.

Dieser Wal ist tatsächlich ein Albino, bei Mocha Dick ist es wahrscheinlicher, dass es sich um einen betagten Pottwal handelte. Denn die Haut dieser Tiere färbt sich im Alter so eisgrau wie das menschliche Haupthaar. Schon zu Melvilles Zeiten waren greise Wale allerdings so selten geworden, dass sie fast ins Reich der Legenden gehörten, da die Tiere in der Regel längst abgeschossen waren, bevor sie grau werden konnten. Aber Mocha Dick hatte allen Widrigkeiten zum Trotz überlebt, ein hohes Alter erreicht und war offensichtlich weißlich ergraut.

Der Untergang der Essex war nicht der einzige Bericht von einem Walfänger, der von einem Pottwal gerammt wurde. Tatsächlich dient der »Pott«-förmige Kopf dieser Giganten der Verteidigung. Ausgewachsene Tiere haben außer dem Menschen zwar keine Feinde, Jungtiere aber durchaus. Vor allem Pottwal-Bullen wehren Angriffe auf Kälber mit ihrem »Rammbock-Schädel« ab, während sich die Weibchen schützend um den Nachwuchs positionieren. Walfänger haben diese Formation der Walweibchen als »Margeriten-Blüte« beschrieben, da sich die Tiere bei Gefahr wie Blütenblätter in alle Richtungen um den Nachwuchs platzieren. Brutale Waljäger nutzten auch dieses Schutzverhalten noch aus und griffen nicht nur an, sondern provozierten die Formation auch noch, indem sie ein Kalb attackierten und warteten, bis sich Mutter und weitere Weibchen schützend um den Nachwuchs geschart haben. Dann schlugen sie mit ihren Harpunen zu und schlachteten die Weibchen ab.

Ein feiges Manöver, das Moby Dick wie einen Rächer der Meere erscheinen lässt. Die moderne Version einer solchen Metapher hat Frank Schätzing in seinem Roman »Der Schwarm« erzählt.

Margarine tötete tausende von Walen

Auch Schätzing verwebt Fakten und Fiktion zu einer Geschichte über das Meer, das sich rächt. Denn so brutal das Wal-Gemetzel im 19. Jahrhundert auch war, es war nichts im Vergleich zu dem, was die Menschheit den Walen und dem Meer danach antat und heute noch antut.

Durch die Entdeckung des Erdöls ging der Walfang im 19. Jahrhundert zunächst zurück und stieg dann noch einmal rasant an, als die Margarine erfunden wurde: Waltran war ein essenzieller Bestandteil des Butterersatzes. Aber erst der industrielle Walfang im 20. Jahrhundert mit gigantischen automatischen Harpunen und schwimmenden Fischfabriken, in denen die Tiere direkt an Bord zerlegt und konserviert werden können, führte fast zur Ausrottung der meisten Walarten. Etwa 90 verschiedene Walarten bewohnten einst die Weltmeere. Aktuelle molekularbiologische Studien belegen, dass die nächsten Verwandten an Land die Nilpferde sind. Vor etwa 50 Millionen Jahren kehrten die Vorfahren des Wals wieder ins Wasser zurück, um die Weltmeere zu erobern. Eine echte Bedrohung für den Menschen waren sie niemals.

Es gibt mehr Berichte von Walen, die Menschen geholfen, als von Walen, die Menschen attackiert haben. Wie wichtig Wale für das Ökosystem Meer sind, haben die meisten Länder endlich begriffen, nur Island, Norwegen und Japan anscheinend nicht. Allein im Nordostatlantik fielen seit Bestehen des Walfangverbots von 1986 etwa 15 000 Wale explosiven Harpunen zum Opfer. Die Waljagd zu Melvilles Zeiten war dagegen fast harmlos, zumindest was die Zahlen betrifft.

Bis auf Japan halten sich die meisten Länder auch an das Moratorium. Vielleicht, weil viele Regionen eine andere lukrative Einnahmequelle entdeckt haben: den Waltourismus. Die Begegnung mit den Giganten der Meere ist ein einzigartiges Erlebnis, und die meisten Menschen, die einmal einem Wal hautnah begegnet sind, tun alles, um diese Tiere zu schützen. Auch wenn Tourismus durchaus auch ökologischen Schaden anrichten kann, ist er immer noch ein viel kleineres Übel als Walfang. Die erste Begegnung mit einem Wal vergisst niemand. Auch ich nicht:

Walbeobachter

In der Ferne trieben noch die Eisberge, während die Sonne die Luft der kanadischen Insel Neufundland bereits auf angenehm sommerliche Temperaturen gebracht hatte. Als der Schoner die Segel hisste und die Bucht von St. John leise und nur vom Wind getragen, fast gleitend verließ, fühlte ich mich dem Meer sehr nah. Ich genoss den Ausflug bereits so sehr, dass ich nicht enttäuscht gewesen wäre, wenn die Giganten der Meere sich nicht hätten blicken lassen und wir nur ein wenig an der Küste entlanggesegelt wären. Doch sie kamen, und zwar von sich aus so nah, wie ich es mir nicht zu träumen gewagt hatte. Obwohl der Kapitän längst gesehen hatte, dass sich ein Buckelwal mit Jungem näherte und dies auch angekündigt hatte, erschrak ich ungeheuerlich, als das Junge plötzlich, nur wenige Meter von unserem Boot entfernt, aus dem Wasser schoss, ein wenig mit der Flosse winkte und sich dann wieder mit einem lauten »Platsch« ins Wasser fallen ließ. Neben dem übermütigen, springenden jungen Buckelwal dümpelte seine Mutter gemächlich nebenher, wölbte ihren prächtigen Buckel nach oben, bevor sie abtauchte und dann selbst mit ihrer enormen Schwanzflosse wedelte. Schließlich verschwand sie wieder unter der Wasseroberfläche und drehte sich beim erneuten Auftauchen auf die Seite, um uns ihre lange Seitenflosse zu zeigen und »zum Abschied« zu winken.

Das Muttertier war längst viel zu schwer, um wie ihr Junges aus dem Wasser zu schießen und Kunststücke zu vollführen, doch sie wollte sich ganz offensichtlich an der »Vorführung« beteiligen. Und es blieb nicht bei dem einen kunstvollen Sprung, die Meeressäuger vollführten ein grandioses Naturschauspiel. Mal tauchten sie schon fast beängstigend nah unter dem Boot durch, um ihre Kunststücke auf der anderen Seite fortzusetzen, dann umkreisten sie das Boot, stießen ihren Blas aus, sodass er fast auf unser Deck sprühte, und schließlich verschwanden sie so lautlos, wie sie gekommen waren, zumindest für unsere Ohren.

Die fast hautnahe Begegnung mit Walen ist pure Magie. Mit einem Flossenschlag hätte die Walmutter das Boot zertrümmern können oder beim Auftauchen durch die Gegend werfen, stattdessen kam sie zu unserem Segelboot und vollführte gemeinsam mit ihrem Kind Kunststücke. Der Skipper und vor allem sein Hund hatten über die Jahre eine Beziehung zu den Walen aufgebaut. Der Labrador sprang sogar zu den Walen ins

Meer. Zuvor schien er sich kläffend mit den Meeressäugern unterhalten zu haben.

Tödlicher Lärm

Dabei wird es mit der Unterhaltung in den Meeren immer schwieriger, weil die Menschheit den Ozean dauerbeschallt. Der Lärm unter Wasser muss höllisch sein für die empfindlichen Ohren der Meeressäuger. Allein die Frachter und Kreuzfahrtschiffe, die alle Weltmeere das ganze Jahr durchpflügen, dröhnen die Ozeane barbarisch zu.

Dauerbeschallung ist längst als extrem gesundheitsgefährdend eingestuft worden, als Verursacher von zahlreichen Krankheiten. Beim Flughafenausbau sind sich plötzlich alle Anwohner, unabhängig von der politischen Einstellung, einig: Den zusätzlichen Lärm will keiner aushalten. Vor allem diejenigen, die sich ansonsten einen Dreck für die Umwelt interessieren, zeigen plötzlich Engagement und kennen alle Studien, die die extrem gesundheitlichen Schäden durch Lärm belegen.

Der Krach, den ein Containerschiff verursacht, könnte wahrscheinlich eine ganze Stadt stilllegen. Kein Mensch könnte einen solchen Krach, der kilometerweit dröhnt, ertragen. Aber Wale, Delfine und alle anderen Meereswesen sollen es hinnehmen. Es wird so getan, als hätten diese Tiere keine Ohren, nur weil man sie nicht sieht. Aber sie haben welche und zwar ziemlich empfindliche. Wale können singen und unterhalten sich mit Klack-Lauten. Bei der Kakophonie im Ozean funktioniert diese Art der Kommunikation aber nicht mehr. Lärm stürzt auf sie ein wie ein direkter Angriff aufs Trommelfell. Man stelle sich vor, ein Pärchen will sich verabreden, muss sich dafür aber quer über eine Autobahn unterhalten – unmöglich. So geht es den Walen häufig, die Paarung ist dann ausgeschlossen. Noch sind Sprache und Gesänge der Wale längst nicht erforscht. Bekannt ist aber seit Jahren, dass viele Wal-Arten nicht nur bei der Partnerwahl akustisch kommunizieren, sie benutzen eine Art Echolot für ihre Wanderungen durch die Weltmeere. Jede Störung kann tödlich enden, etwa so, als würde uns das Navi im Auto in den nächsten Fluss dirigieren statt zur nächsten Straßenkreuzung – kommt immer wieder vor.

Jedes Jahr verenden Dutzende von Walen an den Stränden der Welt, auch an unseren Küsten stranden immer wieder welche. Ursache unbekannt, Störung durch Lärm möglich, heißt es dann meist. Folgen für die Schifffahrt und sonstige Lärmverursacher im Ozean: keine. Erst 2016 sind 30 Pottwale an unseren Nordseeküsten gelandet, manche waren schon tot, andere verendeten elendig an Land. Die tierärztliche Hochschule Hannover untersuchte 24 Tiere davon, um herauszufinden, ob alle zu einer Gruppe gehören und warum sie strandeten. Mithilfe von Genanalysen und den Nahrungsspektren in den Mägen der Tiere fanden die Wissenschaftler heraus, dass es sich um zwei ganz unterschiedliche Pottwal-Gruppen handelte, die einen kamen aus der Arktis, die anderen von den Kapverdischen Inseln. Beide müssen durch die gleiche Störung in die Nordsee fehlgeleitet worden sein.

Schiffe sind bei Weitem nicht die einzige akustische Folter für Wale und andere Meeresbewohner, vor allem militärische Unterwasser-Manöver, die gern »still« und heimlich durchgeführt werden, belasten die Tiere und den gesamten Ozean enorm. Das größte multinationale Militärmanöver lässt sich allerdings kaum geheim halten: RIMPAC steht für Rim of the Pacific und meint die Anrainer des Pazifiks, die sich auf eine mögliche Invasion der Volksrepublik China auf Taiwan sowie auf mögliche Angriffe Nordkoreas auf Südkorea vorbereiten wollen.

Kurz: Ein wahnsinniges Schlachtenspiel zwischen den Höhen des Himmels und den Tiefen des Ozeans, das seit 1971 alle zwei Jahre in den Gewässern von Hawaii abgehalten wird. An den Manövern sind 22 Staaten beteiligt, auch die deutsche Marine ist im Einsatz. Die amerikanische Kriegsmarine weiß seit Jahrzehnten, was sie dabei anrichtet, und versucht bei Minen- und Bombenübungen die Gebiete zu meiden, wo sich die Großsäuger aufhalten, doch das ist Augenwischerei. Sie verwenden

Sonare, das sind Ortungsverfahren unter Wasser mithilfe von ausgesandten Schallwellen. Die Reichweiten der Sonar-Signale sind enorm und über Hunderte von Kilometern gut hörbar. In unmittelbarer Nähe soll ihr Lärm jenem von 2000 Flugzeugturbinen entsprechen.

Die Seestreitkräfte setzen auf immer stärkere Sonare, um gegnerische Schiffe so früh wie möglich zu orten. Wissenschaftlich ist längst erforscht und bestätigt, dass Sonare Meeressäuger schwer schädigen. Sie desorientieren die Tiere und rufen Hirnblutungen hervor. Noch nicht einmal in ihrem Schutzgebiet sind Wale vor dem Lärm sicher. Das Meeresschutzgebiet um Hawaii gehört zu den größten und bedeutendsten der Ozeane, was die Amerikaner aber nicht davon abhält, auch mitten in diesem Bereich Kriegsgeschosse abzufeuern.

Weltweit laufen die Umweltschutzorganisationen Sturm dagegen, auch die amerikanischen. Der *Conservation Council for Hawaii* strebt eine Klage an, die allerdings wenig Aussicht hat. Der deutsche Unternehmer und Umweltaktivist Dieter Paulmann protestiert nicht nur seit Jahren gegen diese Seegefechte und den zerstörerischen Unterwasserlärm weltweit, er hat mit seiner Okeanos-Stiftung auch zahlreiche wissenschaftliche Kongresse zum Thema organisiert, aber vor allem bewiesen, dass Schifffahrt auch leise und klimafreundlich geht:

Nach Vorbildern der alten polynesischen Segelschiffe, der sogenannten Vakas, ließ der Stifter ein gutes Dutzend neue Exemplare bauen, ausgestattet mit einem ergänzenden, leisen Solarmotor. Mit dieser Armada von umweltfreundlichen Schiffen segelten Paulmann und sein internationales Team von den polynesischen Inseln über Südamerika nach Hawaii. An jedem Hafen erzählten sie von ihrer leisen Demonstration gegen die laute Verseuchung der Ozeane und verbreiteten ihre Mission auch mit einem Film. Inzwischen werden auf verschiedenen Werften Schiffe gebaut, die komplett klimaneutral und leise über die Weltmeere gleiten können, mit einer Kombination aus Segel und Solar.

Es geht sehr viel, was von ausschließlich profitorientierten Unternehmen mit einer ganzen Armee von gierigen Beratern und Marketing-Strategen strikt verneint wird. Eine schnelle Umstellung auf nachhaltige Schifffahrt wird nur mit strengen internationalen Gesetzen funktionieren. Doch sobald die ersten klimafreundlichen, leisen Container-Schiffe die Weltmeere kreuzen, hat der Verbraucher noch mehr Macht: Jeder kann dann die Produkte boykottieren, die laut und klimaschädigend verschifft wurden. Die neuen Öko-Transport-Unternehmen werden deutlich markieren, was mit ihren umweltfreundlichen Schiffen transportiert wurde.

Auch Boris Herrmann, der als erster Deutscher überhaupt an dem legendären Segelrennen um die Welt, der »Vendée Globe« 2020 teilnehmen wird, setzt komplett auf Solarenergie. Zum Segeln braucht er zwar keinen Motor, aber um seine hochmodernen, komplizierten Geräte und Computer am Laufen zu halten, braucht er eine Menge Strom.

Die Vendée Globe ist das härteste Segelrennen der Welt. Diese Herausforderung alleine reicht dem engagierten Sportler nicht, er will während des Rennens etwas für den Ozean und die Wissenschaft tun und eine einzigartige Messung durchführen. Dafür wird er die Temperatur des Ozeans rund um den Globus ermitteln und die Wasserqualität bestimmen, vor allem den CO_2-Gehalt. Dafür arbeitet Herrmann mit dem deutschen Meeresforschungsinstitut Geomar aus Kiel zusammen. Die Forscher haben bereits die Messgeräte an Herrmanns Rennboot »Malizia« installiert.

Beim Rennen um die Welt wird Herrmann ultraschnell und leise segeln und keinem Meeresbewohner Schaden zufügen. – Aber die vielleicht ihm, ohne es zu wollen. Zusammenstöße zwischen Walen und Seglern sind keine Seltenheit und haben sich laut einer Studie des Vereins M. e. e. r. e. V. in den letzten Jahren gehäuft. Insgesamt fanden die Wissenschaftler Hinweise auf 111 Kollisionen zwischen Seglern und Walen in den letzten fünfzig Jahren, wobei es stetig mehr geworden sind.

Gerade wenn Boote lautlos mit hoher Geschwindigkeit über das Meer gleiten, haben die Giganten der Meere kaum Chancen, die schwimmenden Objekte rechtzeitig zu orten und auszuweichen. Das bekam der Einhandsegler Kito de Pavant auf der Vendée Globe 2017 deutlich zu spüren. Der Segler hatte keine Ahnung, dass sich etwas seinem Boot näherte, und erst recht nicht was. Während der Kollision war er in der Kajüte und wurde von dem Aufprall umgehauen, aber nicht verletzt. Als er aus der Kajüte an Deck kam, war nichts mehr zu sehen, aber der Kiel abgerissen. Erst vier Wochen später erfuhr der Skipper, was ihn eigentlich gerammt hatte.

UFO-Wal

Bis zur Auswertung der Überwachungskameras galt ein »UFO«, ein Unidentified Floating Object, als Grund für den Aufprall, dann kam die Überraschung: Die Kamera zeigte einen riesigen Pottwal, der direkt nach dem Aufprall ganz dicht hinter dem Boot auftauchte und gleich wieder verschwand. Noch weiß man viel zu wenig über diese Giganten der Meere, die einst so erbarmungslos gejagt wurden. Alleine im 20. Jahrhundert sollen mehr als 300 000 Pottwale erlegt worden sein, fast der gesamte Bestand. Als das Walfangmoratorium in den 80er-Jahren des letzten Jahrhunderts endlich in Kraft gesetzt wurde, schätzten Experten, dass nur noch wenige Tausend Pottwale durch die Weltmeere ziehen würden. Inzwischen soll die Zahl glücklicherweise wieder auf etwa 10 000 Exemplare angestiegen sein.

Seit australische Wissenschaftler entdeckt haben, dass Wal-Kot – ja genau, die Exkremente eines Wals – zur Rettung des Klimas beitragen könnte, ist auch das Interesse der Forschung über Wale wieder gestiegen. Da die Meeressäuger keine kleinen Häufchen absetzen, sondern riesige Wolken Verdautes ins Meer entlassen, ist der Effekt auch entsprechend groß und funktioniert denkbar einfach: Jährlich nimmt ein ausgewachsener Großwal etwa 50 Tonnen Eisen mit der Nahrung auf, und dieses Eisen flatuliert er dann auch sozusagen wieder aus, verteilt es im

Ozean und düngt damit das Meer. Ähnlich wie Gülle auf Feldern das Wachstum der Ackerpflanzen beschleunigt, sorgt Walkot für eine rasche Algenvermehrung und damit für eine enorme Bindung von CO_2. Die australischen Forscher haben ausgerechnet, dass ein einziger Pottwal zum Abbau von rund 400 000 Tonnen CO_2 beiträgt.

Wale – die Klimaretter

Diese Zahlen brachten wiederum ein paar Wissenschaftler auf die findige Idee, einfach Eisen ins Meer zu schmeißen. Sie hofften, die künstlich erzeugte Algenblüte würde so viel Kohlendioxid aus der Luft holen, dass der Klimawandel gestoppt würde. Inzwischen haben deutsche Forscher herausgefunden, dass diese Algendüngung gar nichts bringt und möglicherweise sogar kontraproduktiv wirkt. Überdüngung auf Feldern ist schließlich auch keine gute Idee. Ganz im Gegenteil, solch ein Experiment ist grob fahrlässig. Denn noch ist längst nicht genau erforscht worden, wie der natürliche Kreislauf des Eisens im Meer funktioniert. Schon Ende der 80er-Jahre behauptete der amerikanische Ozeanograf John Martin: »Gebt mir eine halbe Ladung Eisen, und ich löse damit eine neue Eiszeit aus.« Ausgegangen war Martin von dem gleichen simplen Phänomen, dass Eisen das Algenwachstum ankurbelt und damit Hunderte Tonnen Kohlendioxid aus der Atmosphäre holt. Aber durch eine explosionsartige Vermehrung von Algen werden weitere Prozesse im Ozean angekurbelt, die wiederum massenhaft Kohlendioxid freisetzen. Der Forscher hätte das wissen können. Die Algen blühten damals nämlich gerade in Flüssen und Seen und führten zu einer gigantischen Eutrophierung der Gewässer. Das Wort »eutroph« kommt aus dem Griechischen und bedeutet schlicht »gut genährt«. Es bezog sich zunächst nur auf stehende und langsam fließende Gewässer. Das hört sich harmlos an, hat es aber in sich. Mit »gut genährt« ist ein Überangebot an Nährstoffen gemeint, das zu einer künstlich erzeugten Algenblüte im lichtdurchfluteten Oberflächengewässer führt. Da es für diese Algenschwemme keine ausreichenden Fressfeinde gibt, sterben sie einfach ab und sinken zu Boden. Dort werden sie von Bakterien zersetzt, die wiederum unglaubliche Mengen an Sauerstoff verbrauchen und Kohlendioxid freisetzen. Aber nicht nur das: Es entsteht dabei ein Fäulnisprozess, bei dem außerdem noch giftige Gase, wie beispielsweise Methan, freigesetzt werden.

In der Folge sterben die bodenlebenden Organismen, wie Krebse, Schnecken und auch Fische an Sauerstoffmangel und giftigen Ausdünstungen. Genau dieses Szenario bot sich in den 1980er-Jahren der deutschen Bevölkerung. Im Extremfall kippt der See um und ist biologisch tot, doch das konnte gerade noch verhindert werden. Kurz vor dem Exodus zahlreicher Binnen-Gewässer wurde die Notbremse gezogen, entsprechende Verbote erlassen und neue Reinigungsstufen in den Kläranlagen angeordnet. Dass sich die fatalen Folgen der Eutrophierung auch im Meer fortsetzen, konnte damals bereits beobachtet werden. Wie Wissenschaftler danach noch auf die Idee kommen konnten, dass eine Überdüngung der Meere das Weltklima retten könnte, ist schlicht absurd. Noch absurder ist, dass es für diesen gefährlichen unkontrollierbaren Feldversuch üppige Finanzierungen gab.

Fatale Düngung

Das Ministerium für Wissenschaft und Bildung war jedenfalls fest davon überzeugt, dass es keine naturwissenschaftlichen und rechtlichen Bedenken gegen das deutsch-indische Meeresforschungsexperiment »Lohafex« gebe, und gab den Weg 2009 frei für den umstrittenen Ozeandüngungsversuch des Alfred-Wegener-Instituts für Polar- und Meeresforschung (AWI). Auf einer Fläche von insgesamt 300 Quadratkilometern haben die deutschen Wissenschaftler, gemeinsam mit indischen Kollegen, eine künstliche Algenblüte durch eine Düngung mit 6 Tonnen Eisensulfat erzeugt.

Zahlreiche Umweltorganisationen und auch das Umweltministerium liefen damals bereits Sturm gegen den unkontrollierbaren Freilandversuch, den einige auch einen »größenwahnsin-

nigen Plan« nannten. Das Ministerium für Wissenschaft und
Bildung setzte sich dennoch durch. Das Kind – oder besser das
Eisensulfat – ist in den Brunnen beziehungsweise das Meer gefallen, und jetzt können die Folgen beobachtet werden: Das
Klima wurde keinesfalls gerettet, das Experiment gilt als überwiegend gescheitert. Und es war nicht das einzige Ozeandün-
gungs-Projekt. Auch zahlreiche andere Länder haben auf den
Klimafond zurückgegriffen und Ozeangärtner gespielt, ohne auch
nur die geringste Ahnung zu haben, was tatsächlich in der Tiefsee
los ist und ob im Anschluss dort womöglich genau die tödlichen
Prozesse ablaufen, die in Flüssen und Seen nach einer künstlich
erzeugten Algenblüte ausgelöst wurden. Klimaerwärmung und
CO_2-Anstieg kurbeln das Algenwachstum zusätzlich an. Die bereits erwähnte gigantische Sargassum/Braunalgenblüte in der
Karibik hat inzwischen apokalyptische Formen angenommen
und reicht bis an die Westküste von Afrika. Ein Schelm, wer dabei Böses denkt.

Überdüngung war noch nie eine gute Idee, und gerade in den
8oer-Jahren hätte jeder mit seinen eigenen Augen sehen können,
was bei einer Überdüngung von Gewässern passiert. Denn genau das geschah damals vor allem in den Industrienationen:
Ähnlich wie Eisen kurbelt auch Phosphat das Algenwachstum
an, und Phosphat war damals allen Waschmitteln zugesetzt und
gelangte ungefiltert mit den Abwässern in Flüsse und Seen.

An die natürlichen Düngungsprozesse haben sich die Gewässer über Jahrmillionen angepasst und die Nährstoffe in den
Kreislauf mit einbezogen. Auf diese menschengemachten Eingriffe ist das komplizierte und fragile System überhaupt nicht
vorbereitet. Statt solche abenteuerlichen Experimente durchzuführen, sollten die Wissenschaftler lieber erforschen, wie die
»natürlichen« Gärtner der Meere effektiver geschützt werden
können: Wale. Sie düngen den Ozean und saugen das Plankton
auf wie ein Staubsauger.

Aber es geht gar nicht um die wissenschaftlichen Versuche, sondern um kommerzielle Firmen, die längst Schlange stehen, um

profitabel in die Ozeandüngung einzusteigen – finanziert durch Klimazertifikate. Geo-Engineering nennt sich die irrsinnige Klimabastelei. Dass dieser Eingriff überhaupt keinen Sinn macht, konnten die Forscher des AWI jetzt wenigstens auch wissenschaftlich beweisen. Aktuell konzentrieren sie sich vor allem auf den Müll im Meer, den die Wale versehentlich tonnenweise fressen, aber nicht verwerten können, sondern elendig daran eingehen.

Im April 2018 wurde ein junger Pottwal an die Küste von Cabo de Palos in Spanien gespült. Als er auf dem Sand strandete, war er bereits tot – mit unvorstellbaren 29 Kilogramm Plastik im Magen. Die Kunststoffmassen hatten den Verdauungstrakt des Wals regelrecht verklebt. In Magen und Darm des Tiers steckten unter anderem Plastiktüten, Stücke von Fischernetzen, Plastikdeckel und Teile eines Kanisters. Die vielen Abfälle hatten eine Bauchfellentzündung verursacht, an der der Meeressäuger vermutlich gestorben war. Das glauben zumindest die spanischen Forscher, die das Tier untersucht hatten. Vielleicht war es aber auch schlicht verhungert, weil sein Körper gar keine Nahrung mehr verarbeiten konnte.

Ähnlich wie Schildkröten Plastiktüten mit Quallen verwechseln, verwechseln Pottwale bunte Kunststoffbeutel und Ähnliches mit Kraken und Tintenfischen, die zu ihren Leibspeisen gehören. Bis zu 1,5 Tonnen kann ein ausgewachsener Pottwal von den Kopffüßlern am Tag vertilgen. Unverdauliche Reste kotzt er wieder aus, und dabei kommt für die Welt ein Geschenk heraus: Ambra.

Göttliches Ambra

Mit seinen Exkrementen beschenkt uns der Pottwal mit Dünger und mit seinem Erbrochenen mit Parfüm. Klingt nicht schön, ist aber eine unglaubliche Bereicherung für die Welt. Das haben die Menschen leider schon früh entdeckt, und der begehrte Rohstoff hat unzählige Wale das Leben gekostet.

Die scharfkantigen, ovalen Schulpe, die den Tintenfischen quasi als Skelett dienen, und die Schnäbel und Kiefer der Tiere werden im Verdauungstrakt des Wals von einer gallertartigen Masse umhüllt und dann wie das Gewölle von einem Uhu hinausgewürgt. Diese graue, zunächst sehr eklig stinkende Masse treibt oft monatelang auf dem Meer und reift dann durch eine wundersame Fermentation zu dem göttlichen Duft »Ambra« heran, der früher in der Parfümherstellung nicht wegzudenken war. Wie ein duftender Gruß an die Menschheit spült der Ozean diese grauen Klumpen irgendwann an die Strände der Welt, wo sie nur aufgelesen werden müssen.

Doch einigen gierigen Menschen war dieses Geschenk der Wale und des Ozeans nicht genug. Als sie entdeckten, woher der edle, kostbare Duft kommt, jagten und schlachteten sie noch mehr Wale, um schneller an die wertvolle Essenz zu kommen. Genau aus diesem Grund wurde Ambra inzwischen in der Parfümherstellung verboten. Die Verwendung dieses Naturstoffs ist nur noch in der Homöopathie erlaubt. Weil Pottwale so selten geworden sind, ist diese Masse inzwischen ein Vermögen wert, das Kilo »Walerbrochenes« wird für mehrere Tausend Euro gehandelt. Zu Herman Melvilles Zeiten ging man noch davon aus, dass Ambra in den Gedärmen kranker Tiere entsteht. Der Schriftsteller widmet in seinem berühmten Roman über den weißen Pottwal »Moby Dick« dem Ambra dann auch ein ganzes Kapitel, und darin heißt es: »*Wer würde wohl denken, dass die feinsten Damen und Herren sich an einem Wohlgeruch laben, den man aus den ruhmlosen Gedärmen eines kranken Pottwals holt! Und doch ist es so. Der graue Amber wird von manchen für die Ursache, von anderen für die Folge mangelhafter Verdauung gehalten, an der Wale mitunter leiden. Wie eine solche Dyspesie zu kurieren wäre, lässt sich schwer sagen; es sei denn, man gibt dem Patienten drei, vier Bootsladungen Rhabarberpillen ein und verzieht sich dann schleunigst aus der Schusslinie ... Ich behaupte: wenn der Pottwal seine Schwanzflosse hochschleudert, verströmt er ebensoviel Wohlgeruch wie eine moschusparfümierte Dame, die in einem warmen Salon ihre Röcke rascheln lässt.*«

Aus »Moby Dick«, Kapitel 92, »Ambergris«

Nicht zu verwechseln mit einem anderen wertvollen Geschenk der Meere, das früher ebenfalls Amber oder Ambra genannt wurde: Bernstein. Früher wurden die Steine auch »Tränen der Götter« genannt, wobei es sich eher um die Tränen der Bäume handelt, die der Ozean in Jahrmillionen zu Edelsteinen geformt hat. Denn Bernstein ist nichts anderes als versteinertes Baumharz. Man findet es an einigen Stränden der Welt und spricht ihm genauso heilsame Kräfte zu wie dem Ambra aus den Gedärmen des Pottwals.

Ein einzelner Pottwal kann mehrere Hundert Kilo Ambra in seinen Gedärmen ansammeln, bevor er sie herauswürgt, quasi einen ganzen Tintenfisch-Friedhof. Der Pottwal ist der größte und schwerste Jäger auf unserem ganzen Planeten – aber längst nicht das größte Tier. Gegen einen Blauwal ist der Pottwal ein Zwerg. Blauwale sind die größten und schwersten Tiere auf unserem Planeten. Allein ihre Zunge wiegt mehr als ein Elefant, und ihr Herz ist größer als ein Auto. Insgesamt können Blauwale bis zu 33 Meter lang und 200 Tonnen schwer werden. Ihre Oberfläche böte mehr als genug Platz, um ein Haus darauf zu bauen. Aber im Gegensatz zum Pottwal sind sie keine Jäger, sondern gehören zu den sogenannten Bartenwalen, die sich nur von winzigen Meeresbewohnern ernähren. Ihr Oberkiefer ist dicht besetzt mit »Haaren« aus Horn, mit denen sie ihre Nahrung filtern: Plankton und Krill, Algen und Shrimps-ähnliche Winzlinge, von denen sie Unmengen vertilgen. Ein ausgewachsener Blauwal kann bis zu 3,5 Tonnen Krill an einem Tag fressen. Über Krill wurde hier schon geschrieben, weil es sehr wichtig für die Nahrungskette des Ozeans ist. Es ist ein echtes Wundertier, gilt als eine der erfolgreichsten Spezies der Erde und wurde längst von der Industrie für unzählige Produkte entdeckt, von der Kosmetik bis zur Delikatesse. Vor allem bei dem komplizierten Reinigungssystem des Ozeans spielen die Winzlinge eine zentrale Rolle und gelten als »biologische Pumpe« und Kohlenstoff-Fixierer. Die kleinen durchscheinenden Krebse fressen hauptsächlich Algen, spucken aber einen Großteil ihrer Nahrung wieder aus. Dieses »Krillerbrochene« ist ein kompakter schwerer Ball, der auf den Boden des Ozeans sinkt. Dem Meer wird durch diesen Vorgang schädliches Kohlendioxid entzogen, das zuvor in den Algen gebunden war. In dieser Form bleibt das klimagefährliche Gas lange fixiert, die Wissenschaft geht von etwa 1000 Jahren aus.

Die Krillkrebschen können aber noch viel mehr: Sie sind die Taschenlampen des Ozeans. Mit speziellen Leuchtorganen können sie das Dunkel der Tiefsee erhellen, ähnlich den Glühwürmchen an Land. Wem sie leuchten, ist noch nicht so eindeutig klar. Möglich, dass sie ihre Räuber irritieren oder ihre Partner locken wollen – alles ist denkbar. Krill ist ein Kapitel für sich, ein faszinierender Winzling, der viel zu lange unbeachtet blieb. Inzwischen ist er aber, wie schon erwähnt, selbst der Fischindustrie zum Opfer gefallen ist. Krill ist unglaublich reich an Nährstoffen, als Futtermittel abgefischt wird er jedoch dem natürlichen Kreislauf entzogen. Das ist angesichts dessen, was dieses winzige Tier für das Ökosystem leistet, haarsträubend.

Noch weniger erforscht als die kleinen Krebstiere sind die Giganten der Meere, die Blauwale, die regelrecht abhängig vom Krill sind. So um die 40 Millionen von diesen Tierchen vertilgt ein einzelnes Exemplar täglich, allerdings nur in den polaren Sommermonaten, in denen sie sich einen dicken Speckvorrat zulegen müssen. Auf ihrer langen Reise Richtung Äquator und in den subtropischen Gewässern, in denen sie überwintern, fressen sie kaum noch etwas, selbst trächtige Weibchen nicht. Wo sich Blauwale paaren und ihre Jungen bekommen, hat noch niemand beobachten können, aber »kleine« Blauwalbabys schon. Die neugeborenen Blauwale sind allerdings schon ganz ordentliche Bröckchen. Wenn sie auf die Welt kommen, wiegen sie bereits um die zwei Tonnen und sind um die sieben Meter lang. Damit sie schnell so groß wie Mama werden und genug Speck auf die Rippen bekommen, um die lange Reise in die Arktis oder Antarktis zu überstehen, müssen die »kleinen« Wale täglich Hunderte von Litern Milch trinken. Walmilch ist die nahrhafteste Milch überhaupt, sie enthält 42 Prozent Fett und zwölf Prozent Eiweiß, eine wahre Kalorienbombe, ohne die ein Wal-Baby niemals mehrere Zentimeter am Tag wachsen könnte.

Ina und der Hai

In der polynesischen Sage hilft die Wal-Milch auch Ina auf ihrer Odyssee zur schwimmenden Insel:

Völlig erschöpft war Ina auf der vermeintlich »schwimmenden Insel«, dem Rücken von Bea, der Blauwal-Dame gelandet, als sich die Lederschildkröte Lea völlig ausgehungert auf die Portugiesischen Galeeren gestürzt hatte, die zufällig gerade vorbeigedriftet waren. Während Ina beobachtete, wie Lea die glibberigen Tierchen genüsslich verputzte, merkte sie, wie hungrig sie selbst war, und ihr Magen begann lautstark zu knurren. Bea, mit ihrem superfeinen Gehör, registrierte das Geräusch und bot der Freundin an, ein wenig von ihrer Milch zu trinken. Im gleichen Moment schoss Blauwalbaby Bruno aus dem Wasser und ließ sich freudig wieder hineinplumpsen. Bruno war zum Glück satt und zufrieden und gönnte Ina die Milch von Herzen.

Darüber hätte Ina beinahe ihre Mission vergessen, so zufrieden und müde war sie nach dem üppigen Mahl, aber Bea fragte, warum sie gekommen war, und so erzählte Ina ihre Geschichte. An eine schwimmende Insel konnte sich die Blauwaldame zwar erinnern, sie war ihr auf einer ihrer Reisen begegnet, aber so genau wusste sie es nicht mehr. Doch als Bea das enttäuschte Gesicht ihrer Freundin sah, versprach sie, ihr bei der Suche zu helfen und alle Freunde zu fragen, die sie auf der Reise durch den Ozean noch treffen würden.

Überglücklich kletterte Ina wieder auf den Rücken der Blauwaldame, die sich umgehend, aber sehr gemächlich in Bewegung setzte. Schläfrig von der langen Reise und der schweren Milch, machte es sich Ina bequem, und schon bald fielen ihr die Augen zu. Nach einer Weile vergaß Bea für einen Moment ihre Mitreisende, die sie auf ihrem Rücken kaum spürte. Außerdem drückte Bea von ihrem letzten Tauchgang ein wenig das Wasser, das sie jetzt mit einem gewaltigen Blas ausstieß. Ina hatte sich aber genau an der Öffnung zusammengekuschelt und wurde mit der Fontäne in die Luft geschleudert. Etwas un-

sanft landete sie einige Meter entfernt auf einem Riff und scheuchte
Fiona, den Feuerfisch auf. Fiona wollte schon ihren Stachel ausfahren
und ein wenig Gift verschießen, als sie Ina erkannte. Sofort bot sie ihre
Hilfe an und streckte Ina eine ihrer wunderschönen Flossen entgegen.
Zwar wusste Ina, wie vergesslich Fiona war, aber in dem Moment war
sie sehr dankbar für die Hilfe und hoffte, wenigstens Bea schnell wieder-
zufinden.

Immer wieder gibt es Berichte von Walen, die Menschen helfen,
aber auch von sehr kuriosen Wal-Mensch-Begegnungen. Von
dem Taucher in Südafrika, der versehentlich von einem Brydewal verschluckt wurde, habe ich schon erzählt. Der Wal war,
genau wie der Blauwal, ein Bartenwal und filtert mit dem Ge-
strüpp im Maul seine Nahrung. Aber im Gegensatz zum eher
gemütlichen Blauwal, begnügt sich der deutliche kleinere Brydewal nicht mit Plankton und Krill, sondern macht Jagd auf Fischschwärme, mal Makrelen, mal Sardinen, je nach Ort und Jahres-
zeit. Vor der Küste von Südafrika waren es Sardinen, auf die der
Wal aus war, und zwar nicht alleine, er nahm am sogenannten
»Sardinen-run« teil, so wird die gemeinsame Jagd von Haien,
Delfinen und Walen auf diese Fische genannt. Dabei muss der
Wal im Jagdrausch den deutschen Tauchlehrer Rainer Schimpf
mit dem Schwarm verwechselt haben und saugte ihn in sein gigantisches Maul. Da blieb Schimpf dann aber auch stecken,
denn der Schlund des Wals ist ziemlich klein, und so spuckte der
Wal seine Verwechslung auch gleich wieder aus, und der Tauch-
lehrer überlebte die versehentliche Attacke völlig unbeschadet.

Die gemeinsame Jagd ist bei einigen Walarten bekannt, vor
allem bei Orcas. Die intelligenten Säuger haben sogar schon
gemeinsame Sache mit Walfängern gemacht. Einem dieser
Tiere wurde in Australien, in dem kleinen Ort Eden, nicht nur
ein Denkmal gesetzt, sondern ein ganzes Museum gewidmet.
»Old Tom« nannten die Walfänger den tierischen Anführer der
Orca-Truppe, der leicht an seiner riesigen Rückenflosse zu erkennen war.

Das Gesetz der Zunge

Mitte des 19. Jahrhunderts tauchte Old Tom mit seiner Orca-Mannschaft in der australischen Bucht auf und scheuchte eine Gruppe von Buckelwalen direkt in die Arme der Walfänger. Als die Walfänger verstanden, welchen Dienst die Orcas ihnen erwiesen hatten, belohnten sie sie mit den Zungen der erbeuteten Tiere. Jahrzehnte galt in der Bucht von Eden dieses »Gesetz der Zunge«, und die Orcas waren den Fischern treu zu Diensten, bis ihr Anführer Old Tom 1930 im Alter von fast 100 Jahren starb. Der vollständige Kadaver des Tiers wurde an den Strand gespült. Die Fischer präparierten das Skelett sorgfältig zum Gedenken an ihren jahrzehntelangen Helfer. Heute ziert das Gerippe von Old Tom das Museum von Eden.

Das Phänomen von Old Tom und seinen Artgenossen als Jagdassistenten der Menschen ist nicht die einzige Geschichte von Orcas, die sich zu Menschen hingezogen fühlen und ihnen helfen. Der neuseeländische Walschützer Paul Spong erforscht seit Jahrzehnten das Verhalten verschiedener Orca-Gruppen und beschreibt eindrucksvoll, wie ihm einmal ein Trupp das Leben gerettet hat. Mit seinem Kanu hatte sich der Forscher im dichten Nebel vor der kanadischen West-Küste hoffnungslos verloren, bis die Orcas wie gute Geister aus den Nebelschwaden auftauchten und Spong sicher an Land lotsten.

Wale sind hochintelligente Tiere, umso grausamer ist die Vorstellung, dass sie bis heute brutal gejagt werden und dass es nach wie vor Länder gibt, die auf ihrem absurden »Recht« auf Walfang beharren. Schließlich ist die Jagd ja nicht die einzige Gefahr, die auf die sanften Giganten der Meere lauert.

HANNES JAENICKE

Die gute Nachricht zuerst: Das Walfang-Moratorium der Internationalen Walfang Kommission (IWC) wurde im Herbst 2018 verlängert. Alle zwei Jahre treffen sich die inzwischen 88 Mitgliedsstaaten der IWC, um über Walfang und Walschutzmaßnahmen zu streiten. Wirklich konstruktiv ist die Atmosphäre schon seit vielen Jahren nicht mehr, denn die drei einzigen Nationen weltweit, die immer noch Wale schießen – Japan, Norwegen und Island –, nutzen juristische Schlupflöcher der IWC und betreiben kommerziellen Walfang, ohne dass die anderen Länder viel dagegen unternehmen können.

Trotzdem ist es ein Erfolg, dass es den vielen NGOs, die sich für den Ozean- und Walschutz einsetzen, gelungen ist, das Moratorium zu verlängern. Das geht auch auf das Konto von Niki Entrup, einem Freund und Mitstreiter aus Wien, der gemeinsam mit Ozeanschutz-Organisationen wie »Ocean Care« aus der Schweiz und »WDC« (Whale and Dolphin Conservation) aus Deutschland genau die Lobby-Arbeit betreibt, die wir in allen sozialen und politischen Bereichen bräuchten: nicht *gegen* die Menschen und ihre Umwelt, wie das die bereits erwähnten Lobbyisten großer Konzerne viel zu erfolgreich tun, sondern *für* Artenschutz, *für* eine bewohnbare, lebenswerte Natur und Umwelt.

Dass die Japaner jetzt aus der IWC ausgestiegen sind, weil sie »zu wissenschaftlichen Zwecken«, wie es offiziell heißt, weiterhin Wale schlachten wollen, ist genauso peinlich wie Donald Trump, der die Restriktionen für Großwildjagd und Trophäen-Import aufheben will. Seine Söhne sind begeisterte »Big Game Hunters« und posten stolz Fotos von sich nach Abschuss von Raubkatzen, Büffeln und ähnlichen Tieren.

Ebenso peinlich ist es, dass Island bis heute ungestört Wale harpuniert, obwohl es eine EU-Bestimmung gibt, die Walfang für EU-Mitglieder klipp und klar verbietet. Man hat den Eindruck, Artenschutz sei der EU egal. Normen für Kondom-Größen, Bananen- und Gurken-Krümmung sowie Waffenlieferungen an das Terror-Regime in Saudi-Arabien und in die Türkei scheinen wichtiger zu sein.

Auch macht die EU munter Geschäfte mit Norwegen, wo jedes Jahr viermal so viele Wale abgeschossen werden wie in

Japan. Trotzdem zeigt die ganze Welt mit dem Finger auf Japan. Die weitaus schlimmeren Wal-Mörder aus Europa scheinen nicht zu interessieren. Es gibt keine Sanktionen gegen Norwegen, keine Kürzung von EU-Mitteln für Island. Weder Brüssel noch Berlin drohen auch nur damit. Wieder einmal bleibt es an uns, an jedem Einzelnen hängen, Island und Norwegen nicht mehr zu bereisen und zu boykottieren.

Völlig unbeachtet seitens der EU, quasi mit dicken Gurkenscheiben auf den Augen, findet ein weiteres bestialisches Wal-Schlachten unter europäischer Flagge statt: die regelmäßigen Tümmler-Jagden auf den Farmer-Inseln, bei denen die Tiere mit Motorbooten in Buchten getrieben und dann mit Eisenstangen zu Tode geprügelt werden. Das blutige Schlachtfest ist eine Mischung aus idiotischer Tradition und Männer-Ritual. Die wenigen Fotos, die davon existieren, sind selbst für Hartgesottene nur schwer erträglich.

Dröhnendes Meer

Ina hat die Probleme für Wale durch Sonar-Technik und Plastikverschmutzung schon angesprochen. Niki Entrup hat eine großartige Kampagne gegen Unterwasser-Lärm ins Leben gerufen, sie heißt »Sonar Kills«. Vorher wussten nur wenige von diesem Problem. Bei Testbohrungen nach neuen Öl- und Gasquellen am Meeresgrund werden Sprengstoff und schwere Maschinen eingesetzt, Gleiches gilt für den Bau von Bohrinseln und Offshore-Windparks, dazu kommen die Motoren der gigantischen Tanker und Containerschiffe. Dieser Lärm steht im Verdacht, die Ursache für die immer häufiger zu beobachtenden Anstrandungen von Walen zu sein. Wenn das Leittier betroffen ist und die Orientierung verliert, bedeutet dies das Ende der ganzen Gruppe.

Die fieberhafte Suche des Menschen nach Öl und Gas ist nicht nur tödlich für Wale, sondern für alles, was im Meer lebt. Die Bilder von verklebten Seevögeln, Ottern und totem See-Getier aller Arten nach einem Tanker- oder Bohrinsel-Unglück sind hinlänglich bekannt. Öl ist in vielerlei Hinsicht problematisch. Seit Jahrzehnten werden Kriege darum geführt, und es hat Regimes steinreich gemacht, die brutal, undemokratisch, restriktiv, frauenfeindlich, korrupt sind, wie Saudi-Arabien, Iran, Russland, die Emirate, Venezuela oder Nigeria. Trotzdem redet, außer Außenseitern wie dem Publizisten Franz Alt oder Elon Musk, dem CEO von Tesla, kaum jemand vom Ausstieg aus dem Öl. Deutschland versucht demnächst den Atom-Ausstieg, will in ferner Zukunft aus der Kohle aussteigen, aber die Energie, die die größten Schäden anrichtet an Mensch und Natur, wird nicht einmal diskutiert. Wir hängen am Öl-Tropf wie Junkies an der Nadel und ruinieren damit das Nest, in dem wir leben. »Nestbeschmutzung« wäre noch ein schmeichelhaft gewählter Ausdruck dafür.

Würden die Energiekonzerne die Billionen, die sie seit Jahrzehnten in Öl- und Gas-Erschließung oder AKW-Sicherheit stecken mussten, in regenerative Energien investieren, die Energiewende hätte schon in den 1970ern stattfinden können. Seit 1971 und dem wegweisenden Report des Club of Rome ist bekannt und wissenschaftlich erwiesen, dass fossile Brennstoffe der Umwelt schaden und nicht nachhaltig sind. Weltweit propagieren grüne Parteien und Organisationen seit Jahren, dass wir aus Öl und Kohle aussteigen und eine CO_2-Steuer einführen müssen. Dennoch wird überall, wo nur der Hauch einer Wahrscheinlichkeit besteht, es könne Öl oder Gas geben, gebohrt, gesprengt, gepumpt.

Die deutschen Lobbyisten von Öl-, Energie-, Auto- und Zulieferer-Konzernen übertreffen sich gegenseitig bei ihren Hetz-Kampagnen gegen Tesla und E-Mobilität. Jeder schwere Unfall eines Tesla, jede verfehlte Verkaufs- oder Produktionsprognose von Elon Musk wird medienwirksam ausgeschlachtet und publiziert. In den USA finanziert die Öl-Industrie eigene »Klima-Studien«, die belegen sollen, dass der Klimawandel nicht von Menschen verursacht wird, und finden in Politikern wie Trump und seinen Republikanern in den USA, Kaczinski in Polen, Orban in Ungarn, der AfD und FDP in Deutschland offene Ohren und willige Unterstützer. Die FDP hält die »Fridays for Future«-Bewegung für reine Schulschwänzerei und den Kohle-Ausstieg für falsch. Die AfD begrüßt den steigenden CO_2-Ausstoß, er fördere nämlich das Pflanzen-Wachstum. Wer das für einen Witz oder eine Verleumdung hält, lese bitte das Partei-Programm der AfD zum Thema Klimaschutz. Und Beatrix von Storch, eine der Parteispitzen, ist der Meinung, man müsse wegen der Klimaerwärmung eigentlich die Sonne verklagen. Klingt wie Kabarett, sitzt aber leider im Bundestag.

Quälerei im Zoo

Zurück zu den Walen. Die Bilder von harpunierten, verirrten, voller Plastik angestrandeten Walen haben in vielen Ländern dazu geführt, dass Meeresschutz zumindest diskutiert wird. Was dem menschlichen Auge verborgen bleibt, ist alles, was sich im »Blubber«, der Fettschicht von Meeressäugern, im Laufe ihres Lebens ansammelt. Und das ist ein so giftiger Cocktail, dass in British Columbia, Kanada versucht wird, verendete Orcas aus der marinen Nahrungskette zu entfernen und in Giftmüll-Deponien an Land zu entsorgen. Man will verhindern, dass sich Aasfresser wie Lobster und andere Krustentiere oder auch Raubfische wie Haie an den Orca-Kadavern vergiften. Die Ursache: Die Fettschicht der Tiere ist nicht durchblutet, dort sammelt sich alles, was wir ins Meer spülen: Cadmium, Nickel, Quecksilber, Methyl-Quecksilber, Weichmacher wie PCBs, Pestizide, Düngemittel, Chemikalien aller Art. Über ihre Fettschicht vergiften sich Wale sukzessive selbst, viele leiden an krebsartigen Erkrankungen, Tumoren und Geschwüren. Belugawale gelten als die verkrebstesten Tiere der Welt. Die Lebenserwartung, beispielsweise bei Orcas, ist genauso dramatisch gesunken, wie die Sterblichkeitsrate bei Jungtieren gestiegen ist. Im Gegensatz zum vergleichsweise schnellen Tod durch Harpunieren ist die Vergiftung der Meere ein Mord auf Raten.

Um möglichst viele Menschen dafür zu mobilisieren, Wale und ihren Lebensraum zu schützen, kann es durchaus hilfreich sein, wenn Menschen die Tiere auch zu sehen bekommen. Die Frage ist, wo und wie. Delfinarien halte ich für Tierquälerei, in vielen Ländern sind sie seit Langem verboten. Nicht so in Deutschland. Wobei hier zumindest keine Walarten gehalten werden. Orca-Shows gibt es aktuell noch im Loro-Parque auf Teneriffa, in den USA und Asien.

Die Zoo-Direktoren verteidigen die Gefangenschaft und Show-Einlagen ihrer Meeressäuger mit dem Argument, die Zoo-Besucher würden über das Leben der Tiere informiert und könnten so für den Meeresschutz begeistert werden. Wirklich? Was sie zu sehen bekommen, sind der Missbrauch der Tiere als Zirkus-Clowns und die vermeintliche Normalität eines Lebens in viel zu kleinen Becken. Dass diese Delfinarien mit Steuergeldern finanziert werden, finde ich fragwürdig genug. Dass sie sich beim Publikum aber auch noch größter Beliebtheit erfreuen, verstehe ich nicht. Haben diese Menschen so wenig Fantasie, dass sie sich nicht vorstellen können, was für ein tristes Dasein diese Tiere in Gefangenschaft fristen? Gleiches gilt für das Publikum, das täglich die Zelte von Zirkussen füllt, die nach wie vor mit wilden Tieren arbeiten. Wildtiere im Zirkus sind in den meisten Ländern mittlerweile verboten. Nur der deutsche Gesetzgeber zögert. Einige Politiker von CDU/CSU möchten »das Leuchten in den Augen der Kinder nicht vermissen« (wörtliches Zitat), wenn sie durch brennende Reifen springende Raubkatzen und Männchen machende Elefanten im Glitzerfummel bewundern dürfen. Dass Showtiere oft ausgehungert, gequält und mit Psychopharmaka ruhiggestellt werden, wollen die meisten Zuschauer weder wissen noch hören. Solange diese Einrichtungen Geld einbringen, werden Orcas und Delfine weiterhin eingepfercht und als Performer missbraucht. Wie immer liegt die Macht beim Verbraucher, in diesem Fall beim Besucher dieser Zoos, Zirkusse, Vergnügungsparks. Wenn keiner mehr hingeht, müssen diese Einrichtungen im Nu schließen. Oder man würde wie beim erfolgreichsten Zirkus der Welt, dem Cirque de Soleil, ohne Tiere arbeiten.

Russland betreibt zwar offiziell keinen Walfang im klassischen Sinn mehr, dafür hat es den Wal-Handel als lukratives Geschäft für sich entdeckt. Dort werden Orcas, Belugas und kleine Walarten gefangen, in winzige Beton-Becken gesperrt, um an Vergnügungsparks verkauft zu werden, hauptsächlich nach Asien. Dort boomt das Geschäft mit Tieren als Entertainment.

Auch bei Seaworld in San Diego, USA, werden zwei weiße Belugawale gehalten. Für einen kleinen Aufpreis kann man zu ihnen ins Becken steigen und sich mit ihnen fotografieren lassen. Auch einen Delfin-Kuss gibt es schon für zehn Dollar.

Whale Watching

Eine weitaus bessere, weil tierfreundlichere und naturnahe, Variante sind Wal-, Orca- und Delfin-Beobachtungstouren von Schiffen auf See aus. Wobei auch hier oft Schindluder getrieben wird.

Die Gesetzgebung in den USA ist mittlerweile so streng, dass ein Schiff mit seinen Touristen einen Mindestabstand von 300 Metern zum Wal einhalten muss. Das ist für den Whale-Watching-Touristen nicht mehr ganz so prickelnd, weil man schon ein sehr gutes Fernglas oder Kamera-Objektiv braucht, um in 300 Metern Entfernung noch etwas zu sehen. Dafür sind viele der Touren mit Hydrophones ausgestattet, Unterwasser-Mikrofonen, mit denen man den Meeressäugern beim Kommunizieren zuhören kann. Und gerade bei Orcas wird unglaublich viel geredet, es ist ein ständiges Fiepen, Quietschen, Piepsen, Jaulen und Schnattern. Laut dem Biologen Ken Balcomb, mit dem ich vor Vancouver Island gedreht habe, besitzen Orcas etwa 25 Sprach-Laute, das sind ungefähr so viele, wie unser Alphabet Buchstaben hat. Jede Familie hat eine eigene Sprache. So können unter anderem Verwechslungen vermieden werden, wenn ein Muttertier seine streunenden Jungen aus bis zu 2000 Metern Entfernung zurückpfeifen will. Wichtig scheint mir, sich die jeweiligen Unternehmer der Beobachtungstouren genau anzusehen, auch im Netz. Schon dort trennt sich meist die Spreu vom

Weizen. Wenn mit Sätzen wie »Sightings 100 % guaranteed« geworben wird, ahnt man schnell, wer sich an Gesetze und Vorschriften hält und wer nicht. Und wenn ein Unternehmer sich nicht an die Vorschriften hält, sollte man den Mut haben, ihn anzuzeigen, egal ob bei der Polizei oder Umweltschutz-Organisationen wie WDC, Ocean Care oder Greenpeace. Das ist das Mindeste, was man für den Schutz der Tiere tun kann.

Neben den Waljägern gibt es in Norwegen mittlerweile auch Schiffsbesitzer, die kapiert haben, dass sie mit Whale Watching sehr viel mehr Geld verdienen als mit Whaling. Sie haben ihre Harpunen abgebaut, ein Bordrestaurant eingerichtet und bieten relativ komfortable Wal-Touren an, solange der Seegang nicht zu wild ist. Ich habe auf einer solchen Tour einmal bei starkem Seegang gedreht, und das gesamte zahlende Publikum war seekrank. Man übergab sich in Tüten, hing über der Reling oder lag mit grünlicher Gesichtsfarbe unter Deck.

Ähnlich wie auf den Azoren kann man in Norwegen gut Pottwale beobachten. Nach derzeitigem Wissensstand gibt es kein Säugetier auf der Welt, das tiefer tauchen kann. Wenn sie nach ihrer Jagd auf Riesenkraken aus bis zu 3000 Metern Tiefe auftauchen, um Luft zu holen, sind sie so erschöpft, dass sie sich anders als andere Walarten bis zu 30 Minuten an der Wasseroberfläche tummeln. Auch scheinen ihnen die Whale-Watching-Boote ziemlich egal zu sein, oft lassen sie sich auf diese zutreiben, während sie wieder zu Atem kommen.

Auch Whale-Watching-Touren mögen fragwürdig sein, insgesamt bedeuten sie aber definitiv weniger Stress für die Meeresriesen als die Jagd mit Harpunen.

KAPITEL 6

Feuerfische –
Vom Haustier zur invasiven Art

Oh glücklich, wer noch hoffen kann
Aus diesem Meer des Irrtums aufzutauchen!
Was man nicht weiß, das eben brauchte man,
Und was man weiß, kann man nicht brauchen.

Aus »Faust. Der Tragödie erster Teil«
von Johann Wolfgang von Goethe

INA KNOBLOCH

Fahrlässig verteilt der Mensch die Früchte der Natur über den Globus, ohne Rücksicht darauf zu nehmen, welche verheerenden Schäden eingeschleppte Arten anrichten können, und dann schaut der Mensch hilflos zu. Die tropische Killeralge *Caulerpa taxifolia* beispielsweise macht sich aktuell im Mittelmeer breit. Vermutlich wurde sie im Ballasttank von Schiffen eingeschleppt. Die Aga-Kröte aus Südamerika überschwemmt Australien und richtet verheerende Schäden an. Sie wurde auf dem fremden Kontinent als biologisches Schädlingsmittel ausgesetzt. Argentinische Ameisen bevölkern Küstenregionen von Italien bis Portugal; vermutlich haben Touristen sie unwissentlich eingeschleppt. Tierische und auch pflanzliche Invasoren erobern weltweit neue Lebensräume und sagen den ortsansässigen Lebewesen den

Kampf an, mit verheerenden Auswirkungen. Die Invasoren können ganze Lebensräume zerstören, vor allem auf Inseln und im Meer. Sie wurden versehentlich eingeschleppt oder absichtlich ausgesetzt, wie der Feuerfisch: vom Aquarium in die Karibik. Das Verlangen, exotische Tiere zu fangen und zu halten, hat die Menschen bereits in der Antike gepackt und damit unendlich vielen Tieren Leid zugefügt. Inzwischen wurde die Haltung exotischer Tiere zum Glück in vielen Ländern weitgehend verboten, aber Fischen und anderen aquatisch lebenden Tieren wird offensichtlich keine Leidensfähigkeit attestiert. Millionen von Menschen sind nämlich so fasziniert vom Meer, dass sie gleich ein Stück davon zu Hause haben wollen: im Aquarium. Geschätzte 300 Millionen Fische werden jährlich für Aquarien gezüchtet und verkauft. Abgesehen davon, dass die Fische und sonstigen Meerestiere oder Süßwasserbewohner in den Glaskästen oft nicht artgerecht gehalten werden, stammen zahlreiche Tiere zudem aus Wildfängen, wurden von Riffen gepflückt oder mit Netzen gefangen. Das ist in den meisten Ländern zwar verboten, wird aber nach wie vor praktiziert. Die durch Klimawandel, Versauerung, Fischerei und Tauchtouristen ohnehin schon geplagten und zum Teil zerstörten Riffe werden durch diese Jagd zusätzlich geschädigt.

Vor allem im Roten Meer litten die Unterwassergärten unter unkontrolliertem Rifftourismus. Das hat sich in den letzten Jahren grundlegend geändert, allerdings nicht aufgrund von Naturschutzmaßnahmen, sondern wegen der politischen Lage in Ägypten. Der Terror hatte den Tourismus viele Jahre stark beeinträchtigt, und damit war auch der Tauchtourismus zurückgegangen. Tragisch für die Wirtschaft des Landes, aber gut für die Riffe, die sich teilweise viel schneller als erwartet regenerierten. Jetzt wird sich zeigen, was die Verantwortlichen aus dem Tourismus-Desaster gelernt haben, denn die Besucherzahlen nehmen wieder deutlich zu, und nur neue, strengere Gesetze können das Rote Meer schützen. An Appelle alleine halten sich leider weder die Veranstalter noch die Touristen.

Viel wirkungsvoller, aber nicht unbedingt besser als Appelle sind emotionale Geschichten über die Ausbeutung der Meere. Das war auch die Idee der Macher des Hollywood-Blockbusters »Findet Nemo« aus dem Jahr 2003. Der Film erzählt die Odyssee des Clownfisch-Jungen Nemo, der gefangen wird und in einem Aquarium landet. Von dort büxt der kleine Fisch über die Toilette aus und landet im Hafen von Sydney. Dort beginnt seine Reise auf der Suche nach seinem Zuhause, die nach einem großen Abenteuer glücklich endet. Eine bewegende, kindgerechte Erzählung, die Millionen ins Kino lockte – und leider aber auch dazu führte, dass massenweise kleine Aquarianer ihre Fische ins Klo oder sonstige Gewässer kippten.

Vom Kinderfilm zur Umweltkatastrophe

Kurz bevor der Film in die Kinos kam, war ich mit meinen Kindern in den Ferien in Océanopolis, dem großen Ozean-Museum und Aquarium im französischen Brest, in der Bretagne. Die Wissenschaftler des Museums hatten die Filmemacher fachlich beraten und größten Wert auf biologische Authentizität gelegt. An den psychologischen Effekt hatte wohl keiner der Forscher oder Filmemacher gedacht. Ich bin sicher, wenn wir ein Aquarium gehabt hätten, meine Kinder hätten die Fische auch aus lauter Mitleid befreien wollen.

Was ehrenvoll klingt, endet fast immer in einer Katastrophe, entweder für die ausgesetzten Fische oder für das Biotop, in das sie entlassen werden. Exotische Fische in der Klospülung überleben kaum den Weg über die Abflussrohre. Zum einen sind die Exoten meist Salzwasserfische und vertragen die Reise durch die Kloaken schon aus diesem Grund nicht, auch setzt der Dreck aus den Abwässern ihnen zu. Zum anderen hindern, zumindest hierzulande, Kläranlagen Fische am Freigang. In der ersten Reinigungsstufe einer Kläranlage werden zunächst die größeren, groben Teile, die in einem Ausguss oder einer Toilettenspülung zwar nichts zu suchen haben, aber massenhaft dort landen, vollautomatisch aussortiert und herausgefiltert. Es ist kaum zu glauben, was die Leute so alles ins Klo schmeißen. In den Anlagen kommt eigentlich alles an, was man sich vorstellen kann – zumindest das, was das Klo nicht gleich verstopft: jegliche Art von Müll, sogar Klamotten, alles, was mal schnell verschwinden soll, und eben auch Aquarienfische, die anders als im Film kaum eine Chance haben, diese Reise zu überstehen.

Das haben sich auch einige junge Aquarienbesitzer gedacht und wollten ihren Schützlingen den Weg durch die Kloschüssel ersparen. Sie kippten sie direkt ins Meer. Diese »Befreiung« haben viele Aquarienbewohner dann auch tatsächlich überlebt – zunächst. Was wie ein Happy End klingt, führte allerdings zu weiteren Katastrophen: Dort, wo die Fische nicht heimisch waren, hatten sie entweder keine Überlebenschance oder sie eroberten sich neue Lebensräume, vermehrten sich so prächtig, dass sie ganze Küstenabschnitte leer fraßen und Ökosysteme zerstörten – so wie der Feuerfisch.

Obwohl alle Meere der Welt miteinander verbunden sind, haben sich im Laufe der Evolution zahlreiche spezialisierte Lebensräume entwickelt, in denen Arten heimisch sind, die in anderen Meeren nicht vorkommen, auch wenn die Lebensbedingungen dort ähnlich sind. Nemo, der Clownfisch aus dem Film, ist so ein Fischchen, das nur im Great Barrier Reef und einigen nahegelegenen Riffen lebt und auf die Anemonen dort angewiesen ist.

Trickreiche Clownfische

Die schlechte Nachricht für alle Nemo-Fans, die ihren Clownfisch vor lauter Liebe in die Karibik oder sonstige Gewässer außerhalb seines natürlichen Lebensraums gekippt haben, ist, dass er dort wahrscheinlich ziemlich schnell gefressen wurde. Denn diese niedlichen orange-weiß gestreiften, handtellergroßen Fischchen sind ziemlich schlechte Schwimmer und in ihrem ganzen Leben noch keinem Angreifer davongeschwommen, auch ihre Vorfahren nicht. Das liegt nicht an der Aquarienhaltung, sondern an der raffinierten Lebensweise dieser Tiere.

Clownfische leben in ihrer natürlichen Umgebung in Symbiose mit Seeanemonen (weshalb sie auch Anemonenfische heißen). Bei einer symbiotischen Beziehung haben immer beide Partner der Lebensgemeinschaft etwas davon, können ohneeinander meist nicht überleben und fördern aktiv das Zusammenleben. Bei der Partnerschaft zwischen Clownfisch und Anemone geht es um die gemeinsame Verteidigung gegen Fressfeinde.

Anders als der Name suggeriert, sind Seeanemonen keine Pflanzen, sondern ebenfalls Tiere und keinesfalls Vegetarier, sondern ernähren sich von kleinen Fischen. Clownfische aber fressen sie nicht, sondern beschützen sie. Das hat einen einfachen Grund: Anemonen stehen auf dem Speiseplan einiger Meeresbewohner, und Clownfische helfen ihren Wirten bei der Verteidigung gegen diese Feinde. Das »weiß« die Anemone und hilft umgekehrt auch den Clownfischen. Ohne sie wären diese Fische selbst in ihrer natürlichen Heimat eine leichte Beute für zahlreiche Fressfeinde, aber zwischen den Tentakeln der Anemonen sind sie sicher vor Angreifern. Denn die haben giftige Nesseln und können durchaus tödlich für manche hungrige Fressfeinde sein, die doch einmal versuchen, einen Happen abzubekommen. Einige Fische und Schnecken probieren trotz der Giftattacken immer wieder, die Anemonen anzuknabbern. Aber sobald sich diese den Tentakeln nähern, greift die Clownfisch-Armee an und treibt die Angreifer in die Flucht.

Da diese Fische keine guten Schwimmer sind, entfernen sie sich höchstens wenige Meter von ihrem Heim und kehren dann rasch zu ihrem Wirt zurück. Essen bekommen sie quasi frei Haus geliefert: Im Gegensatz zu ihrem fischfressenden Wirt ernähren sich Clownfische überwiegend vegetarisch und begnügen sich mit Plankton, das auch zwischen den Tentakeln der Anemonen herumtreibt. Mit ihren Exkrementen versorgen sie ihren Wirt dann sogar noch mit Nährstoffen.

In ihrem natürlichen Lebensraum, dem Riff, sind Clownfische nie ohne ihre Wirtsanemone anzutreffen. Auch die Nacht verbringen sie tief eingekuschelt in ihrem Anemonen-Nest. Was für andere Tiere tödlich sein kann, ist für den Clownfisch eine exklusive Schutzburg. Die Feinde der kleinen gestreiften Fischchen trauen sich nicht, ihnen tief in den mit Nesselkapseln bewehrten Tentakelwald zu folgen.

Dafür, dass sie selbst nicht zum Opfer der Nesselangriffe werden, müssen sie sich bei den Anemonen zunächst regelrecht anschleimen, und zwar quasi schon als Kleinkinder. Der Kreißsaal der Clownfische liegt meist am Fuße des elterlichen Wirts, die Weibchen laichen stets in unmittelbarer Nähe ihrer Anemone. Anders als im Film »Findet Nemo« kümmern sich die Eltern dann allerdings keinesfalls mehr um den Nachwuchs. Die befruchteten Eier werden ihrem Schicksal überlassen. Die Strömung nimmt die frischgeschlüpften Larven mit und treibt sie durchs Meer. Sie driften so lange frei im Wasser, bis sie sich aktiv als Jungfische eine Anemone suchen können, was nur den wenigsten gelingt: Die meisten enden als Fischfutter. Doch auch das gehört zur evolutionären Entwicklung. Clownfische produzieren Unmengen von Nachwuchs, viel mehr, als es Anemonen gibt, wo sie unterschlupfen könnten.

Wenn sie es dann geschafft und eine freie Anemone gefunden haben, müssen sie erst einmal die »Freundschaft« der Anemone erwerben. Dafür reiben sie sich vorsichtig und wiederholt an den schleimigen Tentakeln und erhalten dadurch eine Art Signatur, an der sie ihr Wirt sofort erkennen kann. So wird verhindert, dass er die verbündeten Fische versehentlich mit Nesseln beschießt. Dieses schleimige Tentakel-Bad muss der Clownfisch häufig wiederholen, um seinen Schutz aufrechtzuerhalten. Wird er von seiner Anemone getrennt, verliert er seinen Schutzstatus und muss mit dem Aufnahme-Ritual von vorne beginnen. Das passiert allerdings nur, wenn Menschen ihn jagen oder Fressfeinde ihm den Rückweg von seinen kurzen Ausflügen versperren.

Clownfisch-Gender

Was die Filmemacher auch völlig verschwiegen haben, ist die interessante Tatsache, dass bei den Clownfischen die Mädels die

Hosen anhaben und ein ganzes Stück größer als die Jungs werden. In manchen Anemonen leben die Clownfische als Pärchen, und in anderen halten sich die Weibchen einen ganzen Harem an männlichen Clownfischen. Stirbt das Weibchen, dann verwandelt sich das größte Männchen in ein Weibchen. Das gilt sowohl für die »echten« als auch für die »falschen« Clownfische. Wobei echt und falsch bei Clownfischen und Wildtieren generell völlig dämliche Bezeichnungen sind. Optisch unterscheiden sich die beiden Arten kaum, haben sich aber ihre Lebensräume und damit die »Wirtshäuser« streng aufgeteilt. Der »echte« Clownfisch ist im Barrier Reef und Umgebung zu Hause und der »falsche« Clownfisch in den Riffen Südostasiens. »Findet Nemo«, der Film, der den Kindern den Ozean näher bringen wollte, hat beide Arten in Gefahr gebracht, auch wenn er »nur« auf den »echten« Clownfisch anspielt. Denn Zierfische sind die beliebtesten Haustiere weltweit, und der Film hat nicht nur eine Welle der Freilassung von Aquarienfischen ausgelöst, sondern auch den Handel mit Wildtieren, vor allem mit Clownfischen, angefeuert. Der enorme Bedarf kann mit Nachzuchten nicht gedeckt werden. Fatal ist, dass Wildfänge, vor allem aus Entwicklungsländern, meist deutlich billiger zu haben sind als Zuchttiere. Zertifikate werden anschließend gefälscht, und schon können die Tiere legal gehandelt werden. Viele Aquarienbesitzer haben keine Ahnung, welche Spur der Verwüstung der Handel mit ihren Aquarienbewohnern hinterlassen hat.

Fische – der Deutschen liebste Haustiere

Allein in deutschen Haushalten schwimmen geschätzte 80 Millionen Wasserwesen in Glaskästen; damit ist der Fisch des Deutschen liebstes Haustier. In Südostasien werden dafür ganze Riffe gesprengt, meist mit Cyanid. Zahlreiche Riffbewohner sterben direkt bei der Sprengung. Die anderen verlassen betäubt und desorientiert ihre schützende Heimat und können dann ganz leicht von den Fischern eingesammelt werden. Mehr als die Hälfte überlebt den Transport dann nicht. Die andere Hälfte

verkaufen die Fischer für ein paar Cent pro Fisch an Zwischen-
händler, die riesige Gewinne einstreichen.

»Nemo« schwebt eindeutig in Gefahr, aber in einer noch ganz
anderen, als die Filmemacher inszeniert hatten. Neben der aktiven brutalen Bejagung der Tiere zerstört die menschengemachte
Klimaerwärmung mehr und mehr die Lebensräume der Clownfische. Ich habe schon erwähnt, dass mehr als die Hälfte des Great
Barrier Reefs von der Korallenbleiche betroffen ist, das Riff stirbt
langsam ab. An anderen Stellen haben sich die Korallen zwar wieder regeneriert, aber lange nicht in dem Maß, wie sie bleichen.

In Aquarien ohne Fressfeinde können Clownfische auch ohne
Riffe und ihren schützenden Anemonen-Wirt überleben. Aus
dem Aquarium in die Wildnis gekippt, werden sie kaum den
nächsten Tag erleben. Aber das ist auch eine gute Nachricht,
denn Clownfische werden ganz sicher nirgends Lebensräume
als eingeschleppte Invasoren vernichten. Ganz im Gegensatz zu
dem ebenfalls wunderschön gestreiften Löwen- oder Feuerfisch,
den das gleiche Schicksal ereilt hatte wie den Clownfisch. Auch
dieser attraktive Meeresbewohner lebt in Riffen im indopazifischen Raum und gehört zu den Opfern der Zierfischjäger. Er ist
vor allem wegen seiner gefächerten Flossen ein sehr beliebter
Aquarienfisch. Auch diesen attraktiven Meeresbewohnern hat
die »Free-Nemo-Welle« (wie ich die Aquariumfischbefreiung
nach dem Film nenne) zur Freiheit verholfen, denn sie wurden
ebenfalls als Haustiere gehalten und aus ihren Gefängnissen befreit. Doch während sie in ihrer natürlichen Heimat durch genau die gleichen Faktoren bedroht werden wie der Clownfisch,
konnte der Feuerfisch sich in der neuen Umgebung explosionsartig vermehren. Anders als der Clownfisch kann sich der Feuerfisch nämlich durchaus selbst verteidigen. Die eleganten, an
Federn oder Haare erinnernden Segmente, die das Tier umgeben wie eine Mähne, verbergen die stacheligen Strahlen seiner
Rückenflosse, und die enthalten ein starkes Gift. Damit können
sich die rot-weiß gestreiften Feuerfische sehr effektiv vor hung-
rigen Angreifern schützen.

Giftige Schönheiten

Auch bei Menschen führt das Gift zu üblen Symptomen: Übelkeit, Erbrechen, Kopfschmerzen, Rötungen und Bewusstseinsstörungen. Doch die Feuerfische sind nicht aggressiv, sie sind eher neugierig, schwimmen auf Taucher zu, beäugen sie interessiert und verschwinden dann wieder. Das Gift dient nur der Gegenwehr. Die meisten Verletzungen durch Feuerfische ziehen sich Aquarianer zu.

Im wahrsten Sinne gut gewappnet, haben die freigelassenen Feuerfische in der Karibik und vor der Küste von Florida ein neues zuhause gefunden. In den warmen Gewässern fühlen sie sich pudelwohl, und in den Riffen finden sie auch reichlich Nahrung: Krebse und kleine Fische, eigentlich alles, was in ihr Mäulchen passt. Nachts gehen sie auf Jagd, treiben ihre Beute zunächst mit ihren Brustflossen vor sich her und saugen sie dann mit einer blitzschnellen Schnappbewegung ein. Aber in ihrem neuen Lebensraum landen die giftigen Feuerfischchen bei keinem anderen Tier selbst auf dem Speiseplan.

Den ausgesetzten Tieren geht es in der Karibik so gut, dass sie sich vermehren wie die Karnickel. Forscher konnten mithilfe von Genanalysen inzwischen nachweisen, dass es ursprünglich wohl nur ein Dutzend Feuerfische waren, die von Aquarianern ausgesetzt wurden. Inzwischen gibt es Regionen in der Karibik, in denen sich auf einem Hektar 400 Feuerfische tummeln, und es werden immer mehr, während die anderen Riffbewohner immer weniger werden. Der Rotfeuerfisch hat in seinem neuen Lebensraum keinerlei Feinde. Forscher haben festgestellt, dass er innerhalb weniger Wochen bis zu 79 Prozent der Jungfische eines Riffs frisst. In dem Schlaraffenland für Feuerfische werden aber nicht ewig Milch und Honig fließen. Laut Hochrechnungen wird der Vielfraß in den nächsten zehn Jahren ein Zehntel der karibischen Riffe nicht nur leergefressen, sondern gleich ganz zerstört haben. Denn unter seinen zahlreichen Beutetieren sind auch einige, die die Korallen dringend zum Überleben benötigen, mit denen sie in einer engen Symbiose leben. Beispielsweise Fische, die auf Korallen äsen wie Kühe auf der Weide. Diese Fische ernähren sich von den Algen, die auf den Korallen wachsen. Aber wenn der Feuerfisch diese Symbionten vertilgt, werden die Korallen an den Algen ersticken, ganz ohne Versauerung und Klimaerwärmung, die den Riffen ebenfalls zusetzen. Aus ein paar freigelassenen Aquarienfischen ist eine echte Plage geworden, der niemand mehr Herr wird. Bis vor zehn Jahren wusste kaum jemand überhaupt etwas über Rotfeuerfische, bis auf ein paar Aquarianer, die sich nur für die Haltung der Tiere interessierten. Erst als sich die Nachkommen der freigelassenen Exemplare als bedrohliche Invasoren in der Karibik ausbreiteten, fing die Wissenschaft an, sich für diese Tiere zu interessieren, vor allem dafür, wie man sie wieder loswerden könnte – und ob sich die Lebensräume dann wieder regenerieren würden. Dafür kartierten Forscher auf den Bahamas Riffabschnitte und engagierten professionelle Taucher, die die Eindringlinge dort entfernen sollten. Wie erwartet, erholten sich die Riffe in den Abschnitten, aus denen die Invasoren immer wieder entfernt wurden.

Vom Haustier zur Plage

In Florida rief eine Organisation sogar zu einem Feuerfisch-Jagdwettbewerb auf. Wissenschaftler zählten die Feuerfischpopulationen an Dutzenden Stellen rund um Florida und die Bahamas vor und nach dem Wettbewerb. Tatsächlich hatten die freiwilligen Jäger mehr als die Hälfte der Feuerfische in der Region erledigen können, aber kein halbes Jahr später hatten die Tiere die Riffe zurückerobert. Eine Lösung ist nicht in Sicht, obwohl es zahlreiche Projekte und Ideen gibt. An einigen Riffen wird mit mäßigem Erfolg versucht, Haie darauf zu trainieren, Feuerfische zu fressen. Dafür werden die Haie mit aufgespießten Fischen gelockt. Eine Aktion, die auch nach hinten losgehen kann. Überall dort, wo Wildtiere gefüttert werden, verlieren diese irgendwann ihre natürliche Scheu vor Menschen und werden dann auch schnell aggressiv, wenn sie nicht gefüttert werden. Und einem wütenden Hai möchte niemand begegnen.

In Belize versucht eine Umweltschutz-Organisation, die heimischen Fischer und Gastronomen von Feuerfisch als Speisefisch zu überzeugen, denn bislang machten beide einen großen Bogen um den Exoten. Doch das Fleisch des Rotfeuerfischs ist in der Tat äußerst delikat und sobald die giftigen Stacheln entfernt sind, besteht auch keine Gefahr mehr. Der Wettbewerb und das ambitionierte Restaurant-Projekt sind wahrscheinlich die erfolgversprechendsten Methoden, den unfreiwilligen Einwanderer einigermaßen in Schach zu halten. Bewohner der Karibik wird er aber wohl für immer bleiben, und solange er keinen natürlichen Feind dort hat, bleibt er wohl auch ein Problemfisch. Wenigstens kam noch keiner auf die Idee, den natürlichen Feind des Feuerfischs zu suchen und ihn auch noch in der Karibik auszusetzen. Denn anders als viele behaupten, hat der Feuerfisch durchaus einen furchterregenden Feind. Alles andere wäre auch evolutionärer Unfug: Kein Wesen produziert ein so effektives Abwehrsystem wie der Feuerfisch, wenn er gar keinen Angriff zu befürchten hat. Das wäre so, als würde man sein Haus mit allerlei Alarm- und Abwehrsystemen ausstatten, in einer Gegend, in der es niemals Einbrüche gegeben hat. Der Fressfeind des Feuerfischs ist der Bobbitwurm, und der macht jedem Wesen aus einem Horrorfilm Konkurrenz.

Dieser Borstenwurm kann im indopazifischen Raum bis zu drei Meter lang werden und lauert eingegraben im Sand, am Grund der Riffe, auf seine Opfer. Nachts geht er auf Jagd, schnellt blitzschnell aus seinem Versteck und packt seine Beute. Mit seinen messerscharfen Zangen kann er seinen Fang blitzschnell in zwei Stücke zerschneiden, oder er trennt ihm ein riesiges Stück Fleisch aus dem Leib. Gleichzeitig injiziert das Wurmmonster seinem Opfer auch noch ein lähmendes Gift.

Zwar ist dieser Borstenwurm in allen Meeren der Welt zu Hause, aber wahrscheinlich hat er sich in der indopazifischen Heimat des Feuerfischs auf diesen Leckerbissen spezialisiert; außerdem ist er dort besonders groß. Genau wie der Feuerfisch geht er überwiegend nachts auf die Suche nach Beute. Der jagende Feuerfisch wird dann selbst zum Gejagten. Jedenfalls ist er in seiner Heimat längst nicht so verbreitet wie in der Karibik, die er gerade erfolgreich erobert. Und der Wurm scheint im Indopazifik auch ganz besonders aggressiv zu sein. Denn nur dort konnte beobachtet werden, dass sich verschiedene Fische zusammenrotten, um ihn mit gemeinsamem Spucken und Wedeln wieder in seine Höhle zurückzuscheuchen.

Das »Penis-Monster« aus der Tiefe

Auch der Name des Raubtiers, Bobbitwurm, ist nur oberflächlich gesehen lustig und verweist in Wahrheit auf einen spektakulären, tragischen und auch brutalen Fall der US-amerikanischen Kriminalgeschichte: Lorena Bobbit, die jahrelang von ihrem Mann vergewaltigt und misshandelt worden war, schnitt ihrem Gatten 1993 den Penis im Tiefschlaf ab. Das Glied warf sie in eine Böschung, verständigte dann aber doch den Notruf und verriet auch den Ort, wo sie das Geschlechtsteil entsorgt hatte. Der Mann konnte wieder zusammengeflickt werden und soll später noch weitere Frauen schikaniert haben. Die Täterin wurde nach einem langen Prozess freigesprochen und musste sich in psychiatrische Behandlung begeben.

Nicht nur in den USA schlug der Fall hohe Wellen, weltweit wurde der Prozess von den Medien begleitet. 1996 inspirierte er den Meeresbiologen Dr. Terry Gosliner, den Borstenwurm in seinem Buch über die Riff-Bewohner im Indopazifik »Bobbitwurm« zu nennen. Der Name ist dem Meeres-Monster geblieben. Wobei »Monster« eine völlig ungerechtfertigte Bezeichnung ist, für ein Tier, das nicht nur den Feuerfisch in Schach hält, sondern auch den Meeresboden durch seine Verdauung mit Nährstoffen anreichert.

Bereits im 18. Jahrhundert dachten die Entdecker des Wurms an einen abgeschnittenen Penis und verliehen ihm den wissenschaftlichen Namen *Eunice aphroditois*. Das klingt auch zunächst harmlos, bei einem genaueren Blick in die griechische Mythologie, hört es sich aber schon nicht mehr so nett an. Der Gattungsname Eunice verweist auf die griechische Nymphe Euneike, die den jungen Hylas in die Tiefe zog. Viel interessanter ist aber der Artname *aphroditois*, denn damit kann kaum die Schönheit der griechischen Göttin Aphrodite gemeint sein. Der Begriff spielt eher auf ihre Herkunft an. Sie entstand aus Blut und Sperma des Uranos, dessen Sohn Kronos den Vater auf Geheiß seiner Mutter Gaia mit einer Sichel entmannte, das Gemächt warf er anschließend ins Meer.

Ina und der Hai – Der Feuerfisch

Auch in der polynesischen Sage begegnete Ina nicht nur dem Feuerfisch:

Gestärkt durch die nahrhafte Walmilch folgte Ina der Feuerfisch-Dame Fiona mit Leichtigkeit zum nächsten Riff. Dort wollte Fiona ihre Freunde nach der schwimmenden Insel fragen. Doch der Ausflug war ziemlich frustrierend, jeder wusste irgendetwas und zeigte dennoch stets in eine andere Richtung. Es dämmert bereits, und Ina wollte sich schon für die Nacht an den nahe gelegenen Strand zurückziehen, als der Meeresboden sich plötzlich öffnete und ein riesiger Wurm herausschoss. Was danach passierte, bekam Ina nicht mehr mit. Wie aus dem Nichts tauchte ein gigantischer schwarzer Flügel auf, hob das Mädchen in die Höhe und warf es, so sanft es ging, auf seinen Rücken. Es war Rita, die Rochendame, die Ina vor dem Borstenwurm gerettet hatte. Was aus Fiona wurde, konnte Ina nicht mehr in Erfahrung bringen. Alle Meeresbewohner, die sie auf ihrer Reise nach dem Feuerfisch-Mädchen befragte, schwiegen betroffen, auch Rita sagte nichts, sondern ballte nur ihre Flügelspitzen, wenn Ina auf das Thema zu sprechen kam.

Man kann tatsächlich Mitleid mit dem armen Penis-Wurm bekommen, an dem wirklich kein gutes Haar gelassen wird. Und ich hoffe, dass niemand auf die Idee kommt, ihn in die Karibik zu verfrachten und auf den Feuerfisch anzusetzen, denn dort wird er mit Sicherheit noch mehr Unheil anrichten als der Feuerfisch alleine.

Das Problem mit invasiven Arten, egal ob menschlicher oder tierischer Herkunft, gibt es, seit der Mensch auf Wanderung geht. Auch wenn Nationalisten, Populisten, Rechtskonservative und fremdenfeindlich Gesinnte es nicht wahrhaben wollen: Die Menschheitsgeschichte ist von Anfang an immer auch die Geschichte einer permanenten und endlosen Völkerwanderung. Und wenn der Mensch auf Wanderung geht, bringt er entweder Tiere mit, oder sie folgen ihm, ob er will oder nicht.

Wie die Karnickel in Australien
Australien dürfte eines der besten Beispiele für Invasoren sein, die einen Kontinent und seine Fauna radikal verändern können. Zunächst landete der britische Entdecker und Expeditionsleiter Captain James Cook im 18. Jahrhundert nahe dem heutigen Sydney und leitete damit das Ende der ältesten bekannten menschlichen Kultur der Erde ein, der der Aborigines. Sie brachten eine bis dahin in Down Under unbekannte Tierart mit: das Kaninchen. Das kann nicht nur rasend schnell kopulieren, sondern sich auch genauso schnell und geradezu massenhaft vermehren. Außerdem setzten Cook und seine Nachfolger auf den Inseln des Great Barrier Reef Ziegen und anderes essbares Getier aus, als Nahrung für spätere Expeditionen oder für den Fall, dass eine Crew einmal schiffbrüchig werden sollte und auf einer der 1000 Inseln ausharren und überleben musste. Diese aus Europa importierten Tiere veränderten aber den gesamten Kontinent, zum Teil mit katastrophalen Folgen. Die Ausbreitung der Wüsten, das Ausdörren und die Erosion von zuvor fruchtbaren Böden, hat hauptsächlich damit zu tun, dass das Millionen Jahre alte natürliche Gleichgewicht gestört wurde. Die Karnickel fraßen große Teile des Kontinents kahl. Noch bis in die erste Hälfte des 20. Jahrhunderts versuchte man, der Plage mit sogenannten »rabbit-proof fences« Herr zu werden. Diese Tausende von Kilometern langen, engmaschigen Drahtzäune, im Fachhandel

als »Kaninchendraht« bezeichnet, wurden per Hand quer durch den gesamten Kontinent gezogen und mit Holzpfählen befestigt. Die Karnickel waren wenig beeindruckt, sie vermehrten sich aufgrund mangelnder natürlicher Feinde munter weiter, bis die australische Regierung begann, ähnlich wie später beim roten Känguru, den millionenfachen Abschuss zu organisieren. Ende der 1990er-Jahre lernte ich einmal einen von der Regierung beauftragten Jäger kennen. Er nannte sich förmlich »Government Shooter« und sah aus wie die untersetzte Variante von Crocodile Dundee. Sein persönlicher Rekord läge bei 2000 abgeschossenen Kängurus an einem Tag, berichtete er. Und dass sein größtes logistisches Problem bei der Arbeit sei, im heißen Busch die Sixpacks von Victoria-Bitter-Büchsenbier zu kühlen.

Weil der Mensch bekanntlich an Geschichts-Amnesie leidet und sich bis heute, im Zeitalter von Wikipedia und Google, weigert, aus seiner Geschichte zu lernen, wiederholten auch die Australier ihre anfänglichen Fehler immer wieder. Ein besonders krasses Beispiel lieferten die Besitzer von Zuckerrohr-Plantagen im tropischen Nordosten des Landes, in Queensland, noch im späten 20. Jahrhundert: Ein kleines Insekt, vom Menschen gern Schädling genannt, vernichtete Teile der Zuckerrohr-Ernte, und es gab kein Insektizid, das gegen den kleinen Käfer half. Dann aber hatten die Plantagenbesitzer eine Idee, die sie für natürlich und nachhaltig hielten. Von Kollegen in Brasilien hatten sie erfahren, dass es dort eine Kröten-Art gibt, die ihren Zuckerschädling gerne frisst und die Pflanzen so von ihm befreit. Man importierte also große Mengen der Kröten von Brasilien nach Queensland und setzte sie in den Zuckerplantagen aus. Leider wurde übersehen, dass diese Kröte zum Selbstschutz eine überaus potente Giftdrüse besitzt, die für jeden Angreifer, ob Raubvogel, Schlange, Nager oder Kleinsäuger, tödlich ist. Da aber diese alteingesessenen Raubtiere den importierten Schädlings-Vernichter mitsamt seiner Giftdrüse nicht kannten, fraßen sie ihn mit Begeisterung – und verendeten. Heute wird in Queensland so gut wie kein Zuckerrohr mehr angebaut, und die Kröten haben sich mangels natürlicher Feinde zur Plage entwickelt. Ich habe Queenslander kennengelernt, die, sobald Kröten die Straße überqueren, mit ihrem Auto so lange hin- und herrangieren, bis alle Kröten zerquetscht sind und der Asphalt sich in eine Rutschbahn verwandelt hat. Ein besonders »kreativer« Mann aus Townsville, der gern Golf spielte, hielt bei jeder Krötenwanderung an, holte seinen Golfschläger aus dem Kofferraum und benutzte die Kröten anschließend als Golfbälle. Er erklärte mir, dass er dasselbe mit streunenden Katzen mache, die seien schließlich noch so eine »fucking nuisance« (fiese Belästigung), die man nie hätte einschleppen dürfen. Von dem fragwürdigen Umgang mit den Tieren abgesehen, zeigten diese Beispiele jedoch das Ausmaß dieser Plagen.

Die Öko-Balance der nördlichen australischen Ostküste ist also ähnlich wie bei den Meeresschildkröten und Quallen dauerhaft gestört. Jetzt ist der Tourismus dort die wichtigste Einnahmequelle, zumindest solange das Reef nicht restlos der Korallenbleiche zum Opfer gefallen ist und man die letzten Schnorchler und Taucher noch zur Kasse bitten kann. Es gibt derzeit kaum eine wohlhabende Industrienation mit einer schlechteren, kurzsichtigeren und alles dem schnellen Profit opfernden Umweltpolitik. Nirgendwo auf der Welt ist das Artensterben schneller und weiter fortgeschritten als im Work & Travel-Paradies Australien. Im Bundesstaat Western Australia (WA) wurde der Abschuss von Haien per Schusswaffe von Booten aus genehmigt, wenn die Tiere sich in die Nähe von Surfspots und Badestränden verirrten. Im Süden des Great Barrier Reef, immerhin UNESCO-Weltnaturerbe, wurde ein großer neuer Kohlehafen genehmigt. Die weltweite Empörung wurde mit australischem Selbstbewusstsein ignoriert. Der aktuelle Premierminister Scott Morrison hat für grünen Widerstand und Demonstrationen gegen diese Politik einen neuen Ausdruck geprägt: »Green Collar Crime«, in Anlehnung an das »White Collar Crime« der Wallstreet-Banker und Wirtschaftskriminellen. Umweltschützer sind in den Augen der konservativen Regierung also schlicht Krimi-

nelle. Von Australiens ignoranter Umweltpolitik könnte selbst
ein Donald Trump noch lernen.

Klima als Treibkraft

Eine mindestens so gefährliche, aber jüngere und unberechen-
barere Form der Invasion als die direkt von Menschen initiierte
ist die klimabedingte. Plötzlich hört man mitten in Deutschland
Papageien-Gekreische. Plötzlich können Fische aus der Karibik
über den Atlantik in die Nordsee einwandern. Noch vor 20 Jahren hätten sie aufgrund der Temperaturen nicht überlebt. Klimawandel und Erderwärmung fördern diese Invasionen in immer
schnellerem Tempo. Das gilt sowohl für Tiere wie für Pflanzen.
Wenn die Anopheles-Mücke, die in Afrika Malaria überträgt,
aufgrund ansteigender Temperaturen immer weiter nach Norden zieht und über das Mittelmeer nach Südspanien einwandert,
dann wird es gefährlich. Wenn Karibus, auch als Rentiere bekannt, aus dem nördlichen Kanada immer weiter nach Norden
ziehen und dort plötzlich auf ausgehungerte Eisbären treffen,
ebenfalls – zumindest für das Karibu. Ein britischer Kameramann hat schon 2012 einen Eisbären gefilmt, der an Land versuchte, ein Karibu zu jagen. Der Paarhufer, der früher fast 1000
Kilometer weiter südlich graste, hat es neuerdings mit dem größten Landraubtier der Welt zu tun. Das hat sich bis jetzt etwa
200000 Jahre lang auf dem arktischen Eis von Ringelrobben ernährt. Weil aber das Eis immer weiter und schneller schmilzt und
die Robbenbestände aufgrund der Überfischung immer weiter
zurückgehen, sind Eisbären gezwungen, nach Nahrung zu suchen,
die bisher nicht auf ihrem Speisezettel stand. Ansonsten verhungern sie. Ihre Bestände sind bereits deutlich zurückgegangen.
   Auch der sogenannte »Brizzlie«, eine Hybrid-Spezies aus
Grizzly und Braunbär, ist ein Produkt der Erderwärmung: Jahrtausendelang lebten Grizzlys in nördlicheren Gefilden als Braun-
bären. Jetzt wandern Letztere aufgrund des verbesserten Nah-
rungsangebots immer weiter nach Norden und haben sich
vereinzelt schon mit Grizzlys gekreuzt.

Auch wenn der Klimawandel menschengemacht ist, so ist er doch Teil der evolutionären Entwicklung. Er wird zahllose Arten verschwinden lassen und einige neue entstehen lassen. Umweltpolitik, Natur- und Artenschutz versuchen seit mittlerweile einem halben Jahrhundert, die massiven Eingriffe des Menschen ins Ökosystem zu reparieren oder rückgängig zu machen. Manche dieser Anstrengungen sind erfolgreich, wie beim Rhein nach der Sandoz-Katastrophe, andere sind gut gemeint, aber zum Scheitern verurteilt, siehe Meeresschildkröten an der Ostküste Australiens.

Bei seinem Versuch, die Natur zu bändigen oder nutzbar zu machen, hat der Mensch die Ökobalance mittlerweile so gestört, dass es unmöglich scheint, die Folgeschäden rückgängig zu machen.

Ein gutes Beispiel sind die schon erwähnten Flussbegradigungen. Rhein, Main, Wupper, Elbe, Neckar, Donau werden zwar noch Flüsse genannt, in Wirklichkeit sind es kanalisierte Wasserstraßen, die immer häufiger unsere Städte überfluten. Appelle und Kampagnen, zumindest Teile zu renaturieren, verlaufen im Sand. Dabei zahlt sich jeder noch so kleine Versuch, Flüssen wieder ihren natürlichen Lauf zu lassen, sofort aus. Einige Abschnitte der Isar-Ufer beziehungsweise -Auen in der Nähe von München wurden in den vergangenen Jahren renaturiert, und schon kurze Zeit später fanden sich Fische, Vögel und Pflanzen ein, die dort jahrzehntelang nicht mehr gesichtet worden waren. Plötzlich gibt es keine Überschwemmungen mehr, die ursprüngliche Fauna erholt sich unglaublich schnell. Das Klügste, was wir gegen Überschwemmungen und Artensterben tun könnten, wäre, unsere Flüsse überall dort zu renaturieren, wo es noch machbar ist. Aber dazu bedürfte es einer engagierten Politik, der Kooperation der Agrar-Industrie und Unterstützung des Steuerzahlers. Es wäre ein Gewinn für alle: Bäume und Pflanzen, Insekten und Vögel, Lurche, Fische, Säugetiere und natürlich für uns Menschen auch: Fast jährlich verlieren die Anwohner von manchen Flüssen und den dazugehörigen Innenstädten ihr Hab und Gut. Versicherungen nennen das »höhere Gewalt« und verweigern Reparationszahlungen, sodass der Staat eingreifen muss. Es wäre weitsichtiger und vor allem sehr viel preiswerter, gegen die Hochwasser vorzubeugen, indem man Flüssen mehr Freiheit gibt und ihnen damit sprichwörtlich ihren »freien Lauf« lässt.

Nemos Erbe

Es ist nachvollziehbar, dass man seinem Aquariumsfisch die Freiheit schenken will, vor allem nachdem man den Film »Findet Nemo« gesehen hat. Ina hat bereits davon berichtet. Der Gedanke ist ja eigentlich sympathisch. Was haben Meeres- und Flussbewohner in kleinen Glasbehältern verloren? Aber die Besitzer exotischer Fische sollten wissen, was sie anrichten, wenn sie ihr Tier einfach im nächsten Gewässer aussetzen. Zoogeschäfte sollten die Käufer beim Verkauf eigentlich darüber informieren. Doch die sind offenbar weder gesetzlich dazu verpflichtet noch interessiert; möglicherweise sind sie dazu auch nicht in der Lage. Wir brauchen also eine strengere Gesetzgebung, was den Zoo- und Tierhandel betrifft. Das ist vor allem wichtig, wenn ein Tier im Internet gekauft wird. Schon die Idee, online mit Lebewesen zu handeln, ist absurd. Und wenn man einmal darüber nachdenkt, muss man sich auch fragen: Welche Tiere dürfen überhaupt verkauft werden? Welche Tiere darf man in Käfigen, Terrarien und Aquarien halten? Man kann hochgefährliche Schlangen wie schwarze Mambas oder Pythons völlig legal über das Internet bestellen, ganz gleich, ob man sich mit diesen Tieren auskennt oder nicht. Und es scheint mir erstaunlich oft zu passieren, dass sie dann ausbüchsen. Meist sind die Besitzer überfordert oder schlampig, vergessen den Terrariums-Deckel oder schließen ein Fenster nicht. Meist geht das als unterhaltsame Nachricht in der Rubrik »Vermischtes« durch die Tageszeitungen, in Wirklichkeit ist es ein sündhaftteures Drama: Polizei und Feuerwehr müssen ausrücken und die Tiere einfangen. Das kann manchmal tagelang dauern und kostet mehrere 100000 Euro. Die zahlt übrigens der Steuerzahler, nicht der Besitzer. Dann muss ein neues Heim für die Reptilien gefunden werden. Wenn Zoos keinen Platz haben, landen sie in privat finanzierten Auffang-Stationen, die in der Regel überfüllt, überfordert und unterfinanziert sind.

Auch hier wäre der Gesetzgeber gefragt. Es müssen dringend Regelungen her für Tierhaltung, -transport und -handel. Zoohandlungen sollten angehalten werden, ihre Kunden genauestens darüber zu informieren, was sie sich nach Hause holen, wie es gehalten und gepflegt werden muss. Sollte der Kunde, besonders bei exotischen Tieren, mit der Haltung überfordert sein, sollten die Händler sie zurücknehmen müssen. Der Verkauf von Tieren im Internet sollte komplett verboten werden.

Grundsätzlich stelle ich mir seit Jahren die Frage, warum Nachhaltigkeit und Umweltschutz nicht als Pflichtfächer ab der ersten Schulklasse eingeführt werden. Den Umgang mit der Natur kann man nicht früh genug lernen. Im Moment dürfen Biologielehrer, manchmal auch die Geografielehrer gelegentlich ein bisschen was zum Thema Nachhaltigkeit einfließen lassen. Das Thema findet im Unterricht, wenn überhaupt, nur am Rande statt.

Und warum wird Nachhaltigkeit nicht endlich im Grundgesetz verankert? Alles, was wir der Natur antun, tun wir ihr aus zwei Gründen an: Unwissenheit oder Gier. Gegen die menschliche Gier wird man wenig ausrichten können, aber gegen Unwissenheit kann man viel unternehmen. Und da sind nicht nur Staat und Regierung, Eltern und Lehrer, sondern auch wir Filme- und Medienmacher gefragt. Wissen ist bekanntlich Macht, und je mehr unsere Kinder wissen, desto mehr Macht haben sie über den Zustand und die Zukunft des Nestes, in dem sie leben. Fridays for Future ist ein mutiges, wichtiges Signal. Bleibt nur zu hoffen, dass es Bestand und Wirkung hat.

KAPITEL 7

Rochen – Wir zerstören,
was wir lieben

Ich höre des gärenden Schlammes
Geheimnisvollen Ton,
Einsames Vogelrufen –
So war es immer schon.

Aus »Meeresstrand« von Theodor Storm

INA KNOBLOCH

Sandstrände zählen zu den beliebtesten Urlaubszielen, doch der Mensch vermüllt diese Sehnsuchtsorte nicht nur, sondern beutet sie auch rigoros aus. Denn Sand ist einer der weltweit begehrtesten Rohstoffe, und er wird immer knapper. Darunter leiden auch die Rochen. Mehr als 600 Arten nutzen den Sand als Lebensraum, dazu gehören auch die sanften Riesen der Meere, die Mantelrochen, oft Manta Ray genannt.

»Wink mal, Manta«, würde in etwa die Übersetzung lauten, wenn ein Mantelrochen mit einem anderen kommunizieren möchte, denn das tun sie mit ihren riesigen flügelähnlichen Flossen. Die flachen Riesen mit dem großen Hirn erzeugen beim »Winken« Schwingungen mit ihren Flügelspitzen, die über das Wasser übertragen werden und von Artgenossen »gehört« werden. Viel mehr ist über die Kommunikation der Mantas noch nicht bekannt. Beobachtet wurde aber, dass sie zur Begrüßung mit den Kopfflossen wedeln, und die sind ganz schön beeindruckend. Mit einer Flügelspannbreite von sieben Metern kann der Riesen-Manta bis zu acht Meter lang werden. Noch bis vor Kurzem war das Wissen über Mantas noch ein großer weißer Fleck auf der Landkarte der Wissenschaften, deutlich größer als die weiße Bauchseite der Meeresgiganten. Von unten betrachtet sehen Mantelrochen ein wenig aus wie Hui Buh das Schlossgespenst, wenn es die Arme hebt und freundlich lächelt. Wer schon einmal unter einen Rochen getaucht ist und seine Bauchseite betrachtet hat, kennt das »Dauerlächeln« dieser intelligenten Fische. Damit wollen sie vielleicht signalisieren, wie harmlos sie sind, ganz im Gegensatz dazu, wie sie im Volksmund noch genannt werden: Teufelsrochen.

Sanfte »Meeresteufel«

Der diabolische Name bezieht sich allerdings nicht auf das Verhalten der Tiere, sondern auf ihre seltsame Kopfform mit den hornähnlichen Ausstülpungen. Ansonsten sind die Riesen mit den eleganten dreieckigen Schwingen absolut harmlose Planktonfresser und höchstens sozusagen *aus Versehen* gefährlich. Die Giganten müssen zwar nicht wie Meeressäuger an die Wasseroberfläche zum Atmen auftauchen, springen aber trotzdem gerne aus dem Wasser, und wenn so ein Teufelsrochen aus dem Meer schießt, sieht das dann doch ein wenig teuflisch aus.

Das fand ich auch, als ich vor einigen Jahren auf dem Weg zu einer Regenwaldexpedition im Süden von Costa Rica unterwegs war. Dafür musste ich ein gutes Stück mit dem Zodiac (motorisiertes Schlauchboot) über den Pazifik fahren. Als wir uns langsam der Küste näherten, schoss plötzlich etwas wie ein Torpedo aus dem Meer, flog dicht über unsere Köpfe hinweg und verschwand wieder im Wasser. Zu Tode erschrocken und gleichzeitig unendlich fasziniert, schaute ich dem eleganten Meeresbewohner hinterher und beobachtete, wie er mit seinen Flügeln zum Abschied auf und ab schlug, bevor er in den Tiefen des

1   Krabbe in Plastikbecher bei Batangas, Philippinen / *Greenpeace, © Noel Guevara*

2   Strand auf Rarotonga, Cook Inseln / *© Ina Knobloch*

3   Müll am Strand von Berawa und Batu Bolong, Bali / *WWF, © Stephanie Probst*

4 Grüne Meeresschildkröte, gefangen und ertrunken in einem Kiemennetz bei Tobago, Karibik / *WWF, © Philipp Kanstinger*

5 Junger Hai in einem Fischernetz in Mafia Island, Tansania / *WWF, © Jason Rubens*

6   Korallenriff auf den Fiji-Inseln / *WWF, © Cat Holloway*

7   Zerstörtes Korallenriff auf den Philippinen / *WWF, © Jürgen Freund*

8   Atlantischer Lachs in einer Fischfarm zusammengepfercht in Ryfylke,
     Norwegen / *WWF, © Erling Svensen*

9   Dynamitfischen auf den Philippinen / *WWF, © Jürgen Freund*

10 Kranker Orca in Gefangenschaft in Sea World, San Antonio, recherchiert von
Peta USA / © *Peta USA*

11 Im Fischernetz verendeter Pottwal, angespült am Strand von Westhampton,
New York, USA / *WWF, © William W. ROSSITER*

12   Hannes Jaenicke im Einsatz für Delfine im Roten Meer, Ägypten / © *Markus Strobel*

13   Dr. Ina Knobloch im Einsatz für Haie im U-Boot vor der costaricanischen Kokosinsel / © *Shmulik Blum*

14 In einem Lachsnetz gefangener Riesenhai in Kristiansund,
    Norwegen / *WWF, © Nils Aukan*

Ozeans verschwand. Der Pazifik um die südliche Halbinsel Osa vor Costa Rica scheint überhaupt ein ganz besonderes Manta-Fleckchen zu sein. Die Meeresbiologin Andrea Marshall, die ihre Doktorarbeit eigentlich über Haie machen sollte, hatte ebenfalls genau dort eine einzigartige Manta-Begegnung und war so fasziniert von diesen sanften Riesen, dass sie Anfang der Nuller-Jahre beschloss, statt über Haie über Mantas zu forschen. Inzwischen ist Marshall *die* Manta-Expertin schlechthin und mit eigener Stiftung für den Meeresschutz aktiv.

Mehrere Taucher erzählen ebenfalls von besonderen Mantas in dieser Region vor Costa Rica. Eine Tauchgruppe berichtete sogar, dass ein Manta sie in diesem Gewässer »um Hilfe« gebeten hätte. Das Tier hatte sich in einem ausgedienten Schleppnetz verheddert und konnte sich aus eigener Kraft nicht befreien. Leider kein Einzelfall: Jährlich verenden Hunderttausende Meeresbewohner in alten Fischernetzen. Die Taucher erkannten die Not des Tieres und griffen ohne zu zögern ein. Behände halfen sie dem Rochen aus der Falle, und der dankbare Manta schwamm noch ein paar Mal um seine Retter, bevor er sich mit kräftigen Flügelschlägen verabschiedete.

Tödliche Fallen

Die größten Treibnetze werden vor allem für die Jagd nach wertvollem Thunfisch eingesetzt und sind bis zu 60 Kilometer lang. Hochseefischer holen damit nicht nur Thunfische aus dem Wasser, sondern alles, was hineingeht. Und das ist leider sehr viel. Tausende von Walen, Delfinen, Schildkröten, Robben, Seevögel, Rochen und andere Meeresbewohner gehen als sogenannter Beifang in die gigantischen Netze. Die Todeszäune aus Nylon verletzen dabei ihre tonnenschwere Lebendfracht schwer. Tiere, die an Bord aussortiert und wieder freigelassen werden, haben meist keine Überlebenschance. Früher waren es jährlich Millionen von Meeresbewohnern, die auf diese Weise qualvoll verendeten. Trotz des inzwischen generellen Verbots der Treibnetzfischerei in vielen Ländern wird damit weiter geplündert und gemordet, jedoch kaum kontrolliert. Und Kontrollen haben manchmal auch fatale Folgen: Um den teilweise erheblichen Strafen zu entgehen, versenken die Fischer die Netze bei einer drohenden Kontrolle einfach und kümmern sich nicht weiter darum. Für Meeresbewohner werden diese Geisternetze aber zu tödlichen Fallen. Versenkt werden auch defekte Netze, weil Wegwerfen billiger ist, als ordnungsgemäß zu entsorgen. Allein im Nordatlantik gehen nach Schätzungen jedes Jahr 1200 Treibnetze »verloren«, die dann ebenfalls als Geisternetze frei im Meer herumtreiben. Alles in allem besteht der gesamte Plastikmüll im Meer, laut WWF, zwischen 30 und 50 Prozent aus Fischernetzen, und von den tödlichen Folgen sind über 300 Tierarten betroffen.

Nach heftigen Protesten von Umweltschützern in den 1980er-Jahren wurde die Treibnetzfischerei mit großen Netzen 1992 verboten. Es gab jedoch zunächst noch Einschränkungen. Erst 2008 trat das Verbot endgültig in Kraft – eigentlich. Doch bereits 2006 wurde die Fangmethode mit Netzen so groß wie Hochhäuser durch die Hintertür wieder eingeführt, mit sogenannten Grundstellnetzen, die im Boden verankert sein müssen. Im Grunde ist das ein Freibrief für die illegale Treibnetzfischerei, denn die Netze gleichen sich fast, und ein Treibnetz kann leicht als Grundstellnetz getarnt werden. Laut Greenpeace sind allein im Mittelmeer noch 400 bis 500 Treibnetzfischer unterwegs und werfen ihre tödlichen Fallen aus, um den steigenden Bedarf an Fisch zu stillen.

20 Kilo Fisch im Jahr

1,15 Millionen Tonnen Fisch und Meeresfrüchte (Fanggewicht) haben die Deutschen nach Angaben des Hamburger Fischinformationszentrums 2015 auf dem Teller gehabt. Das macht im Durchschnitt gut etwa 15 Kilogramm pro Kopf. Jahr für Jahr erhöht sich dieser Wert. Im Weltdurchschnitt sind es übrigens nach Berechnungen der FAO (Ernährungs- und Landwirtschaftsorganisation der Vereinten Nationen, englisch: *Food and Agricul-*

ture Organization) 20 Kilogramm pro Mensch und Jahr. Gut, dass Island so dünn besiedelt ist: Hier kommen jedes Jahr pro Person 60 Kilo auf den Tisch.

Schon vor Jahren hat die EU verboten, den Beifang, wie die Millionen von getöteten Meerestieren harmlos genannt werden, wieder zurück ins Meer zu kippen. Die Fischer müssen seither den gesamten Fang an Land bringen, was erhebliche Verluste bedeutet. Schließlich bringt der Beifang deutlich weniger Gewinn als die Fische, auf die sie es abgesehen haben. Das soll die Fischer dazu bringen, gezielter zu arbeiten. Den gewünschten Effekt hat das Gesetz allerdings nicht. Viele Tiere, die als Beifang in die Netze gelangen, stehen unter strengem Artenschutz und dürfen nicht gehandelt werden. Infolgedessen kippen die Fischer den Beifang weiterhin ins Meer.

Aber nicht nur die Fischer der EU bereiten Umweltschützern Kopfzerbrechen, Chinas Flotte ist etwa vier Mal so groß wie das gesamte Fischereigeschwader der EU. Sie verfügen über Tausende von Hochseeschiffen, die schwimmenden Fabriken gleichen und die Beute direkt an Bord zu Tiefkühlware verarbeiten. Jenseits ihrer chinesischen Heimat holen mittlerweile über 2100 große Hochseeschiffe ihre Beute aus dem Wasser. Sie halten sich genauso wenig an strenge Standards wie die vielen Fischer anderer Nationen, sind aber wesentlich besser ausgerüstet. Wer das Elend aus nächster Nähe gesehen hat, verzichtet ganz oder zumindest weitgehend auf Fisch, und wer die Giganten der Meere aus nächster Nähe beobachtet hat, ohnehin.

Manta-Ballett

Und das habe ich nicht nur einmal. Die gigantischen, eleganten Mantelrochen konnte ich noch einmal in Polynesien beobachten, in einer Bucht vor den Marquesas-Inseln. Dort gesellte sich gleich eine ganze Gruppe von Mantelrochen zu unserem Expeditionsschiff. Die imposanten Tiere flogen zwar nicht über unsere Köpfe hinweg, führten aber ein regelrechtes Ballett auf. Bei ihren akrobatischen Sprüngen benutzten sie ihre meterlangen Schwingen fast wie Vögel und blieben dadurch für den Bruchteil einer Sekunde länger in der Luft. Vielleicht war es auch einfach nur ein Balztanz. Dabei lassen die Weibchen die Männchen nämlich regelrecht antanzen, nach dem Motto: Wer am schönsten tanzt, gewinnt. Alle Männchen müssen der begehrten Dame nachtanzen, bevor sie ihren Gatten erwählt. Und die Wahl muss sie sich gut überlegen, schließlich schleppt sie dann fast ein ganzes Jahr den gemeinsamen Nachwuchs mit sich herum. Nach erfolgreicher Begattung entwickeln sich nur ein bis zwei Eier im Brutbeutel. Die Babys haben schon eine Spannweite von einem Meter, wenn sie aus dem Beutel schlüpfen.

Unfall mit Rochen

Wir hatten vor den Marquesas-Inseln keine Sekunde das Gefühl, dass die Giganten unserem Schlauchboot gefährlich werden konnten. Ich habe auch noch nie von einem Fall gehört, dass ein Teufelsrochen auf ein Boot gesprungen wäre. Von Stachelrochen wurde dies allerdings durchaus schon berichtet, und das ist dann wirklich teuflisches Pech. Denn die Fische mit dem giftigen Schwanz sind viel harmloser und freundlicher als ihr Ruf. Nur wenn sich die Tiere akut bedroht sehen, stechen sie zu.

2006 sprang vor der Küste Floridas ein gefleckter Adlerrochen aus dem Wasser, fiel auf ein Ausflugsboot und erschlug eine Frau, die sich auf dem Deck sonnte. Der 35 Kilo schwere Fisch war mit voller Wucht direkt auf dem Kopf der Frau gelandet. Die Touristin war mit ihrer Familie zum Sportangeln unterwegs gewesen, als das Unglück geschah.

Es war nicht der erste Rochen-Unfall in Florida. Zwei Jahre zuvor sprang ein 15 Kilo schwerer Stachelrochen in ein Ausflugsboot und stach dem Kapitän ins Herz, der über 80-jährige Mann überlebte, während im gleichen Jahr der australische Abenteurer und Tierfilmer Steve Irwin an einem Stachelrochenstich starb.

Solche Notwehr-Attacken sind tragische Steilvorlagen für Horrorvisionen mit dem Titel »Die Rache der Rochen«. Die

Vorstellung, dass sich Meeresbewohner gegen die brutalen Angriffe der Menschheit wehren, führte schon in der Antike zu vielen Mythen und Legenden. Die Racheengel wurden personifiziert und zu zahlreichen Meeresgöttern, die heute als Superhelden in Actionfilmen auftauchen.

Aber es gibt auch ganz andere Geschichten über die Begegnung zwischen Mensch und Stachelrochen: Ebenfalls in Florida hat ein Angler bei einem Stachelrochen Geburtshilfe geleistet. Als er das Tier am Haken hatte, bemerkte er den Vorgang, legte sich den Rochen rücklings auf die Hand und strich ihm so lange sanft über den Bauch, bis der Nachwuchs geschlüpft war, dann entließ er die frischgebackene Familie wieder ins Meer. Der Stachelrochen hätte den Angler dabei mit Leichtigkeit schwer verletzen können. Es gibt einige Berichte von Menschen als Geburtshelfern von Stachelrochen, aber niemals haben diese Tiere ihre Helfer verletzt. Solange sich die Stachelrochen nicht bedroht fühlen, greifen sie nicht an. Die meisten Unfälle mit Stachelrochen passieren wie gesagt Aquarianern und manchmal in der Natur am Strand in flachen Gewässern, wenn Touristen versehentlich auf ein Tier treten.

Vor der Küste von Australien scheint jedoch alles anders zu sein, dort gab es schon mehrere Todesfälle. Auf und um den Inselkontinent tobt seit Jahrmillionen ein evolutionärer Kampf, der die giftigsten Tiere der Welt hervorgebracht hat. In Australien sind Spinnen und Schlangen giftiger als auf allen anderen Kontinenten, und in den Gewässern um die Insel lauern tödliche Quallen und Tintenfische.

Abgesehen von der australischen Ausnahme sind Stachelrochen eher harmlos und mit 70 verschiedenen Arten an fast allen tropischen Küsten heimisch. Sie buddeln sich mit Vorliebe in den Sand flacher Küstengewässer und suchen dort nach Nahrung: kleine Krebstierchen und Muscheln. Möglicherweise haben die Stachelrochen, die wirklich auf Boote sprangen und Menschen angriffen, Boot und Taucher mit einem Fressfeind verwechselt, denn Rochen dieser Größe stehen auf dem Speisezettel zahlreicher Haie, und die einzige Chance, sich dagegen zu wehren, ist der giftige Stachel. Der Adlerrochen, der die Frau auf dem Sportanglerboot getötet hatte, stach allerdings nicht mehr zu, beim Aufprall wird er seinen Fehler wohl bemerkt haben.

Sport ist Mord

Erklärungsmöglichkeiten gibt es viele. Neben vielen anderen stellt sich hier auch die Frage: Muss die sogenannte »Sportfischerei« sein? Vielleicht war die betroffene Familie ahnungslos, aber die Gesetzgeber sollten diese Gefahren kennen.

Tatsächlich ist Sportfischen nichts anderes als Töten zum Vergnügen, und es ist eher verwunderlich, dass dabei so wenig passiert. Selbst wenn die Angler ihre Beute wieder ins Meer entlassen, haben die verletzten Tiere kaum eine Chance zu überleben. Entweder sie sterben qualvoll an den Verletzungen oder werden gleich von einem Hai oder einem anderen Fressfeind vertilgt. »Sportfischen« (allein der Name gehört verboten, das hat nichts mit Sport zu tun) hat sich in einigen Ländern zu einem wahren Wirtschaftsfaktor entwickelt. Touristen legen viel Geld auf den Tisch, um den dicksten Fisch an die Angel zu bekommen. »Sportfischen« ist laut der Organisation »Animal Ethics« die Freizeitbeschäftigung, bei der am meisten Tiere getötet und verletzt werden, noch weit mehr als von Hobby-Jägern. Weltweit sollen jährlich mehr als zehn Millionen Meeresbewohner bei diesem sogenannten Sport gefangen und oft auch getötet werden. Die sozialen Medien haben dieser brutalen Freizeitbeschäftigung noch Aufschwung gegeben: Fette Fänge werden gepostet, was das Zeug hält. Manche machen damit sogar ein Vermögen als Influencer der Angelbranche und animieren ihre Follower, ebenfalls auf Jagd zu gehen – auch Frauen.

Bekannt ist vor allem die 29-jährige Amerikanerin Michelle Dalton. Im Bikini präsentiert sich die Blondine mit ihren fetten Fängen und postet fast täglich einen neuen Fischkadaver. Inzwischen hat die Anglerin über 200 000 Follower auf Instragram und will ihre Fans für diese tödliche »Sportart« begeistern.

Aber auch in Deutschland sind rund eine Million Angler in 10 000 Sportvereinen organisiert. Die Tierschutzorganisation PETA hat schon mehrfach erfolglos dazu aufgefordert, den irritierenden Zusatz »Sport« aus den Vereinsnamen zu streichen, bei denen Angeln der Vereinszweck ist. Die Organisation hat schon mehrere Verfahren eingeleitet. Sie argumentiert zu Recht, dass Wettfischen laut § 50 des Landesfischereigesetzes grundsätzlich verboten ist und Sportfischen gegen das Tierschutzgesetz verstößt.

Forellenpuff

Das Angeln hat inzwischen derartige Ausmaße angenommen, dass es zum Milliardengeschäft geworden ist und ein echtes Rechtfertigungsproblem hat. Angler, die sich als Pfleger eines Naturschatzes stilisieren, nimmt wohl kaum einer mehr ernst. Kommerzielle Angelteiche werden von der Branche inzwischen selbstironisch »Forellenpuff« genannt, denn der Besatzfisch sorgt für garantierten Erfolg und entsprechendes Trophäenfoto. Nach deutschem Recht müssen gefangene Fische auch gegessen werden. Das Tierschutzgesetz verbietet den grundlosen Fang von Fischen, und der einzig anerkannte Grund ist Nahrungssuche. Trotz zahlreicher Klagen durch Naturschutzorganisationen kommen Angler, die sich nicht daran halten, fast immer ohne Strafe davon. Angelzeitschriften werben sogar offensiv mit dem Prinzip »Catch and Release« – Fangen und Freilassen, was einer öffentlichen Aufforderung zur Straftat gleichkommt. Doch außer den Tierschützern stört sich daran niemand. Wofür haben wir eigentlich Gesetze?

Während die Wissenschaft herumphilosophiert und der Frage nachgeht, was es für Fische bedeutet, an der Angel zu hängen, und ob das den Spaßfaktor Angeln überwiegt, haben einige Bundesländer bereits Konsequenzen gezogen. Seit 2016 ist im Saarland das sogenannte Trophäenfischen jetzt nicht mehr nur laut

Tierschutzgesetz (was eigentlich genügen sollte), sondern auch laut Strafgesetz verboten. Denn laut deutschem Gesetz gelten Tiere immer noch als »Sachen« und werden auch entsprechend behandelt. Nur das ergänzende Tierschutzgesetz regelt Details zugunsten der Tiere, ist aber nur eine Ergänzung zum Strafgesetz und wird in jedem Land anders gehandhabt. Im Deutschen Grundgesetz wurde der Tierschutz erst 2002 rechtlich verankert.

Hobby-Hochseeangelei ist nicht nur Tierquälerei, sondern auch noch ein massiver, grundloser Eingriff ins Ökosystem, vor allem die Trophäenjagd auf Großfische – auch auf Rochen und auch in Europa. In Schottland hat ein junger Angler einen fast hundert Kilogramm schweren Rochen mit einer Makrele als Köder gefangen. Nach dem Trophäenfoto warf er das verletzte Tier wieder ins Wasser, schließlich stehen Rochen unter Naturschutz …

Um die Quälerei zu rechtfertigen, wird noch immer darüber debattiert und geforscht, ob Fische überhaupt Schmerzen empfinden können. Ganz sicher ist das Nervensystem nicht mit dem menschlichen vergleichbar, aber kann man daraus schließen, man dürfe sie grundlos verletzen? Die US-amerikanische Hirnforscherin Lori Marino meint dazu: Zu behaupten, Fische könnten keinen Schmerz empfinden, wäre in etwa so, als würde man behaupten, Luftballons können nicht fliegen. Die üblen, lebensgefährlichen Wunden, die Angelhaken den Fischen zufügen, können selbst die größten Angelfans nicht wegdiskutieren. Bei diesem irrsinnigen »Spaß« oder »Hobby« werden oft bedrohte Wildtiere verletzt und getötet, deren Verhalten und Lebensweise kaum bekannt sind, wie das der Rochen. Bis Anfang dieses Jahrhunderts hat sich die Forschung so gut wie überhaupt noch nicht für diese artenreichen Knorpelfische interessiert, die weltweit in den Meeren und auch in einigen Flüssen leben. Die riesigen Mantelrochen wandern auch durch die Weltmeere.

Inzwischen gibt es einige wissenschaftliche Projekte über Mantas, und je mehr diese Tiere erforscht werden, desto deutlicher wird, welche zentrale ökologische Rolle Rochen in den Weltmeeren spielen. Insgesamt steckt vor allem die Erforschung der Riesen-Mantas noch in den Kinderschuhen. Beispielsweise weiß bis heute noch niemand genau, warum diese eleganten Giganten wie Tümmler aus dem Meer springen, obwohl es schon von den Römern in der Antike beobachtet wurde.

Blinde Passagiere

Die wissenschaftlichen Theorien dazu sind vielfältig, als mögliche Gründe werden angenommen: reines Vergnügen, Balzverhalten, Jagd von Garnelen-Schwärmen oder Verteidigung gegen Feinde. Ziemlich einleuchtend klingt die Erklärung, dass sie ihre »blinden Passagiere« mit den artistischen Sprüngen loswerden wollen: Sogenannte Schiffshalter-Fische hängen sich an die sanften Riesen und reisen mit ihnen nicht nur als ungebetene Anhalter durchs Meer, sondern auch als Resteverwerter. Was die Mantas verkleckern, schnabulieren die Schiffshalter.

Obwohl die Riesenrochen seit 2013 unter Artenschutz stehen und nicht gefangen oder gehandelt werden dürfen, haben die Bestände in den letzten Jahren dramatisch abgenommen. Vor allem in Asien erzielen die Mantas hohe Schwarzmarktpreise, ihre Kiemenreusen (Organsystem im Schlund) werden unter dem Namen Peng Yu Sai für 500 Dollar pro Kilo als Wunderheilmittel gehandelt. Und der Bedarf an dem angeblich medizinisch wirksamen Körperteil steigt stetig.

Der Mechanismus des komplizierten Schlundsystems, mit dem diese Giganten der Meere, riesige Mengen Plankton aus dem Ozean filtern, wurde gerade erst genauer unter die Lupe genommen, und dabei wurde Großartiges für die Menschheit entdeckt. Bei den Riesen-Mantas funktioniert die Kiemenreuse nämlich wie ein Filter, der nur das durchlässt, was das Tier auch verdauen kann und vor allem nie verstopft. Es funktioniert so raffiniert, wie man sich einen Filter beispielsweise in der Küche wünschen würde. Das haben sich einige Forscher auch gedacht und die Filter nach Manta-Prinzip als Modelle in einem

3-D-Drucker nachgebaut. Bisher funktioniert er allerdings nur mit einer gewissen Durchflussgeschwindigkeit, was für die Küche vielleicht unpraktisch wäre. In der Industrie dagegen kann ein Filtersystem, das nie gereinigt werden muss, auch mit einer hohen Durchflussgeschwindigkeit von großem Nutzen sein.

Spätestens mit dieser Nachricht aus der Bionik sollten auch profitorientierte Wirtschaftswissenschaftler begreifen, wie sinnvoll Naturschutz und Grundlagenforschung sind. Dabei ist diese Raffinesse der Natur nur eine von Tausenden. Das meiste ist noch nicht erforscht, schon gar nicht die komplizierten Mechanismen mariner Ökosysteme, in denen jedes Wesen eine zentrale, vernetzte Rolle spielt. Mantas beispielsweise vertilgen genau wie Pottwale Unmengen von Plankton, während sie durch die Weltmeere ziehen. Damit tragen sie ebenfalls erheblich zur Düngung der Ozeane bei, denn mit ihren Exkrementen verteilen sie die Nährstoffe, vor allem Eisen. Damit düngen sie wiederum das Plankton, das sie als Nahrung brauchen, und ein Teil bleibt als verkapselter CO_2-Speicher am Meeresgrund.

Mantas im Schönheitssalon

Ein paar Planktonreste lassen sie wahrscheinlich auch in ihrem »Schönheitssalon«, in dem sie täglich mehrere Stunden verbringen. Mit diesem Phänomen beschäftigte sich die Manta-Forscherin und Naturschützerin Dr. Andrea Marshall vor der Küste von Mosambik. Die Wissenschaftlerin beobachtete, wie sich die Rochen stundenlang von sogenannten Putzerfischen pflegen ließen. Die kleinen Fische befreien die Rochen von Parasiten und reinigen Bisswunden, die ihnen beispielsweise Haie zufügen, auch die Mundpflege gehört zum täglichen Programm im Schönheitssalon der Rochen. Die Putzerfischchen spielen dann lebendige Zahnbürste und Zahnstocher und ernähren sich selbst von den Parasiten, von denen sie ihre »Kunden« befreien. Ohne diese Pflege könnten Mantas oder auch Haie nicht lange überleben, sie würden von einer Invasion pathogener Keime regelrecht überfallen und sehr schnell parasitären Krankheiten erliegen. Selbst eine ganze Reihe von Raubfischen hat vor den Putzerfischen »Respekt« und lässt sie in Ruhe die tägliche Körperpflege verrichten – ohne dabei »versehentlich« zuzuschnappen und ihr »Reinigungspersonal« zu vertilgen. Diesen Respekt könnte man auch als Lohn der Putzerfische bezeichnen, denn so können sie in Ruhe fressen, ohne Angst zu haben, selbst gefressen zu werden. Das heißt aber nicht, dass diese fleißigen Fischchen überhaupt nicht auf dem Speisezettel ihrer Kunden stehen. Nur während der Putzzeremonie sind sie tabu.

Es gibt verschiedene Arten, meist aus der Familie der Lippfische, die aber alle ähnlich gefärbt sind und mit ihrer sogenannten »Putzertracht« leicht für ihre »Kunden« erkennbar sind. Wobei nicht alle Putzerfische gleich fleißig sind, manche schicken nur die Weibchen zum Putzen, und der Putzerfischmann hält sich gleich einen ganzen Harem, der die Arbeit erledigt. Das System funktioniert aber hervorragend: Wie Autos vor der Waschanlage stehen die Rochen vor der Putzerstation Schlange. Gereinigt wird immer schön der Reihe nach, die Fischchen stupsen den »Kunden« sanft an, wenn sie mit ihm fertig sind, und widmen sich dann dem nächsten.

Bei einer anderen Putzerfischart müssen nicht die Weibchen zum Säubern ran, sondern die Kinder. Die Erwachsenen fressen lieber Korallen-Polypen, statt zu putzen.

Dann gibt es noch Nomaden-Putzerfische, die ihren »Kunden« hinterherschwimmen und sie quasi mobil reinigen. Es existieren aber auch »hinterlistige«, falsche Putzerfische, die nur so aussehen und so tun, als gehörten sie zum »Reinigungspersonal«, tatsächlich aber keine Parasiten abknabbern, sondern richtig zubeißen, sobald sich »der Kunde« nähert. Dabei reißen sie den ahnungslosen Fischen ganze Flossen- oder Hautstücke heraus, vor allem am empfindlichen Maul.

Kreißsaal mit Heizung

Rochen besuchen aber nicht nur einen Schönheitssalon, sondern auch einen »Kreißsaal«, zumindest die Tiefseerochen am

Galapagos-Archipel. Dort haben Forscher Dutzende von Rochen-Eikapseln entdeckt, direkt auf einem aktiven hydrothermalen Feld. Eine heiße unterseeische Quelle hält es hier konstant warm. Anders als die meisten Rochen-Arten legen die Tiefseerochen Eier, und zwar in ein vorgewärmtes Nest. Das funktioniert quasi wie ein Brutkasten, der Nachwuchs entwickelt sich besser und schneller. Trotzdem verstreichen mehr als drei Jahre, bis die Rochenbabys endlich schlüpfen. In mehr als 1500 Metern Tiefe ist es ansonsten nämlich ganz schön kalt. Tiefseerochen haben einen extrem langsamen Lebenszyklus und den zeitintensivsten Brutvorgang im ganzen Tierreich, der dauert Jahre und wird durch die thermale Wärme ein wenig beschleunigt.

Die Eier von Rochen und auch Haien erinnern etwas an Ravioli und werden im Volksmund »Nixentaschen« genannt, aber nur die sogenannten »echten« Rochen legen solche Ei-Täschchen. Über die absurden Bezeichnungen »echt« und »falsch« im Tierreich habe ich mich ja schon ausgelassen, aber es ist nun mal eine wissenschaftliche Klassifikation, die dringend geändert werden müsste. Rochen sind genau wie Haie Knorpelfische und mit insgesamt 630 Arten in den Weltmeeren vertreten. Zur Gattung der sogenannten echten Rochen gehören 180 Arten, und die legen alle die originellen Eitäschchen, während alle anderen Rochenarten, wie beispielsweise Stachelrochen, ihre Babys lebend gebären.

Als natürliche Feinde müssen Riesen-Mantas nur Haie und Orcas fürchten. Kleinere Rochen dagegen stehen zudem auf dem Speisezettel von einer ganzen Reihe kleinerer Raubfische, wie Thunfische, Delfine oder auch Seelöwen. Schwertwale, wie Orcas auch genannt werden, spielen dabei ganz gerne mal mit ihrer Beute, versetzen ihnen einen Schlag mit dem Schwanz und werfen ihr potenzielles Futter in die Luft, bevor sie es verspeisen. Manchmal verschmähen sie gar ihren Fang, ähnlich einer Katze, die die Maus langweilig findet, wenn sie nicht mehr zuckt. Mantas beherrschen aber einen cleveren Trick, um sich vor ihren Feinden in Sicherheit zu bringen: Sie verschmelzen quasi mit dem Meeresboden, weil sie so platt sind.

Raubbau mit Saugroboter

Das hat sich die Evolution sehr praktisch ausgedacht, denn flach auf den Boden gedrückt werden sie nicht von der Strömung mitgerissen und können ganz gechillt Muscheln, Krebse und sonstiges Kleingetier knabbern. Den sandigen Grund durchpflügen sie wie fleißige Gärtner das Beet, der Bauer den Acker oder wie Wildschweine den Waldboden auf der Suche nach Engerlingen. Dabei reinigen sie auch den Meeresgrund und erinnern ein wenig an einen runden Staubroboter.

Doch die sauberen und unberührten Strände der Welt werden wie bereits erwähnt immer weniger. Nicht nur weil die Menschheit den Planeten vermüllt und sich immer weiter ausbreitet, sondern weil Sand zu einem der begehrtesten Rohstoffe der Welt geworden ist, und zwar Meersand genauso wie Flusssand. Für die Bewohner dieser Lebensräume gilt: Wer sich nicht rechtzeitig vom Acker macht, wird mit abgesaugt oder ausgebaggert – und das trifft leider die meisten Sandbewohner.

Nach Wasser ist Sand der am meisten gebrauchte Rohstoff überhaupt. Der weltweite Bauboom heizt die Nachfrage noch an, denn Sand ist ein wesentlicher Bestandteil von Zement und Beton. Der Sand aus der Wüste taugt nicht zum Bau, die Körner sind zu klein und zu rund und halten den Zement nicht zusammen. Selbst im sandreichen Deutschland wird der Rohstoff knapp. Problematisch ist der massenhafte Verbrauch von Zement auch für den Klimawandel. Denn die Herstellung dieses Baustoffs verursacht weltweit fünf Prozent des gesamten CO_2-Ausstoßes.

Daneben wird Sand noch für die Kosmetik- und Elektronik-Industrie in zunehmendem Maß benötigt, und immer mehr auch für die Tourismus-Industrie, die dort Strand-Idyllen aufbaut, wo nie welche waren oder die natürlichen schon zerstört wurden. Der Krieg um den Sand der Welt ist längst ausgebrochen. Mit mächtigen Rüsseln wird Sand an allen Küsten der Welt abgesaugt, und mit den Sandmassen verschwindet für Milliarden Bewohner ihr Lebensraum. Mittlerweile gibt es vor allem in Asien mafiotische Organisationen, die mit Supersaugern ohne Rücksicht auf Verluste weltweit im Einsatz sind. Riesige Maschinen, die selbst Rochen und andere größere Meeresbewohner verschlucken, wie ein hungriges Monster.

In der Bretagne will ein Konzern 40 000 Kubikmeter wertvollen Muschelsand pro Jahr absaugen, und das die nächsten zwanzig Jahre lang. Eine Katastrophe für das Ökosystem der gesamten Küste, Fischer, Naturschützer und Tourismusbetriebe laufen Sturm gegen das Projekt, bei dem nicht nur die Sandbanken für die Seehunde verschwinden werden.

Längst wird der wertvolle Rohstoff nicht mehr nur mit Saugrohren an der Küste, an Kiesgruben und Flüssen abgebaut, sondern auch in der Tiefe. Schwimmbagger fördern mittlerweile Sand aus 150 Metern Tiefe und zerstören damit den ganzen fragilen Lebensraum. Da wünscht man sich manchmal tatsächlich einen Mega-Bobbitwurm, der zurückschlägt.

Die Sandmafia

In vielen Ländern wird die Sandmafia von der Politik auch noch gedeckt. Singapur hat in den letzten Jahrzehnten seinen Inselstaat um mehr als die Hälfte vergrößert, und der Hunger nach Sand wächst weiter. Täglich soll der Zwergenstaat 700 Lastwagen-Ladungen Sand importieren. Viele kleine Inseln drohen deshalb zu versinken, Korallenriffe zu verschwinden, Meeresströmungen verändern sich. Nicht nur Greenpeace Indonesien warnt davor. Dabei baut Indonesien selbst künstliche Sandinseln auf.

Mittlerweile haben Malaysia, Kambodscha und Indonesien den Sandexport verboten, aber der Schmuggel blüht. Auf den Malediven sollen aufgrund des Baubooms bereits sechs Inseln völlig verschwunden sein.

In Afrika gibt es Küsten, die verlieren an einigen Stellen bis zu sechs Meter Strand jährlich, allein durch illegalen Sandabbau. Da sich diese Strände in Krisengebieten befinden und nicht an beliebten Touristengegenden, wird darüber kaum berichtet. Aber auch vor der Küste Marokkos soll es an einigen Stellen aussehen wie eine Kraterlandschaft, weil die Sandmafia zugeschlagen hat. Zusätzlich schädigt der massive Bau von Dämmen die Küsten, er versperrt dem Sand den Weg zum Meer. Inzwischen wird jährlich mehr Sand abgebaut, als alle Flüsse jährlich produzieren, aber Sand ist nicht gleich Sand, auch nicht im Meer.

In Florida bekommen die Anwohner das jetzt sehr deutlich zu spüren: Jeder Sturm nagt am Küstenstrand. Der Ersatz, der herangekarrt wurde, hält überhaupt nicht und wird schnell wieder weggespült.

Florida war ursprünglich praktisch ein einziges Sumpfgebiet und die Küsten voller Mangrovenwälder. Die salztoleranten Bäume mit den riesigen Stelzenwurzeln führen ein Leben zwischen den Gezeiten und bilden als Wald im Mündungsdelta tropischer und subtropischer Flüsse ein artenreiches raffiniertes Filtersystem, in dem die unterschiedlichsten Meeresbewohner ihre Kinderstube einrichten. Dazu gehören auch die sogenannten Kuhnasenrochen, deren Köpfe tatsächlich ein wenig an Kuhnasen erinnern. Ihr Kreißsaal ist der Mangrovensumpf. Dort gebären sie ein bis zwei Rochenbabys, die im schützenden Dickicht des Sumpfs genügend Nahrung finden, bis sie groß genug sind, um ins Meer zu schwimmen. Die Sümpfe wurden in Florida jedoch weitgehend trockengelegt, die Flüsse kanalisiert und die Küste dicht bebaut. Dadurch wurden nicht nur die ursprünglichen Lebensräume zerstört, sondern auch die gesamten Meeresströmungen in Ufernähe verändert. Forscher haben jetzt erst entdeckt, dass auf alten Karten aus dem 16. und 17. Jahrhundert zahlreiche Riffe eingezeichnet sind, die es schon seit Jahrhunderten nicht mehr gibt. Sie könnten durch die veränderten Meeresströmungen eingegangen sein, vermuten Wissenschaftler.

Tödliche Folgen

Die Riffe spielen nicht nur eine wichtige ökologische Rolle in den Meeren, sie schützen auch die Küste vor Sturmfluten. Diesen Schutz hat Florida schon lange verloren. Durch den Klimawandel haben tropische Stürme dramatisch an Stärke und Frequenz zugenommen. Immer häufiger erreichen sie auch die gemäßigten Breiten. Die Naturgewalten haben so viel Kraft, dass sie vor allem dort, wo sie ungebremst und mit voller Wucht auf die Küsten treffen, ganze Strandabschnitte inklusive der Häuser abtragen. Ein ökologisches Desaster und kein Einzelbeispiel.

Weltweit werden künstlich Strände aufgeschüttet oder gar ganze Inseln kreiert, aus Sand, der irgendwo abgesaugt wurde. Selbst Traumstrände in Hawaii müssen für den Erhalt aufgeschüttet werden, aber auch in Europa ist das gängige Praxis: Auf Sylt und im Urlaubs-Paradies Italien wird an die Strände Unmengen von Sand gekarrt, um die bröckelnde Strandidylle aufrechtzuerhalten.

Niemand weiß, welche Folgen dieser Raubbau noch haben wird. Dazu kommt, dass die künstlich aufgeschütteten Strände nicht lange halten und obendrein noch natürlichen Lebensraum zerstören. Sand ist noch immer kein politisches Thema und auch für die meisten Umweltaktivisten eher nebensächlich, dabei ist der Rattenschwanz, der an diesem gigantischen Raubbau hängt, riesengroß. Für den Bau eines einzigen Einfamilienhauses werden 200 Tonnen Sand (Meer- und Flusssand!) benötigt. Sandknappheit ist das größte Rohstoffproblem der Menschheit, und das ist kein Sandkastenscherz.

Der massenhafte Abbau von Sand verändert auch noch aus einem anderen Grund das Klima, denn die Meeresströmungen fließen dadurch in anderen Bahnen. Dass somit die Entstehung von Stürmen beeinflusst wird, ist längst bekannt. Aber mit dem Sand werden auch ganze Wälder von Seegras und Algen abgebaut. Diese Meereswälder bilden essenzielle Lebensräume für zahlreiche Arten und gehören zu den wichtigen »Klimarettern«. Seegras und Algen binden unglaubliche Mengen von CO_2, aber die brachialen Abbau-Methoden zerstören einfach alles am Meeresboden, auch Seegraswiesen und Kelpwälder.

Der Ozean leidet nicht nur unter der Klimaerwärmung und dem Raubbau, er reagiert auch ganz direkt darauf mit fürchterlichen Orkanen, Zyklonen, Hurrikanen und sonstigen Unwettern. Denn der Jetstream, das Starkwindband in der oberen Troposphäre, ist direkt abhängig von den Meeresströmungen und deren Temperatur. Dieser Windkanal reguliert unsere Wetterlagen. Schon jetzt strömt er nicht mehr in seiner ursprünglich gleichmäßigen Bahn, sondern eiert um die Erde und lädt tropische Stürme nach Europa ein. Der Sandraub wird auch weiter zur Veränderung von Meeresströmungen beitragen und den Ozean verwandeln. Aber der Ozean macht das Wetter und auch das Klima, und das verändert sich gerade gewaltig. Dabei ist Sand ein unglaubliches Geschenk der Flüsse und Meere, das bei jedem Strandliebhaber Sehnsuchtsgefühle auslöst. Und so war Ina bei ihrer Odyssee auf der Suche nach der schwimmenden Insel auch nicht böse, als sie mal wieder ihr Ziel nicht erreichte und auf dem weichen warmen Sand am Strand einer Südseebucht landete.

Ina und der Haie – Auf dem Rücken des Rochens

Mit einem sanften Schlag ihrer riesigen Schwingen hatte Rita, die Rochendame, sich ihre Freundin Ina auf den Rücken gehievt und schwamm nun mit kräftigen Schlägen davon, weit weg von dem Riff, wo sie Fiona, das Feuerfischmädchen, das letzte Mal gesehen hatten. Immer wieder sprang Rita aus dem Wasser, damit Ina Luft holen konnte, und beide hatten einen Riesenspaß bei ihrer Reise. Rita hatte schon alle Weltmeere durchpflügt und dabei auch die schwimmende Insel gesehen, auf der Tinirau lebte und zu der Ina so dringend hinwollte, um ihn um Hilfe zu bitten. Nun haben es schwimmende Inseln so an sich, dass sie eben an keinem festen Ort im Ozean verankert sind, und obgleich Rita sich in den Weltmeeren auskannte, konnte sie auch nur dorthin schwimmen, wo sie die Insel das letzte Mal gesehen hatte, und das war schon sehr lange her. So vergnüglich die Reise auch war, so enttäuschend war das Ende im offenen Pazifik. Von einer schwimmenden Insel war weit und breit nichts zu sehen, Rita und Ina waren schrecklich müde und Ina obendrein noch furchtbar hungrig. Rita schwamm zu einer nahe gelegenen kleinen Insel, setzte Ina mit einem

Flügelschwung ab und versprach, sich zu erkundigen, ob irgendjemand in letzter Zeit etwas von Tinirau und der schwimmenden Insel gehört oder gesehen hätte. Nach der langen Reise war Ina froh, auf dem warmen, weichen Sand zu landen, und da die einsame Bucht von Kokospalmen gesäumt war, musste sie auch nicht hungern. Bald fiel sie erschöpft in einen tiefen Schlaf und nahm an, dass auch Rita sich zurückgezogen hatte, um sich auszuruhen.

Tatsächlich schlafen (Riesen-)Mantas überhaupt nicht richtig, sondern ruhen nur, möglicherweise wechseln sich die Hirnhälften beim Schlafen ab. Das hat die Manta-Forscherin Andrea Marshall herausgefunden, die als Erste auch die virtuose Balz der Tiere beobachtet hat. Viele Rochen-Arten sind vom Aussterben bedroht, und das kann bei den sanften Riesen sehr schnell dazu führen, dass sie ganz aus unseren Ozeanen verschwinden, denn sie werden erst nach zehn Jahren geschlechtsreif und gebären nur alle paar Jahre ein bis zwei Junge.

Seltsamerweise entwickeln sich die Kuhnasenrochen, deren Kinderstube in Florida quasi verbaut wurde, prächtig. Im Englischen spricht man von »Golden Ray Migration«, wenn diese goldschimmernden Tiere auf Wanderschaft gehen. Zu Zehntausenden ziehen diese Rochen im Winter von Norden in den Golf von Mexiko, und jedes Jahr werden es mehr. Forscher schätzen, dass ihre Population jährlich um acht Prozent wächst und insgesamt etwa 40 Millionen Rochen dieser Art in den Ozeanen schwimmen. Die Frage, warum sich diese Fische trotz zerstörter Kinderstuben munter vermehren, meinen Wissenschaftler aus Kanada beantwortet zu haben: Der Mensch hat den Feind dieser Rochen fast ausgerottet – den weißen Hai. Vielleicht reagieren diese schillernden Rochen auch einfach nicht so empfindlich auf die fortschreitende weltweite Zerstörung des Meeresbodens. Die meisten anderen Rochen-Arten stehen nämlich ebenfalls auf dem Speisezettel der Haie und profitieren trotzdem nicht von dem Rückgang ihrer Fraßfeinde. Sie sind selbst stark vom Aussterben bedroht.

Die Erklärung klingt zwar erst mal gut, hört sich für mich aber an wie ein Vorwand, mit dem viele Jäger den Abschuss von Tieren begründen: »Wir müssen jagen, weil das Wild keine natürlichen Feinde hat.« Aber sobald der Wolf zurückkommt, heißt es: »Der frisst ja alles; den müssen wir schießen.«

So wird man auch reagieren, falls der Hai doch wieder häufiger seine Bahnen vor der US-amerikanischen Küste ziehen sollte. Die Zunahme der Rochen-Population wird nach wissenschaftlichen Studien jedenfalls für den massiven Rückgang von Muschelbeständen verantwortlich gemacht. Schleppnetze und Sandabbau wurden von den Forschern aus North Carolina als Ursachen für den Muschelrückgang nicht in Erwägung gezogen.

Zweifelsohne fressen diese Rochen Unmengen von Muscheln und sonstigen Schalentieren. Wenn ihre Feinde ausbleiben, kann das durchaus zu einer Schieflage im Ökosystem führen. Aber im Vergleich zu Schleppnetzen ist die Zunahme dieser Rochen ein harmloses Phänomen. Schleppnetze zerstören innerhalb von Minuten alles Leben auf dem Meeresboden, und die Netze werden immer größer und dringen immer weiter in die Tiefen des Ozeans vor.

HANNES JAENICKE

Es gibt zahlreiche Rochenarten, sogar an den deutschen Küsten gibt es einige. Meine erste persönliche Begegnung mit einem Rochen hatte ich auf einer australischen Insel, als ich mittags im hüfttiefen Wasser in einen im Sand verbuddelten Stingray trat, einen Stachelrochen. Sein Stich war schmerzhaft, aber verständlich: Niemand wird gern in seiner Mittagspause gestört. Und bei allen Unfällen, die im Meer mit dessen Bewohnern passieren, denke ich daran, dass nicht der Rochen, Hai, Seeigel, die Qualle, Muschel oder das Krokodil uns in unserem Habitat stören, sondern umgekehrt: Wir befinden uns in deren Lebensraum und sollten uns entsprechend verhalten. Mehr Rücksicht unsererseits würde nicht nur Unfälle vermeiden helfen, sondern auch den Zustand dieses Lebensraums verbessern.

Da ich bekennender Hai-Fan bin und Rochen zu deren Familie gehören, freue ich mich jedes Mal, wenn ich einen dieser merkwürdig geformten Fische sehe. Sie bewegen sich mit derselben Schwerelosigkeit im Wasser wie große Vögel in der Luft. Manta Rays sind das Eleganteste, was ich je unter Wasser gesehen habe. Und so kritisch ich kommerziellen Aquarien gegenüberstehe, so fasziniert mich nichts in deren Becken mehr als das zeitlupenartige »Fliegen« der Rochen. Für den Luxus, einen dieser schwarz-weißen Riesen in Freiheit zu sehen, muss man leider weit reisen. Bei einem Dreh auf den Malediven über Walhaie, die größten Fische der Erde, sind regelmäßig Manta Rays mit bis zu vier Metern Spannweite über uns hinweggeglitten, es wurde kurzzeitig dunkel, und wir vergaßen, was wir eigentlich drehen wollten.

Als wir eines Abends in die Tauchstation zurückkehrten, sahen wir, wie maledivische Hotelangestellte kleinere Rochen per Hand fütterten. Sie erklärten uns, dass die immerhin 80 Zentimeter breiten Fische jeden Abend zur selben Zeit zu demselben Anlegesteg kamen und es sich auf den hölzernen Treppenstufen bequem machten, um den Jungs sprichwörtlich aus der Hand zu fressen und sich verwöhnen zu lassen, ähnlich wie die Tauben in Venedig.

Lärm und Dreck

Rochen spielen eine wichtige Rolle im ozeanischen Kreislauf. Leider leben sie oft dort, wo Touristen sind: an Sandstränden. Und das Erste, was Strandliebhabern, Wasserratten und Meeresfreunden beigebracht werden sollte, ist Respekt. Respekt vor dem größten Lebensraum der Erde, Respekt vor jedem Lebewesen, das am, im und vom Ozean lebt. Wer planschen, schwimmen oder tauchen geht, sollte sich klarmachen, dass er ein unglaublich komplexes System betritt, in dem bereits Sonnencreme,

Fäkalien oder achtlos weggeworfene Zigarettenstummel verheerende Auswirkungen haben können.

Viele Menschen haben Angst vor der Tiefe und ihren oft nicht sichtbaren Bewohnern. Wovor sie viel eher Angst haben sollten, ist der Schaden, den wir dem Lebensraum, den wir am meisten lieben, an dem die große Mehrheit ihren Urlaub oder ihre Freizeit verbringt, dauerhaft zufügen. Wenn wir unser Verhalten nicht radikal verändern, wird vom Sehnsuchtsort Meeresstrand außer der Sehnsucht und am Computer geschönten Postkarten- und Poster-Motiven nicht viel übrig bleiben. Problematisch ist hier unter anderem auch wieder der motorisierte Wassersport wie Jetski, Motorboot, Wakeboard, Wasserski. Mittlerweile freue ich mich über jedes Verbot für Sportboote oder Jetski. Sie machen Lärm (über und unter Wasser), verbrauchen Unmengen Sprit und sind gefährlich für Schwimmer und Surfer. Aber vor allem stören und gefährden sie die Fauna unserer Meere und Seen. Für viele Lebewesen im Wasser sind diese motorisierten Sportgeräte zu schnell, um unverletzt ausweichen oder fliehen zu können. Geschredderte Meeresschildkröten, große Wunden und Narben auf den Rücken von Delfinen und Walen belegen dies. Ein australischer Bekannter, der auf Dunk Island in Queensland als Wasserski-Lehrer arbeitete, erzählte mir, dass ihn der dumpfe Knall, den der Zusammenprall seines Motorboots mit einem Schildkrötenpanzer erzeugt hatte, bis in den Schlaf verfolge. Obwohl er einen Spotter mit Fernglas an Bord hatte, der ihn bei Sichtung von Schildkröten warnen sollte, konnte er gelegentliche Kollisionen leider nicht verhindern.

Tourismus

Tourismus ist für die meisten Küstenregionen der Welt eine wichtige, oft die einzige Einnahmequelle. Ohne Tourismus wäre zum Beispiel Griechenland endgültig in die Staatspleite geschlittert. Die langsame und mühsame Erholung findet hauptsächlich deshalb statt, weil insbesondere wir Deutschen (mich inbegriffen) wieder in steigenden Zahlen griechische Inseln besuchen. Länder wie Kenia oder Ägypten geraten sofort in kritische Schieflage, wenn aufgrund eines Terrorangriffs durch IS, Al Shabab oder andere Milizen der Tourismus einbricht. Die deutschen Nord- und Ostseeinseln leben vom Fremdenverkehr, egal wie fremdenfeindlich ihre Bewohner*innen bei Wahlen ihr Kreuzchen machen. Fast alle Reise-Broschüren und -Websites werben mit Sand- und Palmenstränden, und ich bin der Erste, der bei deren Anblick Fernweh bekommt. Die entscheidende Frage ist, welche Art von Tourismus betreiben und buchen wir? Ist es Massentourismus auf Kosten der Umwelt? Oder ist es ein eher sanfter Öko-Tourismus, der Rücksicht auf sie nimmt?

Was seit den 1960er- und 70er-Jahren an den Küsten des Mittelmeers gebaut wurde, um mit Tourismus Geld zu verdienen, führte zur irreparablen Verschandelung ganzer Küstenstriche in Italien, Spanien und Griechenland. Man belächelte diese Orte als »Teutonen-Grill«. Leider hat sich an der touristischen Ausbeutung von schönen Stränden bis heute nichts geändert, egal ob auf den Malediven, auf Mittelmeerinseln, in Asien oder den USA.

Wenn Immobilien- und Hotelkonzerne ganze Mangrovenwälder abholzen, um Apartments oder Hotelanlagen mit Infinity-Pools und Beach Bars zu bauen, dann mag sich das für die Konzerne rechnen. Für Meer und Umwelt rechnet es sich nicht. Leider werden weltweit immer noch unzählige dieser Anlagen gebaut, aber so gut wie nie abgerissen, egal wie alt und hässlich sie sind. Die meisten Hotelanlagen sind alles andere als nachhaltig errichtet, im Gegenteil. Auf den Malediven gibt es bis heute keine Müllentsorgung, in Südeuropa weder ein effizientes Müll-Management noch funktionierende Recycling-Systeme. Wer heute im Golf von Neapel (Ischia, Capri, Amalfi-Küste) schwimmt oder segelt, kann ein trauriges Lied davon singen. Das Südchinesische Meer mit seinen Tourismus-Destinationen in Thailand, Vietnam, Malaysia, Indonesien ist das vermüllteste Meer der Welt. Es kursieren Tauch-Videos im Netz, vor allem aus Bali, in denen man tonnenweise Müll, aber minutenlang keinen einzigen Fisch sieht.

Das Problem mit unserer Reiselust beginnt beim Fliegen: Nicht einmal ein Prozent der Flugreisenden macht einen CO_2-Ausgleich. Organisationen und Websites wie atmosfair.de, myclimate.de, climatefair.de und andere sind außerhalb der Umwelt-Szene immer noch weitgehend unbekannt. Dass Kerosin im Gegensatz zu Benzin, Diesel und Heizöl in Deutschland absurderweise nicht besteuert wird, verschärft das Problem. Nach Neapel oder Barcelona zu fliegen kostet einen Bruchteil dessen, was man für eine Bahn- oder sogar Autofahrt bezahlen müsste. Manche Pauschalreisen inklusive Flug sind billiger, als zu Hause, in einer deutschen Großstadt wie München, Hamburg oder Frankfurt, zu bleiben. Das führt dazu, dass wir mittlerweile millionenfach All-Inclusive-, Kurz-Urlaube und Städtereisen per Flugzeug buchen, wo man früher noch aufs Land, ins Grüne, an einen deutschen See- oder Meeresstrand gereist ist. Eine sogenannte Fernreise war die Ausnahme und ein entsprechendes Ereignis. Heute kommt man für den Preis eines regulären Inlandfluges schon auf die Kanaren, Balearen, ans Rote Meer, sogar nach Asien. Dadurch steigern sich Flug-Frequenz und Passagier-Zahlen, Neubauten von Hotels und Ferienanlagen an den Küsten und der Flächenfraß beziehungsweise der Ressourcenverbrauch an den Reisezielen.

Es gibt vereinzelte Orte und Hotels, die auf Nachhaltigkeit achten, aber sie sind die Ausnahmen. Man muss sie suchen wie die Nadel im Heuhaufen. El Gouna in Ägypten, Hydra in Griechenland wären hier erwähnenswerte Beispiele. Auch ist das Zertifizierungssystem für nachhaltigen Tourismus unausgereift und kaum durchschaubar. Die meisten Reiseanbieter und Tourismus-Unternehmen setzen weiterhin auf Masse und schnelles Geld; sie appellieren erfolgreich an unsere Geiz-ist-geil-Mentalität.

Das beste Beispiel für Nachhaltigkeit ist das mittelamerikanische Costa Rica. Es hat 25 Prozent seiner Landfläche zu Nationalparks gemacht, weitere 15 Prozent zu Naturschutz-Gebieten, und mittlerweile bietet es mehr Öko-Lodges zur Unterbringung seiner Besucher an als konventionelle Hotels. Viele von ihnen produzieren ihren eigenen Strom per Fotovoltaik, der tagsüber für die Nacht gespeichert wird, und beziehen ihr Wasser aus eigenen Quellen und Brunnen. Mietwagen kosten in etwa das Dreifache dessen, was man in den USA bezahlen müsste. Viele kleinere, schwer befahrbare Straßen werden bewusst nicht asphaltiert, um den Massentourismus fernzuhalten – und den Drogenhandel. Costa Rica wird ab 2023 eines der ersten Länder mit einer neutralen CO_2-Bilanz sein. Die Plastik-Becher dort sind kompostierbar, die Trinkhalme aus Pappe. Die Folge: Costa Rica hat die größte Biodiversität der Erde, den geringsten Artenschwund und verdient dank Öko-Tourismus kräftig Geld damit. Man wundert sich, dass ein sogenanntes Schwellenland so viel weiter sein kann als Deutschland und Europa. Der Grund liegt wohl darin, dass die Regierung nicht auf Massentourismus, sondern auf Nachhaltigkeit setzt. Man hat sich hier bereits in den 1950er-Jahren entschieden, seine Armee trotz permanenter Unruhen in dieser Region abzuschaffen und das eingesparte Geld in Bildung, Soziales und Umweltschutz zu investieren.

Neuseeland, wegen seiner mutigen Premierministerin Janice Ardern und ihrer Regierung derzeit als politisches Musterland bewundert, geht einen anderen Weg. Dort wurde eine Tourismus-Steuer eingeführt, die so hoch ist, dass Massen- und Pauschal-Reisen dorthin nicht mehr möglich sind.

Reisen erweitert den Horizont, heißt es. Ich bin selbst seit meinen Teenager- und Backpacker-Tagen ein passionierter, von Fern- und Meerweh geplagter Tourist. Auch ist mir klar, dass Tourismus für viele Länder, Orte und Menschen eine existenziell wichtige Einnahmequelle ist. Deshalb wäre ein nachhaltiger, umweltfreundlicher Tourismus eine Win-win-Situation für Gast und Gastgeber, und als Wirtschaftsfaktor hätte er größeres Wachstumspotenzial als der Ballermann-Tourismus.

Das Argument, es sollten sich auch Normalverdiener und weniger Betuchte leisten können zu reisen, ist richtig. Das gilt aber nur, wenn Umwelt und lokale Bevölkerung keinen Schaden nehmen. Wenn Orten in Portugal oder Spanien das Wasser ausgeht, weil Hotel-Komplexe und Golfplätze bewässert werden, dann ist das asozial. Wenn maledivische Inseln als unbewohnbare Müllhalden missbraucht werden, damit in den Luxus-Ressorts weiterhin Vittel und Evian aus PET-Flaschen getrunken werden können, wenn dort weiter täglich tonnenweise Abfall produziert wird, dann ist das ein Umweltverbrechen. Und wenn an Strandpromenaden auf Zypern zerschellte Schnapsflaschen, Müll und unzählige Zigaretten-Kippen an eine feucht-fröhliche Nacht erinnern, dann gehört die Form des Tourismus, die diese Szenarien verursacht, abgeschafft,

Kalifornien hat Alkohol-Konsum an Stränden gesetzlich verboten und unter hohe Geldstrafen gestellt. Beim Rauchen am Strand erwischt zu werden kostet schlappe 500 Dollar. Das hat weniger mit den strengen US-Gesetzen gegen das Rauchen zu tun als mit den Schäden, die weggeworfene Zigarettenstummel verursachen. Ein einziger abgerauchter Filter reicht aus, um sämtliche Fische in einem 200-Liter-Aquarium zu vergiften. Da täglich Milliarden Kippen einfach weggeworfen werden, ist der Schaden für Wasser und Fische enorm. Man kann Maßnahmen und Gesetze wie die des liberalen Kalifornien als spaß-feindlich, übergriffig oder übertrieben bezeichnen. Christian Lindner und seine FDP würden die an der Westküste regierenden Demokraten vielleicht als Verbots- und Anti-Spaß-Partei beschimpfen. Aber dafür gehören Kaliforniens Strände in Anbetracht seiner rund 38 Millionen Einwohner und gigantischen Industrie zu den saubersten der Welt.

Mit dem Tourismus und unserer Reiselust verhält es sich ein bisschen wie mit dem Fleischkonsum: Ein schöner Bio-Sonntagsbraten aus tierfreundlicher Haltung ist völlig in Ordnung. Aber dreimal täglich Fleisch aus Massentierhaltung zu essen ist ungesund, umweltschädigend und daher fragwürdig. Beim Urlauben sollte ebenfalls Qualität vor Quantität stehen. Entscheidend ist, welche Art von Reise wir unternehmen und buchen: Wer verdient daran? Ein auf Masse ausgerichteter Touristik-Konzern oder kleine, regionale Unternehmen? Ist der All-Inclusive-Urlaub wirklich attraktiver als ein individuell zusammengestellter? Wie weit muss ich tatsächlich reisen, um mich zu erholen? Und ist der Aufenthalt in einem wohnkloartigen Hotel-Kasten an Adria, Costa Brava oder Rotem Meer wirklich schöner und preiswerter als auf einem Hof oder Weingut des Agro-Turismo in Umbrien oder in der Toskana?

Die Wirkung von Tourismus auf die jeweiligen Reiseziele hängt sowohl vom Verhalten der Gastgeber als auch ihrer Gäste ab. Wie ein Strand oder eine Küste aussieht, hat einerseits damit zu tun, ob die örtlichen Behörden und Unternehmen eine regelmäßige Reinigung und Pflege organisieren können, andererseits wie sich Segler, Taucher, Badegäste, All-Inclusive-Bucher und Sonnenanbeter benehmen.

Es gibt Leute, die ans Meer reisen, um große Raubfische zu fangen: Ina hat schon über Big Game Fishing und Sportangeln geschrieben. Als wir diesen verspäteten Nachfolgern von Ernest Hemingway und Captain Ahab bei den Dreharbeiten unserer Hai-Doku begegneten, konnte (oder wollte) keiner von ihnen verstehen, warum wir einen Film zum Schutz dieser »Killing Machines« machen wollten. Sportarten dieser Art gehören in meinen Augen genauso verboten wie die Großwildjagd in Afrika.

Es gibt Leute, die ziehen ihr Motorboot per SUV und Anhänger quer durch Europa, um ein bisschen über Seen oder Mittelmeer zu knattern. Andere dagegen klemmen ihr Surfbrett unter den Arm und reiten an Nordsee oder Atlantik Wellen ab. Oder sie paddeln per SUP (Stand Up Paddling) übers Wasser. Das ist ihr Urlaub am Meer. Großartig! Dass die meisten Bretter immer noch aus Fiberglass und anderen giftigen Verbundstoffen hergestellt werden, ist der einzige Makel an diesen ansonsten nachhaltigen Sportarten.

Sand

Die wichtigste Zutat für einen Strandurlaub ist vermutlich der Sand. Auch ich habe früher als Kind gern aus der Sahara, Ischia, von Nordsee oder Atlantik ein Gläschen Sand als Souvenir mit nach Hause genommen und es nebst Muscheln und Quietsch-Entchen im Badezimmer drapiert. Allerdings wird um diese vermeintlich unerschöpfliche Ressource mittlerweile auf unterschiedlichste, manchmal skurrile Weise immer härter gekämpft.

Es gibt immer mehr Küsten und Inseln, denen aus zwei Gründen der Sand und damit das Geld ausgeht: 1. wegen massiven Sand-Diebstahls für die weltweit boomende Bauindustrie, und 2. wegen des klimabedingt steigenden Meeresspiegels. Plötzlich gibt es Sand nicht mehr wie Sand am Meer, er wird zur kostbaren Mangelware.

Je weiter die Polkappen, Eisberge und Gletscher abschmelzen, desto mehr spülen steigende Wasserspiegel und Unwetter den Sand von den Stränden. Auf mehreren maledivischen Inseln müssen jetzt schon nachts oder sogar rund um die Uhr Pump-Anlagen laufen, um den weggespülten Sand aus etwa 100 bis 150 Metern Entfernung zum Strand zurückzupumpen. Ohne diesen Aufwand würden die Urlauber nicht romantische Fußspuren im feinen Sand hinterlassen, sondern auf Stein und Fels laufen.

Die Malediven sind eine der ersten Inselgruppen, denen das Meer zunehmend ihren Sand wegspült. Auf lange Sicht werden sie ihn wohl verlieren.

Ein weiteres Beispiel ist Ischia. Die Mittelmeerinsel ist nicht nur Angela Merkels bevorzugtes Urlaubsziel, auch meine Großmutter nahm mich schon Mitte der 70er dorthin mit. Seitdem hat die Insel sich stark verändert. Ein heftiger Sturm in den 80er-Jahren ließ die beliebteste Badebucht einfach verschwinden. Strand und unzählige Tonnen Sand waren plötzlich weg. Man versuchte gar nicht erst, die Bucht wiederherzustellen, der Schaden war irreparabel.

Auch ein Surfspot westlich von L.A., »County Line« genannt, an dem ich (im für Surfer methusalemischen Alter von

Ende 30) das Wellenreiten erlernte, wurde durch Klimawandel und Stürme so verändert, dass man dort heute quasi alleine surfen kann. Früher war er mal einer der beliebtesten Surfspots Südkaliforniens, heute ist den Horden kalifornischer ›Surf Dudes‹ die Welle durch Ausspülung des Strandes zu ›choppy‹, also nicht mehr linear genug.

Der Verlust von Sand durch Klimawandel und Wasser scheint aber fast ein Luxusproblem zu sein im Vergleich zum Sandraub, der in Afrika seit Jahren stattfindet. Dass salzhaltiger Sand vom Meeresstrand aufgrund kürzerer Halbwertzeit minderwertig ist, scheint nicht zu interessieren. Er ist billig, im Idealfall sogar umsonst. Somit verlieren wirtschaftlich schwache und damit korrumpierbare afrikanische Länder ihre Strände und die Natur ein existenziell wichtiges Habitat.

Sand wird natürlich nicht von dort gestohlen, wo der Tourismus blüht. Er wird in den Ländern geklaut, wo Menschen sich nicht wehren können und arm sind. Also hauptsächlich in Afrika. Kalifornier und Costa-Ricaner würden es nicht zulassen, wenn plötzlich chinesische Frachter heranschippern und den Sand wegbaggern würden. In afrikanischen Küstenländern ist das einfacher. Dort muss man ähnlich wie bei der Großwildjagd oder Elfenbein- und Nashorn-Wilderei nur die richtigen Leute schmieren, und schon kann man unendliche Mengen von Sand einfach abtransportieren. Es gibt zahlreiche Dokumentationen und Publikationen zu diesem Thema, aber Politik und Gesetzgeber reagieren (noch) nicht darauf. Das würde sich erst ändern, wenn der Raubbau an populären Urlaubszielen stattfinden würde.

Es bleibt die Frage, wie wir das Meer und seine Küsten schützen können. Und da ist Sonnenschutz eine schöne Parabel: Um unbeschadet Sonne und Meer genießen zu können, reiben wir uns gewissenhaft mit Cremes und Sprays ein, um uns mit Lichtschutzfaktor 10 bis 100 zu schützen. Seit Jahrzehnten wird uns eingetrichtert, dass wir uns ohne Sonnenschutz einem hohen

Hautkrebs-Risiko aussetzen. Das mag wahr sein, aber es mehren sich die Stimmen (und wissenschaftlichen Studien), dass Sonnenschutz-Produkte chemische Giftkeulen voller Toxine und Mikroplastik sind. Und die haben nicht nur Auswirkungen für unsere eigene Haut und Gesundheit, sondern vor allem auch für die Natur. Erste Reise-Destinationen an Meeren und Seen, zum Beispiel in Australien, verbieten jetzt schon die Verwendung von Sonnenschutzmitteln. Wir müssen uns neuerdings also entscheiden, ob wir uns dem Hautkrebs-Risiko lieber durch chemische Kosmetik-Produkte oder durch einen altmodischen Sonnenbrand aussetzen. Für die Natur ist der Sonnenbrand definitiv die gesündere Alternative, auch wenn man sich mit krebsrotem Teint dem Gelächter seiner Zeitgenossen aussetzt und kurz nach Urlaubs-Ende häutet wie eine Schlange.

Ich frage mich, ob wir von den uralten Kulturen, die seit Jahrtausenden der sengenden Sonne ausgesetzt sind, nicht lernen sollten: die Touaregs in der Sahara mit ihrem Tschesch, die vietnamesischen Reisbauern mit ihren riesigen Strohhüten, die Mexikaner mit ihren Sombreros, die Beduinen und Berber mit ihren bodenlangen Kapuzen-Kaftans? Australien, das Land mit den höchsten Hautkrebsraten weltweit, ist da weiter: Dort werden Kinderwagen mit Sonnensegel verkauft, auch Schulhöfe werden mit ihnen überspannt, und gesurft wird mit sogenannten Rashguards (Lichtschutzhemden) beziehungsweise mit Zinkcreme eingeschmierten, schneeweißen Gesichtern. Ich surfe und kite grundsätzlich nur noch mit langärmeligem Rashguard und Baseball-Mütze. Das hat allerdings weniger mit nachhaltigem Sonnenschutz als mit Faulheit zu tun: Mir ist das Eincremen zu mühsam und schmierig, und man hat leider nicht immer jemanden dabei, der gewillt ist, einem die unerreichbaren Rückenpartien einzucremen.

Bis ins 20. Jahrhundert hielt man sich mangels Chemie- und Kosmetik-Industrie auch in Europa und der neuen Welt bedeckt, wohl wissend, dass Sonnenstrahlen zwar lebensnotwendig und angenehm, aber hautschädlich sein können. Und während dunkelhäutige Menschen, vor allem in Afrika, immer mehr Geld in die ebenfalls ungesunde Aufhellung ihrer Haut investieren, geben wir Bleichgesichter immer mehr aus, um auf möglichst hautschonende Art und Weise möglichst braun zu werden, egal ob im Liegestuhl im sonnigen Süden oder auf der bundesdeutschen Sonnenbank.

Natürlich würde die Kosmetikindustrie Milliarden-Verluste machen, wenn plötzlich alle, statt Sonnencreme zu kaufen, einfach wieder Kleidung anziehen würden. Genau wie der umweltschädliche Massentourismus kollabieren würde, wenn wir Meere und Strände schonen würden, anstatt sie rund um den Globus als Billigreisende zu besetzen und zu zerstören. Es liegt also wieder einmal an uns Verbrauchern und Reisenden, sowohl die Kosmetik- wie auch die Reiseindustrie dahingehend zu steuern, dass sie nachhaltige, sozial- und umweltverträgliche Produkte anbietet.

Der Mensch übt Rache, das Meer nimmt sie

Nur Klimaleugner, unerschütterliche Optimisten und unbedarfte Naivlinge können davon ausgehen, dass sich die Meere nicht irgendwann rächen. In Form von Sturmfluten und Tsunamis tun sie es bereits regelmäßig, mit steigender Tendenz. Aber auch der tragische Tod von Steve Irwin, dem australischen Naturliebhaber und TV-Entertainer, entbehrte nicht einer gewissen Symbolik und Ironie. Irwin knuddelte vor laufenden Kameras Krokodile, Schlangen und andere Lebewesen, die nicht nach ihrem Einverständnis gefragt werden konnten. Viele ließen sich das gefallen, ein wenig kooperativer Stachelrochen offenbar nicht.

Auch eine kleine, durchaus hübsche, schneckenförmige Muschel lässt es sich nicht bieten, wenn jemand in ihren Lebensraum eindringt. Am Roten Meer wird sie nur »Asshole Mussel« genannt, also Arschloch-Muschel. Wer versehentlich in sie hineintritt, hat ein tiefes Loch im Fuß, selbst wenn man mit Schuhen ins Wasser geht. Ich habe beim Kiten bereits mehrere Paare

Surf-Boots ruiniert, Blutbad und Loch im Fuß inklusive. Ich wünschte, alle Muscheln und Meeresbewohner könnten sich so davor schützen, in ihrem Lebensraum gestört zu werden oder als (illegale) Dekorationsobjekte in unseren Badezimmern zu landen.

Wir Menschen können uns vor vielem am Strand und Meer schützen (zum Beispiel durch Sonnencreme), aber die wenigsten Meerestiere haben Mittel oder Waffen gegen das, was wir Touristen und Invasoren ihnen antun. Also müssen wir sie vor uns selbst schützen.

Die leider immer noch umstrittene CO_2-Steuer wäre das geeignetste Instrument, um unseren Meeren und Stränden zu helfen. Sie würde umweltverträgliche Reiseanbieter, Hotellerie, Sportarten belohnen und umweltschädliche zur Kasse bitten. Insofern ist die in vielen deutschen Strandgemeinden übliche Kurtaxe ein kluges Konzept: Müssten wir an allen hoch frequentierten Stränden der Welt eine Art Eintrittsgebühr bezahlen, würden wir nicht nur bewusster mit ihnen umgehen – es wäre auch das nötige Geld vorhanden, um sie zu bewahren und zu pflegen.

KAPITEL 8

Kraken und Kalmare –
Die heimlichen Herrscher der Meere

Einmal im Jahr vom Grunde
Des Meeres wird nach oben,
Aus eines Wirbels Schlunde
Der Krak heraufgehoben,
Gleich einem Inselrunde,
Um das die Wasser toben.

Aus »Der Krake« von Herrmann von Lingg

INA KNOBLOCH

Kraken und Kalmare gehören zu den ältesten Bewohnern der
Weltmeere. Die Weichtiere sind klüger als manches Haustier
und haben »Adler-Augen«. Manche sind heimliche Gewinner
des Raubbaus in den Meeren, andere gehören zu den Verlierern
und Opfern von Verseuchung, Vermüllung und Überfischung.
Die Welt der Tintenfische ist auf jeden Fall längst aus den Fugen
geraten, dabei überraschen diese Tiere mit ihren unglaublichen
Fähigkeiten nicht nur Forscher immer wieder. Das Geschick der
Achtfüßler ist einzigartig und stellt die Koordinationsfähigkeit
der meisten Wesen in den Schatten – auch die des Menschen.
Meins ganz sicher. Denn wenn ich acht Arme hätte und damit
eine Hütte aus Kokosschalen bauen sollte, würde ich mich wahr-

scheinlich ziemlich verheddern und verknoten und nichts zustande bekommen. Nicht so die australische Krake *Amphioctopus marginatus*, die kann nämlich mit ihren acht Armen, die gleichzeitig die Beine sind, das Baumaterial einsammeln und damit unfallfrei über den Meeresboden joggen. So wie australische Wissenschaftler diese Kraken-Architekten beschrieben haben, muss das ziemlich komisch aussehen. Sie haben beobachtet, dass die Kopffüßler dafür die Schalen auf ihr nicht vorhandenes Hinterteil klemmen und dann mit den heraushängenden Armen über den Meeresboden tribbeln, bis sie ihren Bauplatz erreicht haben. Dort basteln sie sich dann ziemlich geschickt ihr Kokoshüttchen zusammen. Vielleicht sind die Tierchen so clever, weil sie auch mit den Armen denken können. Das Hirn der Krake sitzt nämlich nicht nur im Kopf, sondern ebenfalls in ihren Extremitäten.

Das heißt, die Weichtiere sammeln und nutzen nicht nur Werkzeug und Baumaterial, sondern sie planen ihren Hüttenbau richtig. Das ist aber nicht der einzige Geniestreich von Kopffüßlern, der beobachtet wurde: Zoowärter berichteten von geflohenen Tintenfischen, die ihre Flucht anscheinend wochenlang vorbereitet hatten. Eines dieser gewitzten Tierchen hatte wohl beobachtet, dass der Tierpfleger manchmal den Aquariendeckel nicht richtig schloss. Die Krake büxte dann im richtigen unbeobachteten Moment aus und floh wahrscheinlich durch den Gulli. Was aus ihr wurde, ist nicht überliefert.

Von anderen Zoo-Tintenfischen wurde berichtet, dass sie nachts das Nachbar-Aquarium plünderten und morgens dann mit Unschuldsmiene wieder in ihrem Becken saßen und – o Wunder – gar keinen Hunger hatten.

Kraken spielen Ping-Pong
Die Intelligenz der Tiere ist längst kein Geheimnis mehr, daher bekommen Tintenfische in den meisten Zoos Spielzeuge, damit ihnen nicht langweilig wird. Besucher können dann beobachten, wie die Meeresbewohner Flaschen oder Schraubgläser öffnen und schließen, ihr Spielzeug sortieren oder sich verschanzen,

wenn sie ihre Ruhe haben wollen. Vor lauter Langeweile haben einige Tiere mit ihrem Spielzeug auch schon Ping-Pong gespielt. Weil unter Wasser das Werfen extrem schwierig ist, hatten sie den Frischwasserstrahl im Aquarium als Gegner erkoren und ihre eigene Wasserdüse quasi als Aufschlag. Die meisten Tintenfische können ziemlich kraftvoll Wasser versprühen, das ist nicht nur eine Art Düsenantrieb für die Tiere, den benutzen sie auch manchmal, um Feinde zu vertreiben, ganz unabhängig von der namensgebenden Tinte, die einige Arten kraftvoll versprühen. Die Ping-Pong spielenden Kraken nutzten ihren kräftigen Strahl, um ein Plastikdöschen in Richtung der Wasserdüse des Aquariums zu katapultieren. Dieser Frischwasserstrahl beförderte das Spielzeug wieder zurück zur Krake, die dann mit einem erneuten »Aufschlag« konterte.

Die Tiere sind nicht nur unheimlich schlau und extrem witzig, sondern auch ziemlich scharfsichtig. Sie haben jeden im Blick, der in ihr Aquarium schaut. Kraken können nämlich Gesichter unterscheiden, sogar wiedererkennen und reagieren auch darauf. Manche zeigen dabei sehr deutlich, wen sie leiden können und wen nicht.

In einem Aquarium mochte ein Tintenfisch anscheinend einen seiner Tierpfleger nicht. Wenn der verhasste Mann den Aquariumdeckel öffnete, versuchte der Tintenfisch jedes Mal, ihm Wasser ins Gesicht zu spritzen, während er alle anderen Pfleger in Ruhe ließ.

Die heimlichen Herrscher der Meere

Das Auge des Tintenfischs ist sogar genauso aufgebaut wie das menschliche, obwohl sich unsere Wege evolutionsbiologisch vor über 500 Millionen Jahren getrennt haben. Unser gemeinsamer Vorfahr war irgendein Wurm, der keinesfalls ein solches Linsenauge hatte. Die Sehorgane entwickelten sich erst Millionen Jahre später. »Konvergente Entwicklung« nennen Biologen solche parallelen evolutionären Entstehungsgeschichten. Andere behaupten schlicht, Tintenfische wären Aliens und die heimlichen Herrscher der Meere. Obwohl die Tierchen wirklich ein wenig außerirdisch wirken, ist das natürlich Unsinn, aber bei dem Programm, das diese Kopffüßler draufhaben, kommt man schon ins Staunen. Insgesamt gibt es weit mehr als tausend Tintenfischarten, und es werden dauernd noch neue entdeckt. Manche sind winzig klein, andere riesig groß.

Die Giganten unter den Kopffüßlern wandern als Schiffe versenkende Monster der Tiefsee durch die Mythen und Legenden aller Kulturen. Tatsächlich können Riesenkraken und Riesenkalmare über zehn Meter groß werden. Aber Schiffeversenken haben sie sicher nie gespielt. Und wie bei allen Arten stellt der Mensch eine viel größere Bedrohung für die Tiere dar als diese für den Menschen.

An meine erste Kraken-Begegnung in der »Wildnis« kann ich mich noch erinnern, als wäre es gestern gewesen, obwohl ich noch ein Kind war und das einige Jahrzehnte zurückliegt. Die »Wildnis« war das spanische Mittelmeer und die Begegnung alles andere als rühmlich: Der arme Tintenfisch war nämlich schon tot. Mein elfjähriger Cousin hatte ihn mit einer Harpune erlegt und präsentierte ihn mir stolz. Das arme Tier hing schlaff in seinen Händen und war so schon ein unendlich trauriger Anblick, doch dann fing mein Cousin auch noch an, mit Unterstützung seines Vaters das tote Tier zu schlagen. Immer wieder schlugen sie es auf einen Felsen.

Ich war nur zwei Jahre älter als mein Cousin, und mein Blick muss Bände gesprochen haben. Mein Onkel klärte mich postwendend auf: Tintenfische sind ungenießbar, wenn sie nicht weichgeklopft werden. Er wollte das Tier essen; es sollte schließlich nicht umsonst gestorben sein. Zwei Herzen schlugen in meiner Brust: Das eine schlug für Verweigerung, das andere für Verwertung.

Drei Herzen im Kopf

Das mit den zwei Herzen ist natürlich nur eine Metapher. Säugetiere haben nur ein Herz. In den Körpern von Tintenfischen, die gar keine Fische sind, sondern Weichtiere, schlagen sogar drei Herzen, ein Hauptherz und zwei Kiemenherzen. Die schlagen aber nicht in der Brust, Tintenfische haben ja keine, sondern im ziemlich großen Kopf, und zwar bei allen Arten. Damals bei dem Tintenfisch in Spanien schlug gar nichts mehr, und da ich das Tier nicht wieder lebendig machen konnte, entschied ich mich für Verwertung. Mit großer Ehrfurcht vor dem Wesen aus der Tiefe half ich, einen Bierteig und eine Aioli zu zubereiten und frittierte jeden einzelnen Ring mit Andacht. Die Calamari waren butterzart, meine Kochkünste wurden hochgelobt, aber mir blieb jeder Bissen fast im Hals stecken. Vielleicht hatte der Tintenfisch meinen Cousin noch angesehen, bevor er von der Harpune getroffen wurde. Seither frittiere ich nur noch Pilze und Zwiebelringe oder andere Dinge, die keine Augen haben. Hingegen gehen Tintenfische mit ihren Opfern auch nicht gerade zimperlich um: Sie fressen schon mal Artgenossen. Mit ihren Armen können sie futtern wie mit Besteck und die Beute auch von einem zum anderen Arm reichen, bevor sie sich die Happen genüsslich in den Mund stecken – zielgenau, versteht sich. Alles andere wäre auch selbstmörderisch: Die Zähne von Kraken und Kalmaren sind messerscharf und erinnern der Form nach ein wenig an einen Papageienschnabel. Manche haben noch spitzkantige Raspeln auf der Zunge, um Gehäuse von Schnecken und Muscheln zu knacken. Ein Wunder, dass Tintenfische sich damit nicht selbst die weichen Extremitäten verstümmeln, aber wer Hirn im Arm hat, ist damit wahrscheinlich besonders geschickt.

Tintenfische stehen aber nicht nur bei ihren Artgenossen auf dem Speiseplan, sondern – je nach Größe der Kopffüßler – eigentlich bei fast allen Meeresbewohnern, die nicht gerade zu den Planktonfressern gehören. Als Intelligenzbolzen der Ozeane haben sich Tintenfische ganz besondere Tricks einfallen lassen, um ihren Feinden ein Schnippchen zu schlagen und zu entkommen. Wobei Tintenfisch nicht gleich Tintenfisch ist. Vor allem zwei Gruppen beherrschen die Meere: die Oktopoden mit acht langen, geschickten Beinen voller Saugnäpfe und die Kalmare mit größerem Kopf und dünneren, kürzeren Extremitäten, von denen sie dann allerdings zehn haben. Riesenkalmare können an die 15 Meter lang werden und einen aus Augen ansehen, die bis zu vierzig Zentimeter Durchmesser haben können.

Die achtarmigen Verwandten lassen sich auch nicht lumpen, was ihre Größe angeht. Mit ihren untertassengroßen Saugnäpfen wehren sie sich tapfer gegen hungrige Wale und werden immerhin auch fast zehn Meter groß. Kein Wunder, dass früher Begegnungen mit Kraken und Kalmaren mit ein wenig Seemannsgarn zu Horrorgeschichten verwoben wurden.

Fürsorgliche Riesenkraken

Dabei sind gerade Riesenkraken äußerst fürsorgliche Tiere, die sich im wahrsten Sinne des Wortes aufopfernd um ihren Nachwuchs kümmern, zumindest die Weibchen. Der Kraken-Mann hält sich zurück, dafür verspeist ihn das Weibchen gelegentlich. Einmal im Leben paaren sie sich und geben alles für die nächste Generation. Nach der Brutpflege sind die Weibchen so ausgelaugt, dass sie sterben, und schaffen es gerade noch, sich von ihrem Nachwuchs zu verabschieden, bevor sie einige Hundert Meter entfernt das Nirwana betreten. Ein kluger Schachzug auch noch im Sterbebett: Denn so kann ihr verwesender Kadaver keine Fressfeinde ins Brutversteck locken.

Die Giganten unter ihnen stehen vor allem auf der Speisekarte von Pottwalen, und je kleiner die Art, desto kleiner auch die Fressfeinde. Einige Tintenfische werden nur wenige Zentimeter groß und müssen sich auch vor Seevögeln in Acht nehmen. Um nicht gefressen zu werden, können sich die meisten Arten praktisch unsichtbar machen, wenn der Feind anrückt. Sie sind Meister der Tarnung und unglaublich wandlungsfähig. Chamäleons könnten noch von ihnen lernen. In null Komma nix wechseln die Kopffüßler Muster und Farbe ihres Mantels und passen sich vollständig der Umgebung an, oder sie verschwinden einfach. Da sie kein Skelett haben, können sie sich auch noch in die kleinste Höhle quetschen oder gleich eine eigene Schutzhütte bauen.

Meister der Tarnung

Ein ganz besonderer Meister der Tarnung ist der Mimikry-Oktopus. Der kann nicht nur Farbe und Musterung in Sekundenschnelle wechseln, sondern gleich auch noch die unterschiedlichsten Formen annehmen. Das begabte Weichtier kann sich beispielweise so verändern, dass es einem feindlichen Feuerfisch zum Verwechseln ähnlich sieht. Dieser unglaubliche Oktopus ahmt sogar noch dessen Verhalten nach. Bis zu 15 verschiedene Charaktere hat er im Programm, von der Seeschlange bis zur Flunder. Diese Meerestiere kann er so perfekt imitieren, dass sowohl Jäger als auch Beute ahnungslos vorbeiziehen. Hat der Mimikry-Oktopus Hunger, spielt er die Rolle der harmlosen Muschel und schlägt blitzschnell zu, wenn sich beispielsweise ein Krebs nähert. Sobald aber ein räuberischer Fisch in Sicht ist, verwandelt er sich in eine giftige Seeschlange oder eben einen Feuerfisch.

Dieser raffinierte und in der freien Natur äußerst erfolgreiche Oktopus geht in Gefangenschaft jedoch jämmerlich ein. Im Aquarium verweigert er jegliche Nahrung und stirbt nach kurzer Zeit. Dieser Oktopus eignet sich definitiv nicht als Haustier. Lust auf Theater hat er in einem Gefängnis nämlich auch nicht. Wer sich mit Tintenfischen amüsieren möchte, sollte sie sich lieber im Netz ansehen. Dort gibt es mehr als genug sehr komische Clips.

Die verschiedenen Arten verfügen über noch ganz andere Tricks, um sich zu verteidigen. Der legendäre Tintenstrahl, quasi das Pfefferspray der Kopffüßler, ist ja weitreichend bekannt, aber mache Tintensprüher haben sich zu wahren Künstlern entwickelt: Sie versprühen die dunkle Farbe mit einer Gallertmasse, und zwar so, dass diese sich zu einem Tintenfisch formiert. Der verwirrte Jäger schnappt dann nach dem schwarzen Pudding, während sich die Krake gemütlich aus dem Staub machen kann.

Mit ihren raffinierten Tarn- und Ablenkungsmanövern können Tintenfische fast alle Jäger der Meere austricksen. Nur wer bei Haien auf der Speisekarte steht, hat selbst mit diesen raffinierten Methoden schlechte Karten; sie verfügen nämlich über ein elektrisches Ortungssystem und spüren damit fast jeden potenziellen Happen auf. Aber auch gegen diese Gefahr haben einige Tintenfisch-Arten im Laufe der Evolution eine Tarnstrategie entwickelt: Sie fallen bei drohender Gefahr in eine Starre und werden dadurch für das elektronische Ortungssystem der Haie unsichtbar.

Bei den Winzlingen unter den Kraken und Kalmaren haben sich diese originellen Strategien offensichtlich als nicht so erfolgreich erwiesen, denn einige fahren deutlich härtere Geschütze auf: tödliche Giftspritzen. Das Tetrodotoxin, das die etwa zehn Zentimeter große Blauring-Krake ihren Opfern injiziert, führt auch beim Menschen innerhalb von kürzester Zeit zum Tod, Rettung kaum möglich. Mantel und Arme des kleinen Monsters zieren wunderschöne azurblaue Kringel, die bei drohender Gefahr zu leuchten beginnen. Quasi ein optischer Warnschuss an hungrige Jäger oder Menschen, die die attraktiven Tiere immer wieder einsammeln und stolz präsentieren.

Giftige Wunder

Zu Hause sind diese giftigen Wunder des Ozeans, wie die meisten supergiftigen Tiere, in den Gewässern vor Australien. Dort hat gerade erst ein kleines Mädchen so ein niedliches Exemplar seiner Mutter an den Strand gebracht. Zum Glück hatte die Kleine nicht den Kraken in die Hand genommen, sondern nur die Muschel, in die er sich verkrochen hatte, die Mutter erkannt die Gefahr sofort und handelte entsprechend. Ihre tödliche Waffe stellen die cleveren Tierchen noch nicht einmal selber her. Sie lassen sie von einer Bakterien-Kolonie produzieren, der sie Unterschlupf in ihrer Mundhöhle gewähren.

So brutal und ausgebufft die attraktiven Meeresbewohner wirken, so fürsorglich kümmern sie sich jedoch um ihren Nachwuchs. Nur ein einziges Mal in ihrem Leben legen diese Kraken Eier, die die Mütter fürsorglich mit sich herumtragen. Gleich nach dem Schlüpfen versorgen die Muttertiere den Nachwuchs mit einer Dosis Gift-Bakterien. Danach müssen die Kleinen allerdings für sich selbst sorgen, denn die Mütter sterben kurz nach der Geburt und die Väter schon nach der Paarung.

Man könnte meinen, dass die Menschheit ziemlich viel Glück hat, dass Kraken und Kalmare Einzelgänger sind. Die haben nämlich bestimmt längst begriffen, was der Mensch mit dem Meer anstellt. Wenn sie sich zu einem Schwarm zusammenrotten würden, wäre Schiffeversenken wahrscheinlich noch das harmloseste Spiel der Kraken-Armee. Aber zusammenhocken wollen Kraken partout nicht – außer sie sind auf Drogen. Ein paar verrückte Wissenschaftler haben tatsächlich Ecstasy (MDMA) an Kraken getestet und festgestellt, dass die Einzelgänger auf Dope gerne kuscheln. Was für eine Erkenntnis! Wahrscheinlich haben die Forscher auch Selbsttests durchgeführt und unter Drogeneinfluss beschlossen, noch weitere Tests mit Psychopharmaka an den intelligenten Meerestieren durchzuführen. Das war nicht in den 80ern, sondern 2018 in den USA.

Gierige Krakenzüchter

Vielleicht haben die Forscher die Drogen-Tests auch im Auftrag der Fischindustrie durchgeführt. Der neueste Hype sind nämlich Aqua-Farmen für Kraken, die gerade in großem Stil geplant werden. Hochintelligente Einzelgänger werden auf engstem Raum eingesperrt, um die kulinarische Gier der Menschheit zu befriedigen. Gut möglich, dass die Kraken in der Farm mit Ecstasy ruhiggestellt werden sollten. Über die Krakenzucht für den Fischmarkt hat sich auch die US-amerikanische Wissenschaftlerin Jennifer Jacquet Gedanken gemacht. Sie kritisiert Aqua-Farmen insgesamt, hält aber vor allem Tintenfischfarmen für große Tierquälerei. Ansonsten wirft die Wissenschaftlerin, zu Recht, der gesamten Fischfarm-Industrie vor, die Meere zu plündern. Denn das Futter für die Fische kommt keinesfalls aus nachhaltigem Anbau, es wird ebenfalls einfach aus dem Meer geschöpft. Kleingeschreddert wird den Zuchtfischen dann alles vorgesetzt, was ins Netz gegangen ist und nicht hochpreisig verkauft werden kann. Beifang wird dabei nicht aussortiert, sondern zu Fischfutter verarbeitet. Wenn das nicht reicht, wird extra für die Tintenfische oder sonstige Aqua-Farm-Fische gefischt. Oder auch Regenwälder gerodet, denn inzwischen wird – wie schon erwähnt – auch genmanipuliertes Soja in Fischfarmen verfüttert. Statt zur Erforschung der Tiefsee und sonstiger mariner Ökosysteme fließen staatliche Fördergelder in die aquatische Massentierhaltung, die nur mit enormen Mengen an Chemie und Antibiotika funktioniert und dem Meer giftige Gülle hinterlässt.

Tintenfische – Gewinner des Klimawandels?
Wenn es um die Folgen des Klimawandels geht und die Plünderung und Verschmutzung der Meere, präsentieren Forscher gerne Tintenfische als Gewinner der Katastrophe. Ein schlechter Scherz. Wer Bilder der toten Riesenkalmare gesehen hat, die zu Zehntausenden an Chiles Küste geschwemmt wurden, kann kaum von Gewinnern sprechen. Chile ist gerade ganz groß im Fischfarm-Geschäft. Die Zuchtbetriebe entsorgen nicht nur hektoliterweise giftige Abwässer ins Meer, sondern auch tonnenweise toxische Fischkadaver. Mittlerweile laufen chilenische Fischer und Bauern Sturm, denn die Lachsfarmen haben alle Ökosysteme im weiten Umkreis zerstört und Äcker vergiftet. Nach zahlreichen Berichten über die fatalen Zustände in norwegischen Lachsfarmen haben sich viele Betreiber zurückgezogen oder ihr Geschäft verlagert, vor allem nach Chile.

Inzwischen ist in Chile Lachs der zweitgrößte Exportartikel des Landes, nach Kupfer. Göttinger Wissenschaftler haben durch Zufall das Ausmaß der Zerstörung entdeckt. Eigentlich wollten die Forscher die Kommunikation von Walen vor der chilenischen Küste erforschen, dabei gerieten sie in völlig vergiftete, eutrophierte Gewässer und entdeckten dort Tonnen toter Fische.

Immer wieder sind die chilenischen Strände Schauplatz von Massensterben. Ganze Schwärme von Walen, Sardinen, Kalmaren, Seevögeln und anderen Meerestieren verenden an den dortigen Küsten. Verantwortlich gemacht wurde meist die warme Meeresströmung El Niño. So wird es auch in allen Medien verbreitet. El Niño ist aber kein lokales chilenisches Phänomen, es zieht sich an der gesamten süd- und mittelamerikanischen Küste entlang. Lachs-Farmen und Kupferabbau gibt es allerdings nicht in den anderen Anrainerstaaten an der pazifischen Westküste in so großem Stil.

Ein Schelm, wer dabei Böses denkt? Ganz sicher nicht. Die negativen Auswirkungen des Kupferabbaus auf die Umwelt sind schon seit Jahrzehnten bekannt. Hochbelastete Flotationsabfälle fließen mehr oder weniger ungehindert in den Ozean und verseuchen den Meeresboden, inklusive Fauna und Flora. Laut Studien sind die Kupferhütten in Chile für 92 Prozent der Schwefelemissionen zuständig. Darüber hinaus enthalten die Klärschlämme aus dem Bergbau Quecksilber und andere Gifte, die sich in den Meerestieren anreichern.

Schadstoff Endlager Meerestiere

Obwohl schon Ende der 1980er-Jahre die gefährlichen Polychlorierte Biphenyle (PCB) verboten wurden, reichern sich diese toxischen Weichmacher noch immer in Fischen an. Enthalten waren die krebserregenden Stoffe unter anderem in Kunststoffen, Lacken, Isoliermaterialien und Kondensatoren. Ein Großteil unseres toxischen Sondermülls landete in Asien, Afrika oder auch direkt im Mittelmeer. Eine Zeit lang hatte sich die italienische Mafia auf die »Entsorgung« von Giftmüll spezialisiert. Aus den ungesicherten Deponien in Afrika und Asien gelangen ebenfalls große Mengen ins Meer.

Inzwischen sind vor allem die Großsäuger der Meere so stark mit PCB belastet, dass sie teilweise zeugungsunfähig geworden sind. Wie sich dieses und andere Gifte auf Tintenfische auswirkt, ist bisher kaum erforscht.

Weichmacher sind aus Kunststoffen auch nicht verschwunden. Sie wurden nur durch andere, weniger giftige Stoffe ersetzt, die aber keinesfalls unbedenklich sind. Alter und neuer Plastikschrott, zum Teil hochbelastet mit diesen Chemikalien, ist inzwischen überall im Meer verteilt. Hannes hat schon erwähnt, dass sogar am tiefsten Punkt des Ozeans, im fast 11000 Meter tiefen Marianengraben, Müll entdeckt wurde. Forscher haben mithilfe von Unterwasserdrohnen über 3000 Plastikteile entdeckt. Man möchte nicht wissen, was da sonst noch schlummert.

Dieser menschengemachte Dreck ist eigentlich jahrhundertelang haltbar, aber nach und nach lösen sich winzige Teile ab, und auch die giftigen Weichmacher gelangen ins Wasser und werden von Plankton, Krill, Muscheln und sonstigem Kleingetier vertilgt. Genau wie Mikroplastikteile, die direkt über den Abfluss im Meer landen. Die größten Mengen davon liefert die Autoindustrie, und zwar nicht zu knapp: 111000 Tonnen Mikroplastik entstehen allein auf deutschen Straßen durch den Abrieb von Reifen. Mit dem Regenwasser und über die Flüsse gelangen diese winzigen Partikel ins Meer. In Autoreifen stecken jede Menge bedenkliche Chemikalien, und zwar so viele, dass Verbraucherverbände sogar vor Hautkontakt mit dem Reifengummi warnen, insbesondere bei Kindern. Inzwischen wurden Schaukeln aus alten Reifen auf Kinderspielplätzen verboten. Das Gift ist deswegen aber nicht weg. Es kommt dann halt im Fisch wieder auf den Tisch, denn nicht nur der Feinstaub vom Reifenabrieb landet im Meer, die Müllmafia entsorgt ganze Berge von Altreifen im Ozean. Die Kriminellen lassen sich die Entsorgung vergolden und kippen den Reifenmüll einfach ins Meer oder verbrennen ihn. Aber nicht nur das, seit Jahrzehnten füllt auch anderer giftiger Müll die Kassen des organisierten Verbrechens. Das toxische Vergehen stank in Italien allerdings derart zum Himmel, dass es selbst der Mafia zu viel wurde. Reuige Mafiosi verrieten den Behörden, wo sie die gefährlichen Altlasten entsorgt hatten. Experten fanden daraufhin 200000 Tonnen Giftmüll in einem Tuffsteinbruch nahe Caserta.

Etwas weniger Mikroplastik, aber immer noch enorme Mengen, liefern die Kunstrasen auf Sportplätzen. Vor dem darin enthaltenen Gummigranulat haben schon zahlreiche Ärzte und Wissenschaftler gewarnt. Denn die grau-grünen Körner werden zum Teil ebenfalls aus alten (giftigen) Autoreifen hergestellt und enthalten obendrein noch krebserregende Polycyclische aromatische Kohlenwasserstoffe (PAK). Das Zeug ist nicht nur gefährlich für die Spieler auf dem Rasen, große Mengen davon landen ebenfalls mit dem Regenwasser über die Kanalisation in den Flüssen und dann im Meer. Und es ist nicht möglich, es dort wieder herauszufischen. In Deutschland haben wir inzwischen die besten Kläranlagen der Welt, aber auch diese können bislang weder Mikroplastik noch andere Spurenstoffe wie Medikamente oder Chemikalien herausfiltern.

Dieses sogenannte sekundäre Mikroplastik in den Gewässern wird noch ergänzt durch primäres Mikroplastik. Das sind winzige Kunststoffteile, die von der Industrie zahlreichen Produkten beigemischt werden, um das Volumen zu erhöhen oder Eigenschaften der Konsumgüter zu verbessern. In vielen Shampoos, Cremes, Seifen und anderen Kosmetikartikeln steckt jede Menge Mikroplastik. Auch beim Waschen von Kleidungsstücken, die Kunstfasern enthalten, entsteht Mikroplastik. All diese Partikel landen im Meer und über den Nährstoffkreislauf wieder direkt auf unseren Tellern. Mahlzeit!

Tödliche Sonnencremes

Hannes hat die verheerende Wirkung von Sonnencremes im Meer schon erwähnt. Sie enthalten ebenfalls Mikroplastik und Chemikalien, die für Meeresorganismen hochgiftig sind. Ganze Riffe wurden dadurch schon schwer geschädigt. Mehr als 3500 Cremes enthalten den vermutlich auch krebserregenden Stoff Oxybenzon, der Korallen schwer schädigt. Die Regierung von Palau hat inzwischen alle Sonnencremes verboten, die diesen und oder ähnliche Giftstoffe enthalten, Hawaii ebenfalls. Bei den sensiblen Korallen zeigt sich die schädigende Wirkung sehr schnell, doch auch Muscheln und Plankton nehmen diese Gifte auf, reichern sie an und geben sie über die Nahrungskette an uns weiter. Bei diesem toxischen Kreislauf spielen Tintenfische eine zentrale Rolle, denn sie können Muscheln hervorragend knacken, und das tun sie ziemlich häufig, diese Mollusken gehören zu ihrer Leibspeise. Die Kopffüßler reichern dabei all die Gifte an, die sie mit der Nahrung aufnehmen. Aber sie selbst stehen ja auch bei zahlreichen Fischen auf der Speisekarte, die den angereicherten Giftcocktail noch einmal konzentrieren. Auf unserem Teller landet dann quasi das Chemie-Endlager, auch wenn wir Fische aus Aquakulturen verspeisen, denn die Zuchttiere werden mit Wildfang gefüttert.

Schatzjagd in der Tiefsee

Die Kopffüßler sind darüber hinaus auch noch direkt vom Tiefseebergbau bedroht. Denn nicht nur auf dem Land, auch im Meer wird fleißig abgebaut. Auch Deutschland hat seine Claims in der Südsee abgesteckt, in der Clarion-Clipperton-Zone im Zentralpazifik. Diese 7000 Kilometer lange Bruchzone in der ozeanischen Kruste birgt große Schätze.

Objekte der Begierde bei diesem Bergbau in der Tiefsee sind die sogenannten Manganknollen, die voller Edelmetalle stecken. Im Laufe von Jahrmillionen haben sich diese Gesteinsbrocken in der Tiefsee entwickelt. Wie bei einer Perle lagern sich im Laufe der langen Zeit um einen kleinen harten Kern nach und nach wertvolle Metalle an: Mangan, Eisenoxid, Kupfer, Nickel und Kobalt. Der deutsche Claim für die faustgroßen und pfundschweren Knollen liegt im Zentrum dieses riesigen Tiefseegebiets zwischen Mexiko und Hawaii, in internationalem Gewässer, außerhalb der 200-Meilen-Zone. Dort lagern die Knollen in großer Dichte in einer Tiefe von 5000 bis 6000 Metern.

Wissenschaftler vom GEOMAR Forschungszentrum und dem Alfred Wegener Institut sollen jetzt herausfinden, ob es dem Meeresboden schadet, wenn mit riesigen Saugrobotern die

Manganknollen abgeerntet werden, und welche Tiere dort überhaupt leben. Bei ersten Expeditionen haben sie bereits unter anderem eine neue blauschimmernde Tintenfischart entdeckt. Die wertvollen Knollen sollen verschiedenen Meerestieren auch als Schutz und zur Eiablage dienen.

Wahrscheinlich ist es egal, was die Forscher herausfinden: Wenn die Tiefseesauger wirtschaftlich arbeiten und die Rohstoffpreise weiter steigen, wird der Meeresboden beackert. Mitgesaugte Tintenfische und andere Tiefseebewohner werden zum akzeptierten Kollateralschaden. Wie sich der Eingriff auf das gesamte Ökosystem auswirken wird, kann ohnehin kein Forscher vorhersagen. Die Gier der Menschen kennt schlicht keine Grenzen.

Die Manganförderung wäre Raubbau im Ozean, anders kann man die geplante Rohstoff-Plünderung am Meeresgrund nicht bezeichnen. Dabei geht es nicht nur um die kaum erforschten oder vielleicht noch nicht einmal entdeckten Arten in der Tiefsee, sondern auch um die Wanderrouten zahlreicher Arten, vor allem der Wale. Man kann diesen Abschnitt der Tiefsee als »Serengeti der Meere« bezeichnen. Wenn hier die Wanderrouten durchtrennt werden, haben diese Meeresbewohner keine Chance mehr zu überleben. Mehr als 90 Prozent der Pottwale wurden bereits ausgerottet.

Die Serengeti der Meere darf nicht sterben

Es ist also Unsinn, dass Kalmare und Tintenfische die Gewinner des Klimawandels sind. Wie kommt man überhaupt darauf? Wenn der Wal ausstirbt, argumentieren Zyniker, sei das ein Glücksfall für Riesenkalmare und Tintenfische, denn dadurch würden die Fressfeinde dieser Tiere ausgerottet. Was natürlich Unfug ist. Es wäre ja auch für Zebras und Gnus kein Glücksfall, wenn die Löwen ausgerottet würden. Die Populationen würden zwar kurzfristig anwachsen, aber dann kollabieren, weil sich Krankheiten einschleichen und die Nahrung nicht für alle reichen würde.

Bereits heute sind einige Hundert Tiefseeschleppnetz-Fischerboote auf hoher See unterwegs und pflügen den Meeresboden um, als wäre es ihr privater Acker. Laut Greenpeace bringen diese Fischer nur 0,25 % des weltweiten Fischfangs an Land, hinterlassen aber ein gigantisches Feld der Zerstörung. Die meisten Tintenfischarten sind von der Überfischung genauso betroffen wie alle anderen Gattungen. Mit Schleppnetzen werden nicht nur die im Sand lebenden Tintenfische gefangen, ihr ganzer Lebensraum wird zerstört. Mit den Korallenriffen, die in allen Weltmeeren bleichen, sterben auch die zahlreichen dort lebenden Tintenfischarten. Vor allem vor der Küste Ostafrikas wird illegal mit Sprengstoff gefischt. Ganze Riffe werden dabei zerstört. Diese brutale Fischereimethode tötet nicht nur Kalmare und alle anderen Riffbewohner, sondern bedroht auch Menschenleben.

Durch Klimaerwärmung sind Zyklone in der Region ohnehin schon häufiger und heftiger geworden, aber durch die Zerstörung der vorgelagerten Riffe können die Tropenstürme ungehindert Wassermassen ans Land peitschen. Seither steht Mosambik regelmäßig unter Wasser, und Tausende Menschen sterben, wie zuletzt im März 2019, als das Land gleich zweimal hintereinander von einem Zyklon getroffen wurde.

Riffe sind nicht nur ein essenziell wichtiger Lebensraum für zahlreiche Meeresbewohner, sondern auch ein Schutz für die Menschen, die an den Küsten leben. In einigen Regionen der Erde haben Forscher daher angefangen, Riffe wiederaufzubauen, Strukturen zu errichten, an denen sich Polypen festhalten und wachsen können. In Florida gingen die Forscher noch einen Schritt weiter, um den Wiederaufbau eines Riffs zu beschleunigen, und pflanzten Hornkorallen regelrecht an. Im Labor züchteten sie die Larven und Anfangskulturen, die sie dann an einer Struktur vor der Küste befestigten. Ein ähnliches Projekt gibt es in Fiji, und die Forscher werden inzwischen liebevoll Korallengärtner der Südsee genannt, denn die Initiative trägt langsam Früchte.

Schiffeversenken für Riffbewohner

An der Algarve, der berühmten Region im Süden Portugals, setzt man inzwischen ebenfalls auf Umweltprojekte und Ökotourismus. Der Tauchlehrer und Unternehmer Luis Sá Couto kam auf die Idee, zur Riffbildung gleich ganze Schiffe zu versenken. Zuvor ließ er allerdings alles aus den ausrangierten Militärschiffen entfernen, was das Meer verseuchen könnte, und versenkte mit einer aufwendigen Spreng-Aktion nur die Metallkörper.

»Unglaublich, wie schnell die Meeresbewohner unser künstliches Riff annehmen«, strahlte Sá Couto, als er mir von seinem Wrack-Projekt erzählte. Vier Schiffe hatte er insgesamt in der Algarve versenkt, natürlich alles mit Genehmigung und Unterstützung der Behörden. Inzwischen sind alle vier Wracks dichter besiedelt als ein Mehrfamilienhaus.

Stolz zeigte Sá Couto ein Foto von einem gefleckten Oktopus, der als einer der Ersten in sein künstliches Riff eingezogen war und der mit den anderen neuen Bewohnern Tauch-Touristen, Forscher und Naturschützer anlocken sollte.

Es ist ein neuer, alter Wind, der an der Algarve weht. Die einzigartige Natur der Küstenregion im Süden Portugals ist wieder gefragt. Die Krise hat den lautstarken Partytourismus ausgetrocknet, die Zeiten, in denen die Engländer mit ihren Pfundnoten nur so um sich schmissen, sind längst vorbei, und auch die stets treuen Nachbarn kommen nicht mehr so zahlreich. »Krise fordert Kreativität«, meinte dazu Sá Couto und erzählte nicht nur von seinem Projekt.

Die weiß getünchten Häuser des Küstenorts Marina de Albufeira sprechen noch eine andere Sprache. Sie erzählen von den Verlierern der Krise. Viele Immobilien stehen leer, sind zu vermieten oder zu verkaufen. Eine riesige Bauruine, die das Paradies verkündet, thront über dem bekanntesten Urlaubsort der Region und lässt zweifeln, ob die »paradiesischen« Apartments jemals fertiggestellt werden.

Das ist die Kehrseite dessen, was die Krise hervorgebracht hat, die andere Seite ist ein zartes Pflänzchen und muss noch wachsen. Portugals Süden besinnt sich seiner grünen Schatzkammer und wirbt verstärkt um Andersreisende. Angebote für Wanderer, Radfahrer, Kanuten, Taucher, kurz, für alle, die die Natur der Region erkunden wollen, werden ausgebaut, Naturschutzgebiete erweitert und besser zugänglich gemacht, damit die Touristen auf vorgesehenen Pfaden bleiben und nicht die Wildnis zerstören.

Sá Couto freut sich über die ersten Früchte seiner Bemühungen und die neuen, anderen Touristen, die die Natur an der Algarve entdecken wollen. Um den frischen Wind zu beflügeln, hatte der Unternehmer auch ordentlich in die Tasche gegriffen: Drei Millionen Euro investierte er, um ausrangierte Militärschiffe im Meer zu versenken, die Videoclips der Aktion kann er sich immer wieder anschauen und zeigt sie auch gerne und nicht ganz ohne Stolz.

»Die Experten, die die Schiffe entkernt und anschließend mit Beton gefüllt haben, kamen aus aller Welt. Die Idee war nicht neu, aber unser Wrack-Projekt ist weltweit das größte: Vier ehemalige Marineschiffe auf einer Fläche von ein mal zwei Kilometern«, erklärte er, während auf dem Bildschirm ein Oktopus zu sehen war, der aus einer veralteten Luke herauskletterte und wie ein Kasperle gleich darauf wieder darin verschwand.

Die Schiffe wurden etwa drei Seemeilen vor der Küste bei Portimao 30 Meter in die Tiefe versenkt. Das künstliche Riff, das täglich bunter und vielfältiger wird, ist für jeden Taucher zugänglich und hält auch Schleppnetzfischer großräumig davon ab, den Meeresboden in dieser Region zu durchpflügen und zu zerstören.

»Letzendlich sind unsere künstlichen Riffe ein Schutzschild oder eine neue Heimat für Delfine, Tintenfische und viele andere Meeresbewohner«, beendete Sá Couto seinen Vortrag und lud mich zu einem Tauchgang ein.

Und ewig grüßt der Oktopus
Wenig später steuerte das motorisierte Schlauchboot von Sá Coutos Tauchschule zielsicher auf das mit Bojen gekennzeich-

nete Wrackgebiet zu. Das Wasser war nicht so verlockend warm wie im Mittelmeer, dafür war weit und breit keine einzige Qualle zu sehen. In entsprechend dicke Anzüge verpackt, stürzten wir in die Tiefe. Die ersten Meter leuchtete das Meer noch in karibischem Blau, dann wurde es düster. Nach wenigen Minuten hatten sich meine Augen daran gewöhnt, und gleich einem sich öffnenden Bühnenvorhang gab das Meer nun den Blick frei auf das Wrack.

Eine dicke Schicht von Algen und anderen Kleinstlebewesen hüllte den Stahlkoloss ein und lockte die verschiedensten Fischschwärme an, die sich Nahrung aus dem Algenteppich holten. An einer Luke am Rumpf bewegte sich plötzlich etwas. Wie auf Kommando waberten erst die Tentakel, dann der Kopf des aus Coutos Video-Präsentation vertrauten Oktopus aus der Öffnung, um mich neugierig zu beäugen. Ich musste wieder an den Tintenfisch denken, den ich vor Jahrzehnten zubereitet hatte, und hoffte inständig, dass die Tiere kein kollektives Gedächtnis besitzen.

Aber nach einem kurzen neugierigen Blick verschwand er wieder in seiner Luke und schien sich nicht weiter für mich zu interessieren. Wenige Meter weiter führte die Tauchtour ins Innere des Wracks, zu den einstigen Kabinen, Waschräumen, Maschinenräumen und schließlich zur Brücke. Überall hatten sich inzwischen Algen und Korallen angesiedelt, kleine Fische schwammen umher, und »unser« Oktopus war sicher nicht der einzige Tintenfisch, der hier ein Versteck gefunden hatte.

Unheimlich und faszinierend war der neue Hotspot für Taucher an der Algarve, aber für die Meeresbewohner ganz sicher Schutz und Bereicherung zugleich. In jedem Winkel des Wracks überraschten Begegnungen mit den neuen Herrschern des einstigen Kriegsschiffs. Beim Verlassen grüßte noch einmal der Oktopus, bevor das strahlende Blau der oberen Meeresschicht die Welt darunter verschluckte und ich in einer ganz anderen Welt wieder auftauchte. So kam es mir jedenfalls vor, und so kommt es mir jedes Mal vor, wenn ich die Unterwasserwelt verlasse oder in sie eintauche, und so ging es sicher auch der polynesischen Ina aus dem Mythos.

Ina und der Hai – Rendevouz mit Oktopus

Nach einer ruhigen Nacht, in der nur ganz in der Ferne ein leichtes Grollen zu hören war und gelegentliche Blitze den Himmel zum Leuchten gebracht hatten, kitzelten die ersten Sonnenstrahlen Ina wach. Sie hatte so tief geschlafen, dass sie zunächst gar nicht wusste, wo sie war. In der Nacht hatte ihr jemand eine Decke aus Kokosfasern gebracht und sanft über ihr ausgebreitet, eine Decke ganz wie zu Hause, und so hatte das Mädchen im Halbschlaf nach ihren Eltern gerufen, die ihr sonst morgens immer frische Kokosmilch brachten. Es dauerte also einen Moment, bis sie sich erinnerte, in welcher wichtigen Mission sie unterwegs war, als sie die Augen aufschlug. Irritiert betrachtete sie die Kokosdecke und sah sich vorsichtig um. Doch es war niemand zu sehen, und so stand Ina auf und warf sich die Decke über die Schultern, denn es war noch recht frisch am Morgen. Der Traum hatte sie nicht nur an ihre Eltern erinnert, sondern auch an die Kokosnüsse, die sie unbedingt als Proviant für den Rest der Reise mitnehmen wollte. Am Strand sammelte sie daher so viele, wie sie finden konnte, während die Sonne den Horizont immer weiter hinaufkroch. Schon bald war ihr so warm, dass sie die Decke von den Schultern nahm und sich darauf setzte. Mit einem großen Stein öffnete sie geschickt die Kokosnüsse und schlürfte genüsslich deren Inhalt, während sie nach der Rochendame Rita Ausschau hielt. Doch die war weit und breit nicht zu sehen. Angestrengt blickte Ina aufs Meer, während sie eine weitere leere Kokoshälfte auf einen Stapel legte. Zunächst bemerkte sie die langen Ärmchen von Olga Oktopus gar nicht, die geschickt nach den Schalen angelte und wieder im Meer verschwand. Doch als Olga versehentlich Inas Hand erwischte, ließ sie vor Schreck die Schale fallen, aus der sie gerade trinken wollte, und zog Olga schwungvoll aus dem Wasser. Im ersten Moment waren beide sehr erschrocken, aber Ina fasste sich schnell wieder und fragte die verschreckte Olga nach Rita. Verschüchtert deutete die Oktopus-Dame mit einem ihrer langen Ärmchen Richtung Horizont. »Die Jungs sind wieder hinter ihr her.«

Und schwupps war Olga im Meer verschwunden, tauchte aber wenige
Sekunden später wieder auf und war dann auch wieder ganz die Alte,
als sie fortfuhr: »Es kann noch eine Weile dauern, bis sie die Schürzen-
jäger abgeschüttelt hat, aber wir können ihr ja helfen«, grinste Olga
und deutete auf ihren Tintensack.

Die Idee fand Ina prima und wollte schon losspringen, besann sich
dann aber der vielen Kokosnüsse, die sie gesammelt und noch nicht
gegessen hatte. »Nimm sie doch mit, einen Tragesack hast du ja«,
schlug Olga vor und deutete mit einem weiteren Ärmchen auf die
Kokosdecke. Wenige Augenblicke später schwamm Olga in die Rich-
tung, in der sie Rita vermutete, und hielt mit einem Arm den Kokos-
sack fest umschlossen und in einem der sieben anderen Inas linke Hand.

Das seltsame Paar schwamm am Riff vorbei ins offene Meer. Ina
konnte schon in der Ferne den Mantelrochenschwarm erkennen, als es
plötzlich ziemlich düster über ihnen wurde. Olga bemerkte als Erste
den Schatten, spähte nach oben und stieß einen panischen Schrei aus.
Ohne zu überlegen, ließ sie Ina und den Kokossack los und verspritzte
eine ordentliche Portion Tinte. Dann erst erkannte sie Dina, Inas Del-
fin-Freundin, die war zwar völlig harmlos, liebte es aber, Olga ein
wenig zu ärgern und ihr hinterherzujagen. Jetzt hatte Dina eigent-
lich nur wissen wollen, was die beiden vorhatten, aber Olgas Tinte war
bereits verschossen, vernebelte die Sicht und vereitelte die umgehende
Fortsetzung der Reise.

HANNES JAENICKE

Mit Kraken habe ich mich nie ernsthaft beschäftigt, bis ich 2006
mit meinem Kameramann Markus Strobel eine Reportage über
das arktische Norwegen drehte. Es ging unter anderem um
Pottwale, und deren bevorzugtes Nahrungsmittel sind Riesenkraken. Sie tauchen bis zu 3000 Meter tief und liefern sich in
dieser unglaublichen Tiefe regelrechte Schlachten mit Kraken.
Wenn die Wale an die Meeresoberfläche zurückkehren, kann

man sehen, wie erschöpft sie sind. Sie brauchen bis zu einer halben Stunde, um sich zu erholen, bevor sie wieder in der Tiefe verschwinden. Und oft sieht man an den riesigen Leibern der Meeressäuger die Kampfspuren: tellergroße Abdrücke von den Saugnoppen der Kraken-Arme. Da hatte ich zum ersten Mal Zweifel daran, ob diese monströsen Ungeheuer aus Seefahrer- und Piratengeschichten wirklich Übertreibungen sind. Ich musste an diese gigantischen Wesen denken, die in »Pirates of the Carribean« Schiffe angreifen, und war mir nicht mehr sicher, ob das wirklich nur eine Hollywood-Erfindung war. Wir kennen ja nur die kleineren Kraken, Sepien, Calamari, Octopoden, Tintenfische, hauptsächlich von den Speisekarten italienischer Restaurants. Oder von der Fussball-WM 2006, als Krake Paul fast alle Spielergebnisse korrekt vorhersagte.

Diese Meeresbewohner sind unglaublich lernfähig, beobachten genau und denken schnell. Paul brachte es zu Weltruhm, und seine Einschaltquoten im Fernsehen waren ähnlich hoch wie die der WM-Spiele, deren Ausgang er immer schon wusste. Trotzdem sind Calamari und ihre Verwandten nach wie vor eine beliebte Delikatesse. Weltweit werden sie mit Begeisterung verzehrt.

Und wieder stellt sich die Frage: Wenn wir kleine Kälbchen, Lämmer, Küken, Schweinchen und Fußball kommentierende Mini-Kraken so süß, schnuckelig und faszinierend finden – warum essen wir sie dann doch? Wie kann man sein Oktopusmahl genießen, wenn man weiß, wie klug und entwickelt dieses Tier ist? Es lernt, den Schraubverschluss von Weckgläsern aufzumachen, um an Nahrung zu kommen, und zwar schneller als ein kleines Kind. Und es guckt dich wirklich an. Wer beim Schnorcheln oder Tauchen einem Oktopus begegnet, ohne ihn zu verscheuchen, stellt fest, dass er einen genau beobachtet. Anders als bei den meisten Meeresbewohnern hat man beim Oktopus das Gefühl, es mit einer echten Seele und einer dem Menschen ähnlichen Intelligenz zu tun zu haben. Das Gefühl hatte ich sonst nur bei Orcas und Tigerhaien. Ich müsste lügen, wenn ich behaupten würde, der intensive Blick dieser Tiere hätte mich nicht irritiert.

Mythos Krake

Ich glaube, dass die meisten Seemonster, die in früheren Zeiten in den Tiefen der Meere vermutet wurden, nicht Wale, sondern Riesenkraken waren. Wale müssen zum Atmen an die Oberfläche. Seefahrer, Fischer und Küstenbewohner hatten das irgendwann schon gesehen. Kraken müssen nicht an die Luft, sie leben in für Menschen beängstigenden Tiefen. Sie sind so groß wie ein Haus, oder besser gesagt: wie ein Wasserschloss. Zumindest waren sie größer als die meisten Schiffe, die bis zur industriellen Revolution über die Weltmeere schipperten. Und wenn mal einer dieser bis zu 18 Meter langen Riesen verendet und irgendwo an einem Strand anlandet, dann ist das eine Weltsensation. Weil dies so selten passiert, fliegen sofort Wissenschaftler und Forscher ein und rätseln mit schöner Regelmäßigkeit, zu welcher Art Alien, Urzeit-Tier oder Monster das arme Wesen gehören könnte.

Der Monster-Mythos rührt wahrscheinlich auch daher, dass Kraken auf den ersten Blick und im ästhetischen Sinn keine besonders ansprechenden Tiere sind. Es muss einen Grund haben, dass viele Horror- und Science-Fiction-Filme ihre schrecklichsten Ungeheuer als eine Mischung aus Kraken und Dinosauriern auftreten lassen. Die »Aliens«-Filme sind ein gutes Beispiel. Nur in »Arrival« von Denis Villeneuve mit Amy Adams, einem meiner Lieblingsfilme, erscheinen die dem Menschen an Weisheit weit überlegenen Kreaturen als riesige Oktopusse.

Ein weiterer Grund für die Rolle als tödliche Meeres-Ungeheuer in unserer Mythologie liegt wohl darin, dass Riesenkraken offenbar zu klug sind, um sich jemals von Menschen erblicken oder gar erlegen zu lassen. Selbst gegen Pottwale und Haie wissen sie sich gut zu wehren: Greift beispielsweise ein Hai eine Krake an, schlingt diese sofort ihre Arme und Teile ihres extrem dehnbaren Körpers über die Kiemen des Angreifers und saugt sich fest. Das führt dazu, dass dem Hai schnell die Luft ausgeht. Er muss loslassen, Atem holen, um dann einen neuen Angriff zu versuchen.

Bei unseren Dreharbeiten in Norwegen beobachteten wir einen Pottwal, der direkt am Auge Spuren von Kraken-Saugnoppen aufwies. Die uns begleitende Meeresbiologin ging davon aus, dass Riesenkraken zur Selbstverteidigung sofort ihre Arme an den Augen des Wals festsaugen, um ihn zu verletzen und abzuwehren.

Genauso erstaunlich wie ihre Intelligenz ist die fast kaugummiartige Flexibilität von Kraken. Ein Tier mit Teekannen-großem Körper und 80 cm langen Armen kann durch die schmalsten Schlitze und Felsspalten verschwinden. Diese Arme können auf die Größe einer Untertasse zusammen- und in jede Richtung wieder ausgerollt werden. Wie ein Oktopus seine acht Arme zu koordinieren vermag, grenzt an ein akrobatisches Wunder. Und wenn es ihm nicht mehr gelingt, sich zu verstecken, wird er dem Namen Tintenfisch gerecht, verspritzt seine Tinte und verschwindet in einer schwarzen Wolke.

Die sah ich zum ersten Mal auf Ischia als 15-Jähriger. Ein Fischer hatte einen Tintenfisch gefangen und nahm ihn im Wasser am Strand aus. Das tat er, indem er seine Hand in den Körper des Tieres steckte, diesen umstülpte, die Innereien herausriss und ins Meer warf. Auf einer Fläche von etwa vier Quadratmetern verfärbte sich das Wasser schwarz. Dann spülte er das Tier im Meer aus, trug die baumelnden Überreste wie einen zu großen Handschuh mit dicken Fransen an Land und warf sie in einen Wassereimer. Die ganze Prozedur war so unappetitlich, dass ich seitdem nie wieder auf die Idee gekommen bin, Tintenfisch zu essen.

Pulpo, wie Italiener sie auch nennen, sind leicht zu fangen. Selbst in den vermüllten Häfen von Hongkong oder Shenzhen reicht es, nachts mit einem Boot rauszufahren, eine kleine Taschenlampe auf das Wasser zu richten und eine primitive Angelschnur mit Köder hineinzuhalten. Schon beißen die nachtaktiven Tiere an. Dass sie in Anbetracht der Umweltverschmutzung dort überhaupt noch vorkommen, wundert mich; dass die Chinesen sie dann tatsächlich essen, noch mehr. Denn all das Gift, das wir dem Meer einverleiben, kehrt bumerangartig zu uns zurück und wird uns irgendwann zum Umdenken zwingen, anders lernen wir offenbar nicht.

Schätze der Tiefsee in Gefahr
Wie lernresistent wir bisher sind, beweist die Regelmäßigkeit, mit der große Öl-Tanker verunglücken und ganze Meere und Küstenstriche vergiften. Das Exxon-Valdez-Unglück passierte vor über 30 Jahren. Es wurde dem Kapitän angelastet, nur er wurde (milde) bestraft. Das Unternehmen ExxonMobil, hier unter dem Namen »Esso« bekannt, für das der Riesentanker unterwegs war, hat bis heute keine Entschädigung bezahlt. Die Schäden wurden seitens des Konzerns nie behoben. Das überließ man weitgehend Freiwilligen und Umweltschützern.

Ein ähnliches Umweltverbrechen war die Explosion der Bohrinsel Deepwater Horizon im Golf von Mexiko im Jahr 2010, verursacht durch Fahrlässigkeit und schlampige Sicherheitsvorkehrungen seitens des britischen Betreibers BP. Elf Arbeiter starben, 800 Millionen Liter Erdöl zerstörten eines der wertvollsten Ökosysteme und 1500 Kilometer der südlichen US-Küste. Immerhin wurde hier PR-trächtig Schadensersatz bezahlt, vor allem an die Angehörigen der Toten und an Fischer, die jahrelang nicht mehr ihrer Arbeit nachgehen konnten. Da Meere und Tiere nicht vor Gericht ziehen können, wird deren Zerstörung durch die Öl-Industrie als Kollateralschaden unserer Sprit-Sucht in Kauf genommen.

Solange wir mit Begeisterung Formel 1 gucken, SUVs kaufen und den neuesten Porsche, die S-Klasse oder RS-Modelle von Audi als ultimative Statussymbole bewundern, werden die Öl-Konzerne in immer größeren Tiefen und damit steigendem Risiko weiter bohren und fördern, was das Zeug hält. Es wird immer neue Öl-Katastrophen geben, die Bilder von verendeten

Fischen und ölverklebten Seevögeln werden wieder um die Welt gehen, und passieren wird wie immer nichts. Im Gegenteil. Brasiliens staatlicher Öl-Konzern Petrobras bohrt mittlerweile in 5000 Metern Tiefe nach neuen Vorkommen. Zum Vergleich: BP ließ auf der Deepwater Horizon in bescheidenen 1250 Metern Tiefe bohren. Wir hängen am Öl-Tropf dieser Konzerne wie Säufer an der Flasche.

Wir empören uns zu Recht über Regimes wie Saudi-Arabien, Iran, Russland, USA, Brasilien, Venezuela und ihre Politik der Menschenrechtsverletzungen und Umweltzerstörung. Dabei wäre es ein Leichtes, ihnen den Geldhahn zuzudrehen: Die seit Jahren diskutierte und nachweisbar machbare Energiewende würde im positiven Sinne ein politisches Erdbeben auslösen. Putin hätte nicht mehr die finanziellen Mittel, Zerstörungskriege in Syrien und in der Ukraine zu führen, er könnte seine weltweite Politik der Destabilisierung nicht mehr betreiben. Saudi-Arabien würde zwar als zahlungskräftiger Käufer deutscher, französischer und amerikanischer Waffen ausfallen, könnte aber seine Unterdrückungspolitik und Kriege wie im Jemen nicht mehr finanzieren. In Venezuela wäre Maduro längst entmachtet, und Trump bliebe auf einem seiner lukrativsten Export-Produkte, Fracking-Öl und -Gas, sitzen. Es würde Regimes wie in Katar und Iran schwerer fallen, Terror-Gruppen zu finanzieren oder Fußball-WMs zu kaufen.

Trotzdem geht die Energiewende in vielen Ländern gar nicht, in anderen viel zu schleppend voran. Der Grund ist einerseits unser permanent steigender Energiebedarf, andererseits die Übermacht der Öl- und Energie-Industrie und ihr Einfluss auf die Politik. Die wird dahingehend manipuliert, dass sie der Wählerschaft ständig suggeriert, eine Energiewende würde alles teurer machen. Das ist kurzsichtig, verantwortungslos und schamlos gelogen: Jedes Klima-Institut und jeder große Rückversicherer der Welt kann präzise vorrechnen, um wie viel teurer uns Klimakrise und globale Erwärmung zu stehen kommen werden als eine effektive Energiewende.

Yvon Chouinard, leidenschaftlicher Umweltschützer und Gründer der Outdoor-Marke Patagonia, reicht wegen ihrer zynischen Umweltpolitik eine Klage nach der anderen gegen die Trump-Regierung ein. Er regt sich zu Recht auch über vermeintliche Visionäre wie Jeff Bezos (Amazon), Elon Musk (SpaceX und Tesla) oder Richard Branson (Virgin) auf. Chouinard ist der Meinung, dass diese extrem erfolgreichen (und milliardenschweren) Unternehmer ihre gesammelten Billionen lieber in den Schutz von Mutter Erde investieren sollten als in Raumfahrt-Abenteuer. Das wirkt, als würde man sich nach endgültiger Ausbeutung unserer Heimat schon mal nach anderen Planeten umsehen, die geplündert werden können.

Sir Patrick Stewart, der Schauspieler aus »Star Trek«, drückt es britisch vornehm so aus: »Ich würde es begrüßen, wenn wir zuerst unseren eigenen Planeten in Ordnung bringen, bevor wir die Arroganz aufweisen, unsere signifikant mangelhaften Zivilisationen auf andere Planeten zu befördern.«

Der Ast, auf dem wir sitzen

Was haben Erschließung und Ausbeutung des Meeresbodens und anderer Planeten mit einer Delikatesse namens Oktopus zu tun? Viel. Nämlich die Frage, wie wir Intelligenz definieren. Als Krone der Schöpfung hält sich der Homo sapiens für das intelligenteste Wesen der Erde. In Anbetracht der Art und Weise, wie er sein eigenes Habitat beziehungsweise sein Nest versaut und zerstört, muss man das bezweifeln. Kein Tier wäre so dumm, seinen eigenen Lebensraum dauerhaft zu beschädigen, im Gegenteil. Tiere wie Kraken und Tintenfische passen sich maximal an ihre Umgebung an, ohne sie zu verändern. Als »Chamäleons der Meere« sind sie Meister der Camouflage und Jagd, des Versteckens und Verschwindens. Sie sind die intelligentesten aller wirbellosen Tiere.

Auch der menschliche Glaube, dass Wirtschaft und Wohlstand ewig wachsen sollen, zeugt von atemberaubender Dummheit. Nichts auf der Erde wächst ewig. Nicht einmal Bäume, selbst wenn sie wie einige Exemplare im Sequoia National Park in Kalifornien bis zu 4500 Jahre alt werden. Kein Tier oder Mensch wächst ewig. Weshalb also soll die Wirtschaft ewig wachsen? Kollabiert dann wirklich unser ganzes System? Jahrzehntelang wurde den BWL- und VWL-Studenten das grenzenlose Wachstum eingehämmert wie Klosterschülern das Vaterunser. Dass sämtliche Ressourcen unseres Planeten begrenzt sind, wird von Konzernlenkern, Politikern, Bank(st)ern und BWL-Fakultäten eisern ausgeblendet. Der US-Wirtschaftswissenschaftler Kenneth Boulding formulierte es so: »Wer in einer begrenzten Welt an unbegrenztes Wachstum glaubt, ist entweder ein Idiot oder ein Ökonom.« Umso erstaunlicher ist es, dass BWL das beliebteste Studienfach an deutschen Universitäten ist.

Während die Politik auf die Wachstumsraten unserer Wirtschaft starrt wie das Kaninchen auf die Schlange, weil mit Zuwachs Wahlen gewonnen werden können, ermüden Mensch und Natur: In sämtlichen Gewässern sind mittlerweile Reste der Antidepressiva und Aufputschmittel nachweisbar, die wir massenhaft schlucken, um in der Leistungsgesellschaft bestehen zu können.

Wachstum ist nicht grundsätzlich falsch, im Gegenteil. Wir brauchen es, aber eben nicht in der derzeit angestrebten Ausprägung. Wo wir es dringend brauchen, ist bei regenerativen Energien. In der Energie- und Ressourcen-Effizienz. Bei Wissenschaft und Forschung. Bei Bildung und sozialer Gerechtigkeit. Bei Bezahlung und Anerkennung von sozialen Berufen. Bei Gleichberechtigung, Mindestlohn, Kinderbetreuung, nachhaltigem und zirkularem Wirtschaften, bei Sharing-Modellen, Umweltschutz, Entschleunigung und vielem mehr.

Und beim Tabu-Thema Geburtenkontrolle: Nur wenige Wissenschaftler wagen es vorzuschlagen, Anreize zu schaffen für verringerte Geburtenraten. Im Jahr 2050, also in 30 Jahren, muss unsere Erde Nahrung und Energie für knapp 10 Milliarden Menschen liefern. Im Moment gibt es etwa 7,6 Milliarden

Erdenbewohner, von denen über eine Milliarde hungert und 3,5 Milliarden unterhalb der Armutsgrenze leben. Wie sollen 10 Milliarden Menschen versorgt werden? Es stellt sich die unpopuläre Frage, ob das Konzept des Kindergeldes in überalterten, geburtenschwachen Ländern nicht neu gedacht und im Umkehrverfahren dort angewendet werden müsste, wo Bevölkerungszahlen weiterhin ungebremst explodieren? Das hieße Anreize schaffen für weniger Kinderreichtum. Jane Goodall ist eine der wenigen Wissenschaftler*innen, die den Mut haben, solche Vorschläge öffentlich auszusprechen. Sie weiß, dass die Geburtenraten rapide zurückgehen, sobald die Bewohner von sogenannten Dritte-Welt-Ländern Mittel und Zugang zu Bildung haben. Das sollte den reichen Industrieländern zu denken geben, wenn sie die von der UN prognostizierten Flüchtlingsströme bisher unbekannten Ausmaßes verhindern wollen: Im Jahr 2030 rechnet eine UN-Studie mit 300 Millionen Klimaflüchtlingen. Derzeit sind es ein Zehntel davon, also geschätzte 30 Millionen. Aber wie schon vor der Flüchtlingskrise 2015 ist nirgendwo erkennbar, dass die Menschheit sich auf diese Szenarien vorbereitet. Im Gegenteil. Indien, demnächst bevölkerungsreichstes Land der Erde, geht jetzt schon das Wasser aus. Und es gibt keine nachhaltigen Konzepte, dieses Problem in den Griff zu kriegen.

Einsteins Satz »Zwei Dinge sind unendlich, das Universum und die menschliche Dummheit. Aber beim Universum bin ich mir noch nicht ganz sicher« lässt sich gut auf die Terra Incognita der Tiefsee übertragen. Dieses weitgehend immer noch unbekannte Unterwasser-Universum sollten wir erforschen, aber nicht ausbeuten. Kraken und ihre marinen Mitbewohner würden es uns danken. Ansonsten zerstören wir das letzte unerforschte Habitat der Erde, bevor wir es überhaupt kennen.

KAPITEL 9

Delfine –
Gefangen, Gefoltert und Getötet

*Dem Delfin hat die Natur als Einzigem die Gabe verliehen, nach
der die großen Philosophen streben: die uneigennützige Freundschaft.
Er bedarf keines einzigen Menschen und ist dennoch der groß-
mütigste Freund von allen und hat schon vielen von ihnen geholfen.*

Plutarch

INA KNOBLOCH

Kein Meerestier ist beliebter als der Delfin, wobei es *den* Delfin
im Grunde gar nicht gibt. Die Meeressäuger gehören zu den
Zahnwalen und sind mit 40 verschiedenen Arten die größte Familie der Wale. Wer von Delfinen spricht, meint aber meist den
großen Tümmler, der in allen Meeren der Welt zu Hause ist und
schon in der Antike die Menschheit faszinierte. In einigen Ur-
völkern gelten Delfine gar als Vorfahren oder Seelenverwandte
der Menschen.

Die Beliebtheit der Delfine ist für diese Meeressäuger Fluch
und Segen zugleich: Zum einen werden sie deshalb eher geschützt, und zum anderen werden sie genau deshalb brutal gejagt:
für Delfinarien in aller Welt! Mitverantwortlich für die massenhafte Quälerei ist auch Hollywood, mit einem emotionalen Del-
finfilm und darauffolgender Serie in den 60er-Jahren: »Flipper«.

223

Ein Delfin erobert Hollywood

Flipper ist der noch immer berühmteste Delfin der Welt. Er kam quasi im gleichen Jahr zur Welt wie ich: er als Filmstar in Hollywood, ich als unbedeutendes Baby in Karlsruhe. Flipper wurde nämlich erst aus der Taufe gehoben, als er 1963 in die Kinos kam. Einen Delfin dieses Namens gab es in Wirklichkeit nie, er ist eine Kunstfigur, die für die Leinwand kreiert wurde. Und die wurde von zahlreichen verschiedenen Tieren dargestellt, die jahrelang für Film und Serie gequält wurden.

Als Serienstar eroberte Flipper auch die deutschen Herzen, und ich war wahrscheinlich einer seiner größten Fans, ohne zu ahnen, was hinter der Filmfigur steckte. An die Handlung kann ich mich nicht mehr erinnern, wohl aber daran, dass ein Junge an einem Bootssteg nur mit der Hand im Wasser plätschern musste, und schon eilte der Delfin herbei, wedelte mit der Flosse und quietschte vor Freude, das Kind zu sehen.

Bei unseren darauffolgenden Sommerurlauben am Meer versuchte ich ebenfalls mit heimlichem Geplätscher einen Delfin anzulocken, was natürlich nie von Erfolg gekrönt wurde. Später erfuhr ich, dass noch nicht einmal der Tiertrainer von Flipper das zustande gebracht hatte. Die Szenen waren nämlich mitnichten am offenen Meer gedreht worden, sondern in einer künstlichen Lagune, in einem Wasserzoo als Filmstudio, und dort wurden die Tiere mit Futter gelockt.

Mit den damals zur Verfügung stehenden technischen Mitteln, also ohne Animationsstudios, konnte man Flipper nur mit einem Dutzend Delfinen und einem genialen Trainer kreieren. Im Seaquarium in Miami fanden die Filmproduzenten diesen genialen Trainer: Ric O'Barry. Der damals junge Mann liebte die Tiere und trainierte sie erfolgreicher als jeder andere mit seinen eigenen Methoden. Damals aber machte er sich keine Gedanken über mögliche Folgen und war nur glücklich, dass er Zeit mit seinen Lieblingstieren verbringen und damit auch noch Geld verdienen konnte.

Delfine und medialer Missbrauch

Klar traute er sich auch den Job als Tiertrainer für einen Kinofilm und eine Fernsehserie zu. Aber je länger die Dreharbeiten dauerten, desto gestresster wurden die Delfine und schlugen immer öfter gereizt mit der Schwanzflosse auf das Wasser, was O'Barry nicht verborgen blieb und ihn sehr belastete. Als die Delfine für den Transport auf die Bahamas in Kisten verfrachtet wurden und fürchterlich litten, war es zu viel für O'Barry. Nach den Dreharbeiten auf den Bahamas stieg er aus und quälte sich mit schweren Vorwürfen, so lange mitgemacht zu haben. Später glaubte er sogar, dafür verantwortlich zu sein, dass es die Serie überhaupt gegeben hatte, denn er wusste, dass kein anderer die Delfine so erfolgreich hätte trainieren können.

»Wenn Flipper mir nicht vertraut hätte, wäre die Fernsehserie nie zustande gekommen. Ich habe Delfine gekannt und habe gelernt, sie zu lieben und zu respektieren. Doch ich war auch jung und sehr dumm und verdiente plötzlich eine Menge Geld. Heute bereue ich, für ihre tragische Begegnung mit uns Menschen mitverantwortlich zu sein«, erklärte O'Barry in einem Spiegel-Interview und schloss in sein Statement wohl alle Flipper-Darsteller mit ein.

Der Film und die Serie »Flipper« wurden nicht nur weltweit ein sensationeller Erfolg, Flipper beflügelte auch die Sehnsucht der Massen, einmal einen echten Delfin zu streicheln oder wenigstens aus nächster Nähe zu sehen. Nach dem Erfolg an den Kinokassen boomte das Geschäft mit den Delfinarien. Als der Film startete, gab es in der ganzen Welt erst drei Delfinarien, heute sind es fast 350 Delfinarien in 60 Ländern, und es waren noch mehr. In Deutschland wurden von den ursprünglich 14 Delfinarien bis auf zwei mittlerweile alle geschlossen. Frankreich hat 2017 Delfinarien erstmals verboten. Per Gesetz müssten aktuell aber keine Delfinarien geschlossen werden, lediglich Zucht und Handel sind verboten, Wildfang sowieso, und es werden keine Genehmigungen mehr für neue Delfinarien erteilt. Tiere, die bereits in Gefangenschaft sind, sollen es aber bleiben.

Das ist zumindest ein Schritt in die richtige Richtung, in Spanien dagegen werden nach wie vor ständig neue Delfinarien eröffnet.

Nach dem Ende der Serie wurden die Flipper-Darsteller aussortiert, für Delfinarien waren sie inzwischen ungeeignet. Nach der langen Drehzeit »funktionierten« die Tiere nicht mehr so, wie sie sollten, folgten nicht den Befehlen der dortigen Trainer. Einer der Flipper-Darsteller wurde daraufhin an einen europäischen Wanderzirkus verkauft, ein anderer an eine ähnliche Einrichtung in den Staaten. Beide starben nach kurzer Zeit, und für Ric O'Barry brach eine Welt zusammen. Der Tiertrainer verwandelte sich vom Saulus zum Paulus, wurde Vegetarier, pilgerte nach Indien und gründete eine Stiftung zum Delfin-Schutz.

Flippers Erbe: Delfinarien weltweit

Ein Hollywood-Film hatte die brutale Jagd auf Delfine und Wale beflügelt, fast 30 Jahre später wurde der Hype damit dann auch wieder beendet, denn der Impuls gegen die Haltung von Delfinen und Walen in Aqua-Zoos kam ebenfalls aus Hollywood. Mit »Free Willy« produzierten die Studios einen emotionalen Spielfilm über die Freilassung des in Gefangenschaft leidenden Orcas »Willy« aus einem Wasserzoo. Genau 50 Jahre nach Flipper feierte der US-amerikanische Dokumentarfilm »Blackfish« dann Premiere und eroberte weltweit die Kinos. Der Film erzählt die wahre Geschichte eines Orcas in Gefangenschaft, der seinen Trainer umbrachte, weil er misshandelt wurde. Detailliert werden Haltung und Methoden der Aqua-Zoos gezeigt. Das Geschäft mit den Delfinarien brach daraufhin massenhaft ein, aber leider nicht in allen Ländern.

Während Umweltgruppen in aller Welt gegen diese Tierquälerei mobil machten, verfielen die Akteure auf einen perfiden Trick, um die Tierschützer zu diskreditieren: Sie versuchten 2016, die Tierschutzorganisation PETA zu unterwandern. Nachdem die Betreiber des Vergnügungsparks Seaworld monatelang abgestritten hatten, einen Mitarbeiter bei der Tierschutzorganisation eingeschleust zu haben, mussten sie dies schließlich zugeben. Im Jahr 2012 hatte er sich als Thomas Jones bei PETA vorgestellt und präsentierte sich als ausgemachter Gegner von Delfinarien, insbesondere der Seaworld-Shows mit Meeressäugern. Jones wurde daraufhin tatsächlich aufgenommen. Bei der Tierschutzorganisation hatte er dann mehr Aggressivität gefordert und seine Kollegen gar aufgerufen, Seaworld niederzubrennen. Nachdem er aufgeflogen und entlarvt war, musste Seaworld schließlich alles zugeben. Jones war kein militanter Tierschützer, sondern ein Maulwurf, der bei Seaworld angestellt war. Er hieß auch nicht Jones, sondern Paul McComb. Er sollte die PETA-Mitglieder zu Straftaten anstacheln und damit die Organisation und den Tierschutz insgesamt diskreditieren.

Die Lobby-Falle

Es ist eine inzwischen leider übliche Methode der Industrie, ihr Image »grün zu waschen« und Protestaktionen zu diffamieren. Einige weltweit agierende PR-Firmen haben sich darauf spezialisiert, das Ansehen von Firmen aufzupolieren, die ethisch, moralisch und/oder ökologisch in das Visier von Verbrauchern, Verbänden und Organisationen geraten sind. Laut Lobbypedia fusionierte die Firma Burson-Marsteller 2018 mit Cohn & Wolf zur drittgrößten PR-Agentur weltweit. Burson-Marsteller galt als Meistermanipulator und übernahm bereits Kampagnen für Monsanto, den Frankfurter Flughafen und gegen Verbote von giftigen Substanzen oder Atomkraft. Unter dem neuen Dach werden sich die Strategien kaum ändern. Solche Praktiken sind nicht verboten und beziehen eine gezielte Lancierung von Fake-News ein. Schwarzlisten über Journalisten und Wissenschaftler zu führen, die sich nicht manipulieren lassen, geht jedoch deutlich über diese Grauzone im Marketing hinaus. Genau solche Listen hatte aber die PR-Firma FleishmannHillard für Monsanto geführt. »Werbung lügt«, heißt ein wahrer Spruch, der immer mehr an Bedeutung verliert, denn die klassische Werbung ist auf dem absteigenden Ast. Marketingstrategen haben längst erkannt, dass gerade bei strittigen Produkten, Firmen und auch Politik eine perfide, sanfte Gehirnwäsche viel effizienter ist als plumpe Werbung.

Die EU hätte Delfinarien längst verbieten können, Frankreich hat einen ersten Schritt getan. Deutschland und die meisten Länder der Welt zögern noch. Ein solcher Beschluss bedeutet nicht, dass die Einrichtungen sofort schließen, was Kritiker des Verbots gerne behaupten und anführen, dass die Tiere in der Freiheit nicht überlebensfähig sind.

Doch auch bei diesem Thema hat der Verbraucher viel Macht und Hollywood noch mehr. Der Blockbuster »Free Willy« hat nicht nur zu einem Besucherrückgang in den Delfinarien geführt, sondern vor allem für weltweite Proteste gegen diese Tierhaltung gesorgt. Man ließ schließlich sogar den Hauptdarsteller frei. Doch der Orca starb nach nur wenigen Wochen in Freiheit.

Zootiere können nicht einfach in die Wildnis entlassen werden. Durch die jahrzehntelange Behandlung mit Antibiotika und sonstigen Medikamenten sind sie besonders anfällig für Krankheiten, außerdem haben sie nie gelernt, sich selbst um ihre Nahrung zu kümmern oder vor Feinden zu fliehen, und nur weniges wissen sie instinktiv.

Gefängnisse für Meeressäuger

In einigen Ländern gibt es inzwischen staatlich geprüfte Auffangstationen, auch für Meeressäuger. Diese weitläufigen Gehege sind direkt an der Küste und nur durch Netze vom offenen Meer getrennt. Dort werden verletzte Tiere abgegeben oder welche aus Delfinarien, die geschlossen wurden, aber auch illegal gehaltene oder solche, deren Haltung völlig inakzeptabel ist. Viele Auffangstationen sind zwar auch für Besucher offen, aber die Tiere werden nicht mit albernen Kunststücken gequält, sondern auf ihre Rückkehr in die Wildnis vorbereitet. Nur Tiere, die nicht mehr im offenen Meer überleben könnten, bleiben in den Anlagen und dürfen in Würde altern.

Erst 2018 wurde bekannt, dass in Russland ein Becken existiert, in dem mehr als hundert Meeressäuger unter schrecklichen Bedingungen gehalten werden. Tierschützer nennen die Anlage in der Nähe von Wladiwostok »Wal-Gefängnis«. Nach Medienberichten waren die Tiere für einen Weiterverkauf nach China gedacht und sollten einen Gewinn in Millionenhöhe bringen. Seit die geheime Anlage publik wurde, setzten sich Tierschützer aus aller Welt für eine Freilassung der Tiere ein, erst recht, nachdem man erfuhr, dass einige Tiere aufgrund der schlechten Haltung bereits gestorben waren. Sogar Russlands Präsident Wladimir Putin engagierte sich für die Meeressäuger, und jetzt endlich sollen sie wieder in Freiheit kommen. Aber monatelang tat sich einfach gar nichts, neben zähen Verhandlungen der Naturschützer mit den Behörden gab es auch ganz praktische Probleme: Viele Tiere wurden in ihrem Kerker krank, andere waren noch zu klein, um sich alleine im Ozean zurechtzufinden. Außerdem wurden die Säuger in ganz unterschiedlichen Meeren gefangen und müssten aufwendig in ihre Heimat zurückgebracht werden. Nicht nur ein gewaltiges Unterfangen, sondern vor allem eine enorme zusätzliche Belastung für die ohnehin schon angeschlagenen Tiere. Eine Expertenkommission unter der Leitung von Jean-Michel Cousteau hat sich mit russischer Genehmigung der Tiere angenommen und konnte inzwischen die ersten Tiere befreien und auswildern. Die Wurzel des Problems hat Russland indes nicht angepackt: Der Wildfang von Meeressäugern für Delfinarien ist trotz Walfang-Moratorium dort nach wie vor erlaubt.

Das große Delfinschlachten

Während das Moratorium viele Großsäuger der Meere relativ gut schützt, sind Delfine und Kleinwale sozusagen vogelfrei und werden nicht nur für Delfinarien brutal gejagt. Niemand anders als der Tiertrainer Ric O'Barry, der nach seiner Läuterung zu einem der weltweit engagiertesten Delfin- und Meeresschützer wurde, deckte das Massaker an Delfinen in Japan auf. Engagierte

Filmemacher brachten später Barrys Einsatz gegen das Gemetzel mit den Delfinen auf die Leinwand. Der Kinofilm »Die Bucht« kam 2009 in die Kinos, erregte weltweit Aufsehen und wurde mit einem Oscar ausgezeichnet.

Im Fokus des Films steht die japanische Bucht Taji, in die jährlich bis zu zweitausend Delfine und Kleinwale getrieben werden, um sie weltweit an Delfinarien zu verkaufen. Aber nur die kräftigsten Tiere werden lebend gefangen und für bis zu 150 000 Euro pro Meeressäuger gehandelt. Die kleinen, schwachen und verletzten Tiere werden bestialisch mit Messern und Speeren abgeschlachtet und auf dem Fischmarkt, meist als Walfleisch, verkauft.

Aber auch in Japan wird die Kritik an dem Gemetzel immer lauter, selbst von den Gesundheitsbehörden sind zunehmend skeptische Töne zu hören. Denn durch die Verseuchung der Meere sind auch Delfine schwer mit Giftstoffen belastet. Alleine der Quecksilberwert in dem gehandelten Delfinfleisch soll 5000-fach über dem Grenzwert für Meeresfrüchte liegen. Die japanische Umweltbehörde hatte im Blut von Bewohnern des Orts Taji einen fast 50-fach erhöhten Wert gemessen.

Giftige Goldgier

Quecksilber ist ein silberweißes Schwermetall und kommt überall in der Natur vor, meist in festem Zustand, denn es bildet mit vielen Metallen Legierungen, die sogenannten Amalgame, bekannt vor allem als Zahnfüllungen. Aber auch in der Luft schwirrt das Element herum, denn reines Quecksilber wird schon bei Raumtemperatur gasförmig und kann für Mensch und Tier extrem gefährlich werden. Denn das Metall gehört zu den toxischsten Elementen der Erde und ist giftiger als Arsen, Aber erst der Mensch hat die Umwelt mit dem chemischen Element verseucht, denn das meiste Quecksilber ist als Feststoff gebunden und damit harmlos. Bei fast allen industriellen Produktionen, vor allem im Bergbau, fällt Quecksilber an, das mit dem Abwasser in Flüsse und Meere gelangt. Unfassbare Mengen fließen vor allem beim Goldabbau direkt in die Gewässer der Umgebung. In Brasilien vergiftet das Quecksilber aus der Goldindustrie die Delfine nicht erst im Meer, sondern gleich im Fluss.

Im Amazonas leben nämlich extrem seltene Flussdelfine. Die rosa Meeressäuger gelten als »geheimnisvolle Geister im Fluss«, bei Überschwemmungen wandern sie sogar durch den Regenwald und halten sich auch sonst in den sumpfigen Gewässern eher im Verborgenen auf. Wenn die Abholzung und Plünderung der Regenwälder am Amazonas weitergeht, werden auch die rosa Delfine bald ganz verschwunden sein, sie brauchen die Jagdgründe in den Wäldern während der Überschwemmungszeit. Das Quecksilber der Goldminen, die direkte Bejagung und der Bau von Staudämmen bedrohen die seltenen Flusssäuger außerdem.

Der Schadstoff- und auch Nährstoffeintrag in den Amazonas ist so groß, dass selbst das Meer im Mündungsbereich noch darunter leidet: Die Eutrophierung führt zur Algenblüte, die Schadstoffe zur Verseuchung. Doch der Amazonas ist längst nicht der dreckigste Fluss der Welt. Die unrühmliche Liste wird durch den 6300 Kilometer langen chinesische Jangtse angeführt, gefolgt vom Mekong und einer Reihe anderer asiatischer Flüsse, bis auf Platz sechs die Donau im WWF-Ranking genannt wird.

Auch in dem dreckigsten Fluss der Welt leben oder besser lebten Flussdelfine, die Baijis. Bereits in den 1980er-Jahren wurden die Tiere kaum mehr gesichtet und sind inzwischen vermutlich ausgestorben. Genug ist genug. Es ist ohnehin schon unglaublich, wie viel die Natur wegstecken kann von dem, was der Mensch ihr antut, aber irgendwann ist die Schwelle überschritten. Die Tiere waren zum Schluss wahrscheinlich nur noch schwimmende Schadstoff-Endlager.

Wenn die Menschen schon nicht davor zurückschrecken, die Natur zu plündern und zu verseuchen, Fisch weiter in sich hineinzustopfen, als gäbe es kein Morgen, dann würde vielleicht ein Totenkopf auf der Verpackung helfen oder ähnliche Fotos wie auf Zigarettenpackungen, mit dem Hinweis, welche Schadstoffe, Medikamente, Antibiotika und Gifte in dem »Lebensmittel« enthalten sind. Das wäre praktizierter Verbraucherschutz, würde die Menschen vielleicht vom Fisch-Konsum abhalten und damit auch die Meere schützen. Dabei muss der Finger nicht immer nach Asien zeigen, auch die Färöer-Inseln und Norwegen sind eifrig bei der Jagd, fast überall in Europa ist der Handel mit Delfinen noch erlaubt und in den USA, wo der ganze Wasserzirkus anfing, ohnehin. In Peru werden ebenso viele Delfine getötet wie in Japan, Umweltschützer schätzen, dass es 10 000 Tiere im Jahr sind. Die meisten landen als Haifutter am Haken. Aber es gibt fast kein Land auf der Erde, das seine Hände ganz in Unschuld waschen kann. Wo nicht gefangen wird, wird gehandelt oder für Touristen Jagd auf Delfine gemacht.

Jagende Helden

Über Wildfänge für Zoos und Tierquälerei in Zirkussen sowie bei Dreharbeiten machte sich in den 1960er-Jahren noch keiner Gedanken, noch nicht einmal der hoch verehrte Tierschützer und Verhaltensforscher Prof. Dr. Grzimek, der ja selbst ständig wilde Tiere ins Fernsehstudio schleppte. Hardy Krüger jagte 1962 erfolgreich als Tierfänger über die Leinwand. In dem damaligen Blockbuster »Hatari« mimt Krüger einen Tierfänger, der heldenhaft und abenteuerlich in der afrikanischen Tierwelt für Zoos in aller Welt jagt. Damals waren die Filmemacher noch unglaublich stolz darauf, dass sie die meisten Tiere für den Film tatsächlich mit dem Lasso selbst gefangen hatten, und das Publikum liebte sie dafür.

Auch Grzimek flog zunächst nach Afrika, um Tiere für den Frankfurter Zoo einzusammeln, und setzte auf die Hilfe von Wilderern, bevor er wie O'Barry vom Saulus zum Paulus mutierte und zum Naturschützer wurde, der erbittert für den Erhalt von Schutzgebieten in Afrika kämpfte. Zuvor hatte auch er teilweise fragliche Experimente mit Tieren durchgeführt und ließ Affenbabys wickeln wie Kleinkinder. Tierversuche sind zwar auch heute noch ein Übel, aber in den 50er- bis 70er-Jahren des letzten Jahrhunderts herrschte noch ein völlig anderer Zeitgeist. Zoodirektoren und Dompteure waren noch Helden und Tiere in der Manege Stars, die bewundert und nicht bedauert wurden.

Tier- und Umweltschutz steckte damals noch in den Kinderschuhen, und Vegetarier galten als krank und bedauernswert. Auch die damaligen Helden der Meere, wie Hans Hass und Jacques Cousteau, hatten keinerlei Hemmungen, im Dienste der Wissenschaft oder für spektakuläre Filmaufnahmen Riffe zu sprengen oder die Giganten der Meere zu jagen. Tierversuche gehörten zur fortschrittlichen Medizin, und Verhaltensforscher zu Wasser und zu Lande zögerten nicht, mit Wildtieren herumzuexperimentieren. Die Menschen liebten damals diese mutigen, abenteuerlustigen, testosterongesteuerten Helden, die scheinbar den wildesten Kreaturen der Erde furchtlos gegenüberstanden. Ihre Filme räumten weltweit Preise ab. Filme, für die sie heute von allen Umweltorganisationen der Welt an den Pranger gestellt würden, ganz abgesehen von Gender- und Menschrechtsbeauftragten.

Das (Horror-)Haus der Delfine

In dieser Zeit stieß auch das »Haus der Delfine« auf keinerlei Empörung. Es war eine Villa an einem Bilderbuchstrand der karibischen Jungferninseln, in der drei Delfine zu Forschungszwecken gehalten wurden. Die Wissenschaftler wollten den Meeressäugern nicht nur Englisch beibringen, sondern sie auch auf eine Begegnung mit Außerirdischen vorbereiten. Schätzings Szenario in seinem Bestseller »Der Schwarm«, in dem das Meer mit dem Weltraum kommunizieren soll, war in den 60ern Realität und wurde ernsthaft erforscht.

Damals war der wahnsinnige Gedanke des Aufbruchs der Menschheit in den Weltraum allgegenwärtig. Die Supermächte hatten einen regelrechten Wettlauf ins All begonnen, und Science-Fiction-Fantasien gehörten zum Alltag. Niemand glaubte damals daran, dass die Menschheit in nicht allzu ferner Zukunft global und kabellos kommunizieren würde, aber fast alle waren überzeugt von Leben im All und einem baldigen Ausflug dorthin. Als ebenso wahrscheinlich galt ein Besuch von Außerirdischen. In diesem Zeitgeist wollte der US-amerikanische Neurophysiologe John Lilly damals ernsthaft mithilfe von Meeressäugern herausfinden, wie mit Aliens zu kommunizieren sei. Niemand Geringeres als die NASA finanzierte die ganze Spinnerei und Tierquälerei.

Für seine Experimente hatte Lilly ein Strandhaus für die Unterbringung der drei Delfine umbauen lassen, immerhin so, dass sie mit frischem Meerwasser versorgt wurden. In Delfinarien leben die Meeressäuger dagegen meist nicht nur in viel zu kleinen Becken, sondern auch in gechlortem Salzwasser, da sich ansonsten viel zu schnell Krankheitskeime bilden. Der Ozean mit seinem fantastischen Filtersystem reinigt sich dagegen immer wieder selbst (solange die Menschen ihren Müll dort nicht auskippen), aber ein Schwimmbecken ist ein Paradies für Bakterien, die vor allem mit Chlor in Schach gehalten werden. Chlordämpfe sind jedoch nicht nur krebserregend, sie greifen auch direkt Zellen und Gewebe an. Nach einer Woche im Chlorbecken wäre unsere Haut nicht nur aufgeweicht, sondern würde sich ablösen, wäre voller Ekzeme und unsere Augen blutrot unterlaufen und entzündet. Ähnlich geht es den Meeressäugern.

Wenigstens das blieb den Delfinen in diesem seltsamen Haus erspart. Die 22-jährige Amerikanerin Margaret Lovatt fand das Haus damals gar nicht seltsam und wollte unbedingt bei den Experimenten assistieren, obwohl sie weder eine wissenschaftliche Ausbildung hatte noch Erfahrung mit Delfinen. Trotzdem wurde sie engagiert, und die junge Frau versuchte mit Leidenschaft, den drei Delfinen Englisch beizubringen. Die Versuche waren wenig erfolgreich, woraufhin sie ihr Schlafzimmer in ein halbes Aquarium umbauen ließ und mit dem männlichen Delfin fortan Tag und Nacht verbrachte. Nach ihren eigenen Angaben kam es auch zu sexuellen Kontakten.

Den weiblichen Delfinen wurde LSD verabreicht, in der irren Annahme, dass die Tiere dadurch leichter Englisch lernen würden. Selbstverständlich scheiterten alle Versuche, der Geldhahn wurde zugedreht und Lovatt entlassen. John Lilly musste mit den Delfinen in ein winziges Gehege umziehen, wo der männliche Delfin nach wenigen Wochen Selbstmord beging, er schwamm auf den Beckengrund und kam nicht mehr an die Luft zum Atmen.

Eine absurde Geschichte von Tierquälerei, an der sich in den 60er-Jahren niemand störte, ganz im Gegenteil. Lovatt wurde sogar zur Heldin stilisiert. Die BBC drehte einen Film über »Die Frau, die mit den Delfinen sprach«. Über die Medien wurde verbreitet, der Delfin habe sich aus Liebeskummer umgebracht. So viel zu den »hochwissenschaftlichen« Verhaltensforschungen in den 60er-Jahren.

Delfine im Kriegseinsatz

Doch diese Experimente waren noch harmlos im Vergleich zu den Forschungen, die das Militär in dieser Zeit durchführte. Das Wettrüsten der Weltmächte fand damals nämlich nicht nur im All statt, sondern auch in der Tiefsee. Das groß angelegte »Marine Mammal Programm« des US-Militärs startete 1960, und im Vietnamkrieg kamen die Tiere auch tatsächlich zum Einsatz, sie sollten Saboteure aufspüren. Aber auch die Russen trainierten Meeressäuger für militärische Zwecke. In den 1980er-Jahren sollen die Weltmächte jeweils mehr als hundert Meeressäuger für das Militär gedrillt haben. Während Russland nach Auflösung der Sowjetunion das Programm angeblich aufgegeben und seine Tiere an Delfinarien verkauft oder freigelassen hat, halten die USA weiterhin Meeressäuger für Kriegszwecke.

Zwar sind es inzwischen wesentlich weniger Meeressäuger, aber immer noch rund 70 Tümmler und 30 Seelöwen, die von der Marine im kalifornischen San Diego gehalten werden. Die Delfine werden dort regelrecht für den Krieg gedrillt und angeblich als lebendige Waffen mit Torpedos ausgestattet ins Meer geschickt. Da die Operationen geheim sind, gelangen wenige Informationen an die Öffentlichkeit.

Und immer wieder tauchen Gerüchte auf. Vor einigen Jahren hieß es, Russland hätte seine marode Delfin-Truppe der Ukraine aufgedrückt und einige wären ausgebüxt. Von »Killer-Delfinen«, die nun ihr Unwesen im Schwarzen Meer trieben, war die Rede. Wenn Delfine darauf trainiert sind zu töten, heißt das nicht, dass sie in einen Blutrausch geraten können und Menschen zerfleischen. Delfine töten, indem sie mit ihrem Kopf wie mit einem Prellbock zustoßen. Die sogenannten »Killer-Delfine« sollen darauf trainiert worden sein, Kampfschwimmer anzugreifen, und zwar nicht nur mit ihrem natürlichen Prellbock, sondern mit Schuss- oder Stichwaffen, die an ihren Köpfen befestigt worden seien. Es heißt, einige dieser Killer-Delfine wäre im Schwarzen Meer desertiert und würden dort noch immer leben. Falls diese Tiere gefangen werden, bleibt nur eine Auffangstation.

Tatsächlich können diese zum Töten dressierten Delfine auch für normale Schwimmer gefährlich werden, aber nicht nur für Menschen. 2017 tauchte in der Kieler Bucht ein Delfin auf, der die Nähe von Menschen suchte, aber wahrscheinlich Schweinswale tötete. Spekulationen, ob der »Killer«-Delfin aus der ukrainischen Militär-Staffel stammte, konnten nicht bestätigt werden. Das Verhalten entspricht keinem eines normalen Meeressäugers. Das Verhalten von wilden Tieren in freier Natur, egal ob Löwe oder Delfin, die zuvor in Gefangenschaft gedrillt worden sind, ist unvorhersehbar.

Anfang der 2000er-Jahre habe ich das erste Mal eine solche Auffangstation in Florida besucht, zu dem Zeitpunkt hörte ich auch das erste Mal von den »Torpedo-Delfinen«, wie sie auf dieser Station genannt wurden. Selbst einer der Flipper-Darsteller hatte in dieser Station Asyl gefunden und lebte damals noch. Die Tiere waren unglaublich zutraulich, für das Leben in der freien Natur aber kaum mehr geeignet und suchen auch freiwillig den Schutz der Station. Die Leiterin erzählte, dass bei einem Hurrikan einige Tiere über die Absperrnetze gespült worden

waren, aber schon nach wenigen Tagen wieder freiwillig zurückkehrten.

Im Lauf der Geschichte kam es tatsächlich aber auch immer
wieder vor, dass wilde Delfine sich zu Menschen hingezogen
fühlten. Beispielsweise tauchte 1955 in Neuseeland ein men-
schenfreundlicher Delfin auf, den die Einheimischen liebevoll
»Opo« nannten, nach dem Ort, an dem er zum ersten Mal auf-
getaucht war: Opononi. Dieser Delfin, der den Fischern folgte,
war ein verwaistes Jungtier, wahrscheinlich um die vier Jahre
alt.

In seinen ersten drei Lebensjahren ist ein Delfinbaby völlig
abhängig von seiner Mutter, erst danach wird es langsam selbstständig und kann eigenständig jagen. Weibliche Delfine sind
üblicherweise in einer ganzen Gruppe von Weibchen unterwegs
und helfen sich gegenseitig bei Geburten und der Aufzucht von
Jungen. Opo muss nicht nur seine Mutter, sondern seine ganze
Herde verloren haben.

Jahrelang blieb der Delfin in der neuseeländischen Bucht,
spielte mit Kindern Ball und schwamm mit den Fischern aufs
Meer, half ihnen beim Fischen und bekam seinen Anteil vom
Fang. Opo wurde zum Lokalhelden von Opononi, die Zeitun-
gen berichteten über ihn, und der Touristenstrom ließ nicht
lange auf sich warten. Immer mehr Menschen wollten Opo sehen und mit ihm spielen, bis es den Einheimischen zu viel wurde
und sie ein strenges Schutzgesetz speziell für diesen Delfin forderten. Tatsächlich wurde der aquatische Lokalheld am 8. März
1956 offiziell unter Schutz gestellt, aber nur einen Tag später
wurde Opo tot aufgefunden.

Woran er starb, wurde nie ganz aufgeklärt. Man verdächtigte
Fischer, die mit Dynamit oder Plastiksprengstoff auf Beutezug
gegangen waren und »Opo« nicht gesehen hatten. Der Delfin-
Kadaver wurde am 9. März 1956 an den Strand gespült und mit
allen Maori-Ehren bestattet. Eine Statue erinnert noch heute an
diesen ungewöhnlichen Meeressäuger.

Die Dynamit-Fischer

Die Sprengstoff-Fischerei ist so ziemlich die brutalste Methode, die Meere zu plündern. Die Ausbeute dabei ist für die Fischer nur minimal. Trotzdem und obwohl es verboten ist, gehen in Afrika und Asien immer mehr Fischer mit Sprengstoff auf die Jagd, denn ihre traditionellen Fischgründe sind geplündert und ihre Netze bleiben leer.

In Europa wurde vor allem nach dem Zweiten Weltkrieg, als es an allem mangelte, nur nicht an Sprengstoff, auf diese Weise gefischt. Die Methode ist hierzulande jedoch längst verboten, wie in den meisten Ländern der Erde. Das heißt aber nicht, dass diese explosive Fischerei nicht praktiziert wird, vor allem die Ärmsten der Armen fischen gerne mit Sprengstoff, weil das trotz magerer Ausbeute, die billigste Methode ist, im offenen Meer zu fischen.

Dabei wird alles Leben im Meer in weitem Umkreis getötet oder durch die Druckwelle so beeinträchtigt, dass der Tod nur um Stunden verzögert wird. Ganze Lebensräume werden dabei zerstört und vergiftet. Delfine und Wale verenden selbst in weiter Ferne. Wenn ihr empfindliches Gehör und Ortungssystem gestört sind, sind sie verloren und sterben.

Trotz der schlechten Erfahrung mit der Spezies Homo sapiens suchen Delfine immer wieder die Nähe von Menschen, vor allem von Schiffen. Wahrscheinlich, weil sie sich auch gerne mit Walen vergesellschaften, in deren Kielwasser sie mit Vergnügen schwimmen, und genau das tun sie auch gerne bei Schiffen: im Kielwasser schwimmen.

Ende der 8oer-Jahre kam ich zum ersten Mal in den Genuss, von einer größeren Gruppe Delfine begleitet zu werden. Das war bei meiner Expedition zur costa-ricanischen Kokosinsel, die weitab im Pazifik liegt. Kaum hatten wir die Hafenbucht in Costa Rica verlassen, gesellte sich eine ganze Delfinschule mit mindestens zwölf Tümmlern zu uns und geleitete das kleine Schiff aufs offene Meer. Manche sprangen unentwegt und zeigten ihren eleganten Körper, andere blieben überwiegend im

Fahrwasser und wechselten sich mit ihren Artgenossen offensichtlich um den besten Platz ab, bis sie ganz plötzlich abtauchten und verschwanden.

Thunfischjäger und Delfinmörder

Kurz bevor wir die Kokosinsel erreichten, zeigte der Kapitän plötzlich auf einen Möwenschwarm, der aufgeregt im Kreis flatterte und offensichtlich auf Fischfang war. Doch der Kapitän verlor kein Wort über die Vögel, sondern sprach begeistert von Delfinen und Thunfischen. Als wir uns langsam näherten, konnte auch ich sie endlich erkennen: die Delfine, nicht die Thunfische. Das Wasser kochte förmlich, immer wieder kamen die Delfine kurz an die Oberfläche, um Luft zu holen, oder sprangen elegant durch die Luft, um Hautparasiten loszuwerden. Die Thunfische schwammen deutlich tiefer im Meer und bildeten mit den Delfinen eine Fressgemeinschaft. Für kleinere, junge Thunfische ein gefährliches Geschäft, denn Delfine lieben auch Thunfisch. Dass die Jagdgemeinschaft in diesem Fall erfolgreich war, zeigte sich an den Möwen, die holten sich quasi die Krümel beim Festschmaus.

Der Tanz der Delfine mit Thunfischen und Möwen ist leider nicht nur ein attraktives Spektakel für Forscher, Filmer und Fotografen, sondern auch für Fischer. Thunfisch-Jäger spähen gezielt nach solchen jagenden Delfinschulen, um auf Fang zu gehen. Denn die Thunfisch-Schwärme selbst sind auf dem Wasser nicht zu sehen. Stattdessen kesseln die Thunfischjäger die Delfin-Schwärme ein und werfen ihre Netze weiträumig aus, ohne Rücksicht auf die Meeressäuger, die als Beifang in den Netzen landen.

Das ist seit Jahrzehnten bekannt, und die Lösung war mal wieder ein Ökolabel, in diesem Fall das MSC-Zertifikat, das unter anderem »Delfin-freundliche« Fangmethoden bei Thunfisch zertifiziert. Aber auch das Label ist kaum die Farbe wert, mit der es gedruckt wird. Die Gesellschaft zur Rettung von Delfinen (GRD) spricht vom weltweit größten Delfinmassaker durch diese Fischereimethode. Über sieben Millionen Delfine wurden von den 1960er- bis zu den 1990er-Jahren allein im tropischen Ostpazifik auf diese Weise getötet. Inzwischen müssen die Delfine zwar eigentlich wieder freigelassen werden, aber nicht alle, ein gewisser Anteil an Beifang wird toleriert, und die Delfine aus den Netzen sind meist so schwer verletzt, dass sie ohnehin keine Überlebenschance haben. Das Ökolabel bekommt der Thunfisch dann trotzdem.

»Eine Fischerei als nachhaltig zu zertifizieren, bei der Todesquoten für Delfine vergeben werden, ist zynisch und an Greenwashing kaum zu übertreffen. In jeder Region und in jedem Land, in dem Delfine unter Schutz stehen, ist es strengstens verboten, Delfinen hinterherzujagen oder sie in sonstiger Weise in ihrem natürlichen Verhalten zu stören«, kritisiert Ulrike Kirsch von der Stiftung Meeresschutz.

Dabei liest sich die Liste der Schadstoffbelastung bei Thunfisch wie die Liste eines Endlagers für Gefahrengut: erhöhte Quecksilberwerte, Schwermetalle, Mineralöle, Methylester und jede Menge Mikroplastik. Wahrscheinlich gibt es inzwischen überhaupt kein Meereswesen mehr, das frei von Plastik ist. Umweltbehörden warnen vor allem Schwangere vor dem Verzehr von Thunfisch, wegen des hohen Quecksilber-Gehalts.

Eine Quecksilbervergiftung hat bekanntlich keinen schönen Verlauf, das Hirn wird von dem Gift massiv angegriffen, zu den ersten Symptomen gehören Koordinationsschwierigkeiten.

Laut der Tierschutzorganisation PETA hat es in Kalifornien einen Jungen schwer erwischt, der sich eine Quecksilbervergiftung durch Thunfisch zugezogen hatte. Er konnte nicht einmal mehr einen Football fangen. Nach Angaben der Tierschutzorganisation hätte er bereits mit dem Verzehr einer halben Dose Albacore-Thunfisch pro Woche 60 Prozent mehr Quecksilber zu sich genommen, als von der US-Regierung als ungefährlich angesehen wird.

Aber in Kalifornien grassiert noch eine ganz andere Seuche in den Meeren, die Delfine und zahlreiche weitere Meeresbewohner bedroht, und damit auch den Menschen: eine Seuche, die alle Seesterne dahinrafft und damit eine Kaskade der Zerstörung auslöst. Noch wird gerätselt, ob die Ursache ein Virus aus Laboren ist oder eine eingeschleppte Krankheit aus anderen Meeren der Welt. Die Wissenschaftler konnten jedenfalls noch nicht herausfinden, was zum Massensterben der Seesterne vor der Pazifikküste Nordamerikas geführt hat. Vielleicht liegt es auch am Mikroplastik, denn auch Seesterne sind voll davon. Bei Wattwürmern konnten Wissenschaftler bereits nachweisen, dass Mikroplastik ab einer gewissen Dosis zum Exitus führt. Das Plastik löst bei den Tieren ein Sättigungsgefühl aus, und sie verhungern schlicht.

Das Massensterben der verschiedensten Seesternarten im Nordostpazifik begann 2013 und ist bis heute nicht beendet. Die Bilder vom Meeresgrund sehen aus wie aus einem Horrorfilm. Auch dieses Szenario erinnert an Frank Schätzings Roman »Der Schwarm«. Die Stachelhäuter wurden angeblich von einem unbekannten Killerkeim heimgesucht, der sie von innen förmlich zerfrisst und zermatscht. Erst verlieren die Seesterne einen Arm nach dem anderen, brechen dann auseinander und zerfallen völlig. Betroffen sind zahlreiche verschiedene Arten vor der nordamerikanischen West-Küste. Am schlimmsten hat es wohl den Sonnenblumenseestern getroffen, der mit einem Meter Durchmesser und bis zu 25 Armen ein Riese unter den Seesternen ist.

Kelp – Regenwälder der Meere

Doch das Desaster war erst der Auftakt der Katastrophe: Seesterne ernähren sich unter anderem von Seeigeln, und die knabbern wiederum bevorzugt Tang, der unter der kalifornischen Sonne normalerweise prächtig gedeiht, ein perfekt ausbalanciertes Ökosystem. Doch anders als der Tang in der Sargassosee, der frei im Meer herumtreibt, sind die meisten anderen Arten im Meeresboden verankert. So auch der kalifornische Tang, der bis zu 45 Meter lang werden kann und riesige unterseeische Wälder bildet: die Kelpwälder. Sie gelten als Regenwälder der Meere, binden Unmengen von CO_2 und beherbergen unzählige Arten. Viele Delfine ziehen im Schutz dieser Algenwälder ihre Jungen groß, und auch für andere Meeresbewohner sind die Kelpwälder eine perfekte Kinderstube.

Doch damit ist jetzt Schluss. Der Tod der Seesterne hat den Weg für eine Massenvermehrung der Seeigel frei gemacht. Inzwischen haben sie diese Regenwälder der Meere quasi abgeholzt und damit einen riesigen Lebensraum zerstört. So zumindest lautet die offizielle Version in den Pressemeldungen zum Seesternsterben und dem Schwund der Kelpwälder. Kein Wort davon, dass die Tangwälder schon seit Jahrzehnten von der Industrie geplündert werden. Algen sind der Rohstoff der Zukunft, und vor allem die riesigen Braunalgen, die die Tang- oder Kelpwälder bilden, werden großflächig von Schiffen abgeerntet, zwar nur die oberen Meter, aber in der Folge gerät das ganze Ökosystem aus dem Gleichgewicht.

Zum einen fehlen dadurch den Tieren, die sich nahe der Meeresoberfläche aufhalten, wie Seehunde, Robben und Delfine, Schutz und Nahrung aus den Kronen der Kelpwälder, zum anderen löst der Kronenschnitt ganz direkt ein ökologisches Desaster aus: Erst fehlt der Schatten am Meeresgrund, dann verdüstert er sich. Denn nach der Ernte dringt deutlich mehr Licht auf den Boden des Ozeans, kleinere Algen beginnen zu sprießen. Doch wie bei einem gekappten Baum verzweigen sich auch die Algen nach dem Schnitt an der Spitze und verdichten sich an der Meeresoberfläche. In der Folge bekommen die Algen der unteren Etagen dieses Meereswaldes nicht mehr genug Licht, sterben ab und verrotten, wobei sie jede Menge Sauerstoff verbrauchen und CO_2 freisetzen. Ein Klima entsteht, in dem Keime hervorragend gedeihen und wahrscheinlich auch die Verursacher der Seesternenseuche. Eine sicherlich auch menschengemachte Katastrophe, die das gesamte Ökosystem ins Wanken bringt.

Im tropischen Regenwald würde das ganze System genauso kippen, wenn die Kronen der Bäume abgeerntet würden. Die

Dschungelwipfel sind der artenreichste Lebensraum der tropischen Regenwälder. Selbst wenn die Bäume nach einem Wipfel-Kahlschlag wieder ausschlagen würden, das Leben da oben wäre futsch, und am Dschungelboden würde sich alles verändern. Dort verhält es sich nämlich genau anders als im Kelpwald, da die Kronen natürlicherweise weit verzweigt sind, ist es finster am Urwaldboden, Sonnenstrahlen würden neues Leben erwecken, aber das alte verdrängen. Kröten, Frösche und Amphibien, die es dunkel und feucht mögen, würden massenweise sterben. Genauso ist es den Tieren dort auch bereits ergangen. Der Klimawandel, die Zerstörung des Lebensraums und Umweltgifte haben vielen Amphibien das Leben gekostet und alle Tiere geschwächt. Den Todesstoß hat den Fröschen und Lurchen aber ein tropischer Pilz gegeben, gegen den sich nur gesunde, kräftige Exemplare erfolgreich wehren können. Bei den Seesternen wird es ähnlich gewesen sein, erst die Schwächung der Tiere durch Klimaerwärmung und Schadstoffe im Meer hat die Tiere anfällig für den gefährlichen Virus gemacht.

Aber nicht alle pazifischen Seestern-Arten sind betroffen. Während die letzten Seesterne in Kalifornien ums Überleben kämpfen, bedroht ein sogenannter Killerseestern das ohnehin schon bedrohte Great Barrier Reef vor der Nordostküste Australiens. Eine Invasion dieser Killerseesterne oder Dornenkronenseesterne hat das Riff förmlich überfallen. Die bis zu 40 Zentimeter großen Tiere stülpen sich über Korallen und fressen sie leer. Woher die explosionsartige Vermehrung kommt, wissen die Forscher nicht – genauso wenig, wie sie wissen, was der Grund für das Massensterben der kalifornischen Seesterne ist. Sicher ist, dass die Verseuchung, Plünderung und Vermüllung der Meere noch eine weitere Kaskade der Zerstörung im Ozean ausgelöst haben, deren Ausmaß noch gar nicht absehbar ist.

Götterboten – Ina und der Hai

Bereits in der Antike fürchteten die Menschen die Folgen ihrer Taten, wenn sie die Natur zerstörten, allerdings glaubten sie dabei an den Zorn der Götter. Delfine spielten in der griechischen Mythologie eine besondere Rolle und galten als Boten des Meeresgottes Poseidon. Sie waren Apoll und Aphrodite heilig. Auch in der polynesischen Mythologie gelten Delfine als göttliche Wesen, daher hoffte Ina mit dem Delfin Dina, auch endlich jemanden gefunden zu haben, der sie zu Tinirau bringen konnte.

Der riesige Tintenschwall machte nicht nur Dina, sondern auch Ina ganz orientierungslos, dabei hatte es Dina gar nicht auf die Oktopus-Dame Olga abgesehen, sie hatte schon ausgiebig gefrühstückt. Nachdem sich das Meer wieder einigermaßen gelichtet hatte, tauchten beide gleichzeitig auf, um erst mal tief durchzuatmen. Doch bevor Ina ihre Geschichte erzählen konnte, schnatterte Dina schon los: Inas Suche nach Tinirau hatte sich inzwischen überall herumgesprochen, zumindest bis zur neugierigen Dina, für die es selbstverständlich war zu helfen, denn sie besuchte Tinirau sehr häufig. Aber Dina war so verspielt und planschte mit Ina so vergnügt herum, dass sie ihre Mission bald vergaß. Erst als die tiefrote Sonne den Horizont küsste, fiel beiden wieder das Ziel ihrer Reise ein. Nun waren aber beide so müde und hungrig, dass sie beschlossen, ihre Reise erst am nächsten Morgen fortzusetzen. Dina setzte Ina sanft an der nächsten Insel ab und verabschiedete sich für den Tag. Als Ina ihrer Delfinfreundin hinterherschaute, sah sie, wie Hanno der Hai sich einen Spaß daraus machte, Dina zu jagen. Wirklich gefährlich konnte Hanno für die Delfin-Dame nicht werden, dafür war sie zu schnell, zu schlau und zu kräftig. Wirklich böse und gefährlich konnten die Menschen werden, und nur wenn es zu arg wurde, griff Tangaroa ein, der große Gott des Meeres – so wie jetzt. Fern am Horizont türmte sich seine Wut bereits auf, und sein Ärger hallte bis zu der kleinen Bucht, in die Ina sich für die Nacht zurückgezogen hatte. Es wurde Zeit, dass sie Tinirau fand und mit seiner Hilfe den Schatz zurückerobern konnte.

Haie sind die natürlichen Feinde von Delfinen, doch gesunde, erwachsene Tiere haben so viel Kraft, dass sie sich erfolgreich wehren können. Oft tun sie das auch im Team, wehren im gemeinsamen Gegenangriff ihre Feinde ab, schießen mit ihren starken Köpfen und Schnauzen auf den Angreifer zu und rammen ihn gleichzeitig mit voller Wucht. Manchmal greifen sie Haie sogar an, um Menschen zu schützen. Der Schamane Pa von den Cook-Inseln ist nicht der Einzige, der dank der Delfine eine Hai-Attacke überlebt hat, doch sein Fall ist besonders gut dokumentiert, denn der Angriff ereignete sich während eines Langstrecken-Schwimmwettbewerbs, der gefilmt wurde. Die Marathon-Strecke lag zwischen zwei polynesischen Inseln, das Ziel war Tahiti.

Ein riesiger Tigerhai attackierte den damals noch jungen polynesischen Schwimmer Pa und hatte seinen Arm schon zwischen den Kiefern, als plötzlich mehrere Delfine angeschossen kamen und den Angreifer mit voller Wucht in die Flanke rammten. Die Meeressäuger ließen nicht locker, bis der Hai von dannen zog. Noch heute, Jahrzehnte nach dem Angriff, trägt Pa die große Narbe an der Schulter mit Stolz. Inzwischen gibt es so viele weitere gut dokumentierte Fälle von Delfinen als Menschenretter, dass die BBC einen ganzen Film darüber gedreht hat. Zahlreiche Schwimmer und auch Surfer berichten, wie sie von Delfinen gerettet wurden. Eigentlich kaum zu glauben, wo doch der Mensch der ärgste Feind des Delfins ist.

HANNES JAENICKE

Die alten Griechen haben Delfine zu Gottheiten erklärt, in der antiken Kunst tauchen diese Meeressäuger immer wieder auf. Ich habe meine kleine Produktionsfirma nach einem bei uns weitgehend unbekannten Delfin benannt, sie heißt »Pelorus Jack Filmprods. Inc.«. Pelorus Jack war ein neuseeländischer Delfin, der erstmalig gegen Ende des 19. Jahrhunderts als Einzelgänger zwischen Nord- und Südinsel in der Cook Strait gesichtet wurde, gelegentlich auch Pelorus Strait genannt. Entweder hatte er seine Herde verloren, oder er war verstoßen worden. Zur Legende wurde er, weil er bei Sturm immer wieder Fischkutter und andere Schiffe durch diese bei Schlechtwetter gefährliche Meerenge lotste. Bei schönem Wetter und ruhiger See sah man ihn nur selten. Pelorus Jack tauchte immer dann auf, wenn Schiffe Schwierigkeiten hatten, die Passage mit ihren Untiefen und starken Strömungen unfallfrei zu passieren. Er kam, um Lotse zu spielen und zu helfen.

Zum ersten Mal gesichtet wurde Pelorus Jack im Jahr 1898, er verschwand 1912. Um sein Ende ranken sich zahlreiche Theorien und Gerüchte, aber man darf vermuten, dass er eines natürlichen Todes starb. Nach seinem Verschwinden setzte man ihm aus Dankbarkeit am schönsten Strand in Wellington ein großes Denkmal. Er war wie ein Botschafter des Meeres, und die Neuseeländer verstanden diese Botschaft: Wegen Pelorus Jack stellte Neuseeland als erstes Land der Welt Delfine unter Schutz.

Bedrohte Lieblingstiere

Heute ist die größte Bedrohung für Delfine die Fischerei-Industrie und unser unersättlicher Appetit auf Fisch. Treibnetze, Schleppnetze, Kiemennetze, Longlines (Langleinen) kosten Tausenden von Delfinen jedes Jahr das Leben. Spanien betreibt die aggressivsten Fangflotten – illegaler Fang ist an der Tagesordnung – und verdient Milliarden damit. Bei unserem Film über Haie beobachteten wir vor der costa-ricanischen Küste spanische Trawler, die mit 90 Kilometer langen Longlines fischten. An jeder dieser Leinen befanden sich 30000 Köder. Die Spanier jagen hauptsächlich Blauflossen-Thunfisch, weil er am meisten Geld einbringt. Aber an ihren Haken verendet alles, was hungrig im Meer herumschwimmt: Seelöwen, Schildkröten, Delphine, Haie. Diese unerwünschte Beute wird – wie bereits bekannt – möglichst unschuldig Beifang genannt.

Dass die lokalen costa-ricanischen Fischer mit ihren kleinen Booten nach dem »Besuch« spanischer Industrie-Trawler so gut wie nichts mehr fangen, hat uns wenig überrascht. Randall

Arouz, der uns beratende Biologe aus San Juan, hat berechnet, dass es mindestens zwei Jahre dauert, bis sich die Fanggebiete vor Costa Rica von der Plünderung durch spanische Longlines erholen. Vorausgesetzt, es kommen nicht vorher schon weitere Trawler aus Übersee, um den Appetit der Europäer und Asiaten auf edle Speisefische zu befriedigen. Um illegalen Trawlern das Handwerk zu legen, besitzt die Coast Guard der costa-ricanischen Pazifik-Küste sechs Patrouillenboote. Als wir dort drehten, waren drei nicht einsatzbereit, die restlichen drei waren zu langsam, um die Spanier verfolgen zu können.

Wer sich überzeugen will, mit welcher Gewissenlosigkeit sich Spaniens Fischerei-Konzerne über Gesetze, Fangquoten und Fischerei-Bestimmungen hinwegsetzen, dem sei die Sea-Shepherd-Doku »Chasing the Thunder« empfohlen. Ich konnte sie auf der »Ocean Film Tour« 2019 sehen und habe seitdem keinerlei Bedürfnis mehr, auf die iberische Halbinsel zu reisen. Obwohl die Crew des in der Antarktis illegal fischenden Trawlers »Thunder« verhaftet, nach Spanien überführt und vor Gericht gestellt wurde, kam es zu keinerlei Verurteilungen: Die spanische Regierung und Justiz decken das kriminelle Treiben ihrer Fischerei-Industrie. Viele dieser Hightech-Trawler sind mit Helicopter-Pads und Motoren ausgestattet, die schneller sind als die Schiffe der jeweiligen Küstenwachen, sie gehen illegal in fischreichen Meeresschutz-Gebieten wie Cocos Island auf Fang und treiben Thunfisch-Schwärme mit Dynamit in Richtung der Longlines. All das konnten wir im Hafen von Puntarenas mit eigenen Augen sehen: Dort war es der costa-ricanischen Coast Guard ausnahmsweise einmal gelungen, ein spanisches Fangschiff zu konfiszieren: Es sah aus wie ein Kriegsschiff.

Eine weitere massive Bedrohung für Delfine sind die senkrecht im Wasser stehenden Kiemennetze und Ghost Nets – Geisternetze. Ina hat sie schon erwähnt, sie sind aus widerstandsfähigem Kunststoff, werden bei Stürmen oft abgerissen oder von Fischern über Bord geworfen, wenn sie defekt sind. Danach treiben sie als tödliche Fallen durchs Meer. Vor allem

Meeresschildkröten und Meeresäuger verfangen sich darin und ersticken.

Delfine müssen alle sechs bis acht Minuten an die Wasseroberfläche, um Luft zu holen. Selbst im Schlaf tun sie das, weil immer nur eine Gehirnhälfte tatsächlich schläft. Die andere bleibt wach, um potenzielle Bedrohungen wahrnehmen zu können. Ein Delfin holt also Luft, taucht ab, während beispielsweise die rechte Gehirnhälfte schläft. Dann taucht er wieder auf, atmet aus und wieder ein, dann darf sich die linke Gehirnhälfte ausruhen. Delfine sind praktisch immer in einem Wachzustand, vor allem um auch im Schlaf zu navigieren, und weil sie ständig auf der Hut vor natürlichen Feinden wie Haien sein müssen. Wenn sie durch ein Treibnetz am Auftauchen gehindert werden, ersticken sie jämmerlich.

Diese Bedrohungen für das wohl beliebteste Tier der Welt haben ausschließlich mit unserem Fisch-Konsum zu tun. Wie verlogen die Diskussion um Meeres- und Delfin-Schutz ist, lässt sich an Erfindungen wie den »Dolphin-safe Tuna«-Zertifizierungen ablesen. Es gibt keine »Delfin-sicheren« Fangmethoden für Thunfisch, siehe Ghost Nets und Plastikmüll. Menschen, die gerne Fisch essen, verdrängen oder vergessen, dass weltweit über 60 Prozent der Meere überfischt sind, das Mittelmeer sogar zu über 90 Prozent, Tendenz steigend. Und sie ignorieren, dass Fischfarmen um keinen Deut besser sind als jede andere Form der Massentierhaltung.

Delfin – Liebe bis zum Tod

Fisch-Industrie und Überfischung sind aber nicht die einzigen Ursachen für das Aussterben vieler Delfin-Arten. Eine weitere ist der Missbrauch der Tiere als Militärgerät, als Touristen-Magnet, Entertainer und TV-Star. Russen und Amerikaner nutzten Delfine jahrzehntelang als Torpedo-Träger, Sonar-Geräte und Spione. In Delfinarien auf Oahu, Hawaii, und in Florida schwimmen bis heute Delfine in viel zu kleinen Becken herum. Sie wurden von der US Navy bis lange nach dem Zweiten Weltkrieg als Torpedo-Waffen, später als Versuchstiere für Sonar-Aufklärung abgerichtet. Diese Tiere sind fast ausnahmslos taub und können nicht ausgewildert werden. Russland streitet dies zwar ab, soll aber immer noch Delfine als Spione und Aufklärungs-Gerät abrichten. Sicher ist, dass Russen im großen Stil Orcas, Belugas und Delfine fangen, um sie an Zoos und Entertainment Parks zu verkaufen.

Die US-Serie »Flipper« und der daraus resultierende Hype um das intelligente, verspielte und vermeintlich ewig lächelnde Tier führte seit den 1960er-Jahren dazu, dass weltweit immer mehr Delfinarien und Delfin-Shows eröffnet wurden. So auch in Deutschland. Duisburg und Nürnberg beispielsweise halten Delfine, angeblich aus Eigenzucht. Tierschützer bezweifeln das. Es ist erwiesen, dass Meeressäuger sich in Gefangenschaft nur äußerst selten vermehren und die Baby-Sterblichkeit extrem hoch ist.

Während viele Länder Delfin-Haltung mittlerweile verboten haben, eröffnen vor allem in China und Asien immer mehr Aquarien, Zoos und Entertainment Parks, die Delfin-Shows anbieten.

Dag Enke, der Direktor des Nürnberger Tierparks, erklärte mir während der Dreharbeiten zu unserer Delfin- und Orca-Doku 2016, sein Delfinarium sei die wichtigste und bestbesuchte Attraktion seines Zoos. Dasselbe sagte mir der millionenschwere Besitzer des »Loro Parque« auf Teneriffa, der sogar Orcas hält und in einem Stadion Shows mit ihnen anbietet.

Ich wundere mich. Einerseits liebt der Mensch Delfine, andererseits liebt er sie zu Tode. Ric O'Barry, der Trainer der Flipper-Darsteller, musste zusehen, wie sich eines der Tiere in seinem Becken umbrachte. Das Weibchen Kathy weigerte sich, an die Wasseroberfläche zu kommen und zu atmen. Es erstickte sich. O'Barry quittierte daraufhin seinen Job als Trainer und ist seitdem der wohl hartnäckigste Delfin-Schützer der Welt.

Dass Delfinarien immer noch erlaubt sind, ist ein Skandal. Dass die Tiere wie Zirkus-Artisten mehrfach täglich auch noch

Shows und Kunststücke absolvieren müssen, ebenfalls. Das absurde Argument der Betreiber, dies vertreibe den Tieren die Langweile der Becken-Haltung, ist an Verlogenheit und Zynismus kaum zu überbieten. Man sperrt eine Spezies, die im offenen Meer täglich Dutzende von Seemeilen zurücklegt, in kleine Becken und richtet sie dann per Futter-Konditionierung und -Entzug ab, damit sie in ihrem Gefängnis weniger Langeweile und mehr Spaß haben? Den Spaß haben dabei wohl eher die Menschen.

Alle Besitzer und Betreiber von Delfinarien streiten es zwar vehement ab, aber Ric O'Barry und seine Organisation »Dolphin Project« haben nachgewiesen, dass Delfinen in Gefangenschaft nicht nur Antibiotika gegen Infektionskrankheiten, sondern auch Psychopharmaka verabreicht werden, um sie ruhigzustellen. Als wir in Oahu beobachteten, wie der Chef-Trainer seinen Delfinen morgens Tabletten verfütterte, fragte ich ihn, was sie denn da so bekämen? »Just vitamins«, war die freundliche Antwort, »we take Centrum, so they get their vitamins too!« Centrum ist ein billiges US-Multivitamin-Präparat. Sollten die Delfine wirklich etwas Vergleichbares bekommen, dürfte das kaum ausreichen, um die Tiere vor Krankheiten zu schützen, denen sie durch Exkrementieren ins eigene Becken und krassen Bewegungsmangel ausgesetzt sind.

Warum aber besuchen Millionen zahlender Besucher diese Einrichtungen? Ist es schlicht Dummheit oder missverstandene Tierliebe? Und warum schafft es ein hochentwickeltes Land wie Deutschland nicht, Delfinarien zu verbieten? Oder endlich ein Wildtier-Verbot für Zirkusse zu erlassen? Deutsche bezeichnen sich als ausgesprochen tierlieb, sorgen aber im Nürnberger Zoo, in Duisburg, im Loro Parque, in türkischen und spanischen Delfinarien für volle Ränge und Kassen. Und machen den Circus Krone mit seinen Raubkatzen, Elefanten und anderen Wildtieren zu Europas größtem Zirkus. So weit kann es mit der Tierliebe nicht her sein: Im Vergleich zu den meisten anderen industrialisierten Ländern sind wir ein zutiefst tierfeindliches Land.

Wildtiere werden in Zoo und Zirkus dressiert, Geflügel, Schweine und Rinder werden per Massentierhaltung gequält, und der Abschuss von Wölfen wird schon wieder lauthals und populistisch propagiert. Das wird allerdings, vor allem von Politiker*innen, neuerdings nicht Abschuss, sondern vornehm »Entnahme« genannt.

Ein weiteres, für Delfine schädliches Phänomen ist die Zunahme von Delfintouren und -exkursionen. Eine relativ stabile und gesunde Population lebt in Ägypten, in der Nähe von Hurghada, an den immer noch halbwegs intakten Riffen des Roten Meers. Die Spezies heißt »indopazifischer Tümmler« und wird seit Jahren von der Schweizer Biologin Angela Ziltener erforscht. Sie beriet uns bei den Dreharbeiten über Delfine und hat in mühsamer Lobby-Arbeit durchgesetzt, dass Ägypten zahlreiche Gesetze zum Schutz der Meeressäuger erlassen hat. Woran es dort fehlt, ist die Überwachung zur Einhaltung dieser Gesetze: Nirgendwo haben wir die touristische Jagd per Schnorchel und Kamera so aggressiv erlebt wie in Hurghada. Sobald die Delfine morgens von der Jagd kommen, um sich in ihren Schlafbuchten auszuruhen, setzt sich ein endloser Tross von Touristen-Schiffen in Bewegung. Die zahlenden Gäste sollen möglichst nah an den Tieren ins Wasser gelassen werden. Angela Ziltener hat Videos gedreht, auf denen diese Verfolgungen exakt so aussehen, wie die des berüchtigten Delfin-Schlachtens in Taji in Japan. Nur dass die Jagd im Roten Meer nicht mit dem Abschlachten der Tiere endet, stattdessen stürzen sich Hunderte von Touristen mit Taucherbrille, Schnorchel, Flossen und Billig-Kamera auf die schlafenden Delfine. Sobald diese weiterziehen, um endlich in Ruhe gelassen zu werden, setzt sich der Flotten-Konvoi ebenfalls in Bewegung, verfolgt sie und wirft die Touri-Horde bei erstbester Gelegenheit wieder ins Wasser zu den schlafgestörten Delfinen. Auch dies ein klassischer Fall von pervertierter Tierliebe. Immerhin bewirbt das Reiseunternehmen FTI als erster Konzern keine Delfin-Touren in Ägypten mehr, ein kleiner Fortschritt.

Aber während in Ländern wie den USA und Kanada die Gesetze für Whale Watching, Orca- und andere Tier-Touren strenger werden, weichen selbst ernannte Tierliebhaber auf Ziele aus, wo es keine oder laxe Regeln gibt. Seit die USA 300 Meter Mindestabstand bei der Beobachtung von Meeressäugern vorschreiben und die Strafen für Nichteinhaltung drakonisch hoch sind, buchen immer weniger Touristen dort die Wal-, Orca- oder Delfin-Beobachtungen. Dafür boomt neuerdings der Walhai-Tourismus in Mexiko, Mosambik und auf den Malediven. Walhaie sind zwar die größten Fische der Welt, aber absolut harmlos. Sie erreichen die Größe von 7,5-t-Lastern, und mangels Gesetzen und Vorschriften ergeht es ihnen wie den Tümmlern in Hurghada: Horden von Menschen springen irgendwo im Pazifik oder Indischen Ozean ins Wasser, um mit ihnen zu schwimmen, sie möglichst auch noch anzufassen oder sich an der Rückenflosse festzuhalten, um sich durchs Wasser ziehen zu lassen. Macht sich auf Instagram noch besser als ein Küsschen mit einem Delfin im Nürnberger Delfinarium. Können wir diese Tiere nicht einfach in Ruhe lassen?

Offensichtlich nicht. Ebenso fatal für Delfine ist die Behauptung, Kinder mit Autismus und anderen Behinderungen könnten durch Schwimmen mit Delfinen geheilt werden. Seit den 90er-Jahren wurden plötzlich überall bis zu 25 000 US-Dollar teure sogenannte »Delfin-Therapien« mit in Gefangenschaft gehaltenen Tieren angeboten und massiv beworben. Woher diese »Therapie-Delfine« kamen, wusste niemand so genau. Ric O'Barry geht davon aus, dass die meisten von ihnen Wildfänge aus Japan sind, die in alle Welt verkauft werden. Diese sogenannten »tiergestützten Therapien« wurden so gehyped, dass deutsche Familien sich verschuldeten, um ihren Kindern beispielsweise in Florida eine Therapie zu ermöglichen. Es ist mittlerweile nachgewiesen, dass derselbe Therapie-Effekt mit Hunden, Pferden oder Ziegen erzielt werden kann, also domestizierten Tieren. Nicht einmal eine Flugreise wäre für eine Therapie mit ihnen nötig. Trotzdem werben immer noch zahlreiche Anbieter mit delfingestützten Therapien und nutzen vor allem Eltern aus, die sich für ihre behinderten Kinder einen Therapie-Erfolg und Besserung erhoffen.

Der Erfinder der Delfin-Therapie, der Amerikaner Dr. David Nathanson, hat irgendwann festgestellt, dass seine Arbeit mit einer Attrappe genauso funktioniert wie mit einem lebenden Tier. Seitdem benutzt er auch lebensgroße Kunststoff-Delfine, um seine Patienten zu therapieren.

Der Tourist als invasive Art

Um zu verstehen, wie es Delfinen, Walhaien und anderen Tieren ergeht, in deren Leben und Lebensraum wir eindringen, muss man die Situation nur einmal umdrehen:

Stellen Sie sich vor, Sie sitzen zu Hause in Ihrer Wohnung und es kommen unaufgefordert wildfremde Leute vorbei, stecken ihren Kopf in die Tür und wollen Exemplare wie Sie einfach mal ansehen, fotografieren, beim Arbeiten, Essen, Ausruhen beobachten, am liebsten auch noch anfassen. Sobald Sie versuchen, sich zurückzuziehen, rücken die Besucher nach, richten ihre Kameras auf Sie, Großaufnahme bevorzugt, und schreien Dinge wie: »Guck mal die da! So niedlich! Und der da! Was trägt'n der für Schlabber-Shorts?!« Dann urinieren sie noch in Ihr Domizil, hinterlassen im schlimmsten Fall ihren Müll, steigen wieder in den Bus und verschwinden – bis lärmend die nächste Gruppe eintrifft und das Ganze von vorne losgeht, und das jeden Tag von früh bis spät.

Sie würden sich bedanken. Sie würden sich etwas einfallen lassen, um diejenigen fernzuhalten, die ohne explizite Einladung bei Ihnen auftauchen. Recht dazu hätten Sie! Genau dieses Recht aber gestehen wir unseren Lieblingstieren nicht. Im Gegenteil.

Tierliebe live oder besser per Konserve?

Nicht jeder hat das Glück oder die Gelegenheit, Delfine im offenen Meer zu sehen, ohne eine der erwähnten Touren zu buchen. Da haben es Fischer, Seeleute, Segler, Surfer oder die Bewohner von Mittelmeerinseln, Kalifornien, Hawaii oder Australien einfacher. So verständlich das Bedürfnis ist, Meeressäuger einmal in natura sehen zu wollen, so falsch ist es, sie deshalb zu fangen, in Becken zu halten, zu dressieren oder sie in ihrem natürlichen Lebensraum zu verfolgen, zu belästigen und ihnen auf die raue Pelle zu rücken.

Natürlich darf man mir als Doku-Filmer vorwerfen, dass meine Crew und ich ja selbst in den Lebensraum dieser Tiere eindringen. Aber vielleicht es ist doch etwas anderes als wenn Touristen dies tun: Filmteams von National Geographic, Discovery, Animal Planet, BBC, ZDF, Arte und anderen Sendern drehen ihre Filme mit kleinen Crews, um interessierten Menschen eine Natur zu zeigen, die ihnen nicht zugänglich ist. Kein Mensch, mich inbegriffen, wird die Wildnis und ihre Bewohner jemals so zu Gesicht bekommen, wie Beverly und Dereck Joubert, die wohl ausdauerndsten Tierfilmer der Welt, sie gedreht haben. Oder Yann Arthus-Bertrand, der französische Kult-Filmer. Oder Sir David Attenborough, der Gottvater der Tierdokumentationen.

Das BBC-Team von »Unsere Erde« (»Blue Planet«) bestand aus über 20 unterschiedlichen Crews und drehte zwei Jahre lang, um seine atemberaubenden Bilder zu produzieren. Das französische Team von »Die Reise der Pinguine« verbrachte zwei ganze Winter bei bis zu minus 50 Grad in der Antarktis, um die besten Bilder zu schießen, die je von Pinguinen und ihrem Leben gemacht wurden. Auf keiner Kreuz- oder Schiffsfahrt in die Antarktis wird man Pinguine, Orcas, Wale oder Walrösser aus solcher Nähe und in der Qualität zu Gesicht bekommen, wie diese fantastischen Filme sie liefern.

Selbst mit dem bescheidenen Budget und der entsprechend begrenzten Zeit, die meiner vierköpfigen Crew für die Herstellung unserer Dokus zur Verfügung steht, schaffen wir Bilder, die ein Tourist so nicht sehen wird. Das hat einerseits damit zu tun, dass wir grundsätzlich Einheimische, Fachleute, Wissenschaftler oder Aktivisten einbeziehen, die nichts anderes tun, als sich mit der jeweiligen bedrohten Tierart und dem dazugehörigen Umweltproblem zu beschäftigen. Andererseits ergattern wir oft mühsam Drehgenehmigungen und Zutritt an Orte, die Touristen verwehrt sind. Und wir setzen Equipment ein, das selbst einem leidenschaftlichen Hobby-Filmer nicht zur Verfügung steht. Ich habe jahrelang selbst fotografiert, aber der Unterschied zwischen meiner Canon mit ihrem 800er-Objektiv und Markus Strobels Kollektion von Kameras und Kanonenrohren hat mich dazu veranlasst, das Fotografieren und Filmen ihm zu überlassen. Vom Einsatz der komplizierten Technik versteckter Kameras und Mikros, die wir nutzen, wenn wir zum Beispiel unerlaubt kriminelle Machenschaften und Umweltverbrechen drehen, rate ich ab. Erstens sind wir damit schon aufgeflogen und mussten fliehen, und zweitens ist nicht jeder so angstfrei und unverfroren wie mein Freund und Produktionspartner Markus: Wilderer, Elfenbein-Dealer, die chinesische Haiflossen-Mafia, illegale Tierhändler in Bangkok und Jakarta lassen sich nun mal nicht gerne filmen, und von ihnen dabei erwischt zu werden ist gefährlich.

Wir sollten uns klarmachen, dass es ein Geschenk der Natur ist, bestimmte Tiere sehen zu dürfen, ohne ihnen hinterherzuhecheln oder sie zu stalken. Wer Touren bucht, bei denen ihm garantiert wird, gewisse Tiere zu Gesicht zu bekommen, sollte kurz überlegen, was da vorher abgelaufen sein muss.

In Südafrika beispielsweise kann man Tauchgänge in Käfigen buchen, um Haie durch die Metallstangen beobachten und knipsen zu können. Damit die Tiere auch wirklich kommen, wird hier das sogenannte Chumming betrieben, also eine Anfütterung. Ein Hai kommt nicht freiwillig zu einem Käfig geschwommen, schon gar nicht in Küstennähe. Er kommt nur dann, wenn vorher dort gezielt Fischabfälle oder Ähnliches ins Wasser geworfen wurden. Das wiederum verändert das Fressverhalten und Bewegungsmuster eines Hais. Und dadurch kommt es immer wieder zu den sensationslüstern publizierten »Hai-Attacken«. Menschen, die diese Käfigtouren buchen, sind im Grunde mit schuld daran, dass es zu diesen Unfällen kommt. Auch der Hai-Schutz leidet darunter, weil alle Welt immer noch glaubt, Haie seien Killer-Maschinen und Menschenfresser. Dazu komme ich im nächsten Kapitel noch. Chumming ist fast überall auf der Welt mittlerweile verboten, nur in Südafrika ist es als lukratives Geschäftsmodell weiterhin erlaubt. Tiere zu kommerzialisieren halte ich grundsätzlich für verantwortungslos und falsch, egal ob es sich um Delfine, Haie oder Eisbären handelt.

Als wir 2009 in Churchill, Manitoba, einem Kaff im nördlichen Kanada, unseren Film über Eisbären und Klimaerwärmung drehten, wunderten wir uns, dass wir tagelang warten mussten, um die ersten Eisbären vor die Kameras zu kriegen. Aber jeden Abend hörten wir von wohlhabenden Touristen in einem der beiden Restaurants des Ortes, sie hätten ganze Horden der Raubtiere direkt an ihren hochgebockten Polar-Trucks fotografiert. Ein Ranger erklärte uns wenig später, wie die Organisatoren der Touren ihre zahlenden Gäste glücklich machen: Sie reiben trotz strengsten Verbots die überdimensionierten Reifen ihrer Trucks heimlich mit Robbenfett ein und locken so die Eisbären an. »Polarbear sightings guaranteed!« stand auf der Werbung für die knapp 10 000 US-Dollar teure, fünftägige Pauschalreise. Dass Kanada überall dort, wo Eisbären leben, dagegen ankämpfen muss, dass diese menschliche Nähe, Dörfer, Häuser und Mülltonnen suchen, kann nicht weiter verwundern.

Wenn das Tier auf uns zukommt

Es gibt Meeresbewohner wie seinerzeit Pelorus Jack, die von sich aus menschliche Nähe suchen. Meistens handelt es sich um Einzelgänger, die ihre Herde verloren haben oder verstoßen wurden. Oft sind dies soziale Tiere wie Delfine oder Seelöwen, die sich offenbar eine neue Gemeinschaft suchen. An meinem Lieblings-Surfspot in Kalifornien tummelt sich seit Jahren ein einsamer Seelöwe, bevorzugt dann, wenn die Welle gut ist und viele Surfer im Wasser sind. Er taucht regelmäßig zwischen uns auf, oft nur wenige Meter entfernt, streckt den Kopf aus dem Wasser, guckt sich um und benimmt sich, als wäre er auch zum Surfen da.

Bei unserem Orca-Dreh 2016 nahe der amerikanisch-kanadischen Grenze erzählte uns der Forscher Ken Balcomb von einem besonderen Exemplar dieser Gattung, die gern auch Killerwal genannt wird. Das Tier war ebenfalls ein Einzelgänger, der immer Fischern auf ihren Booten folgte, bis in die Häfen hinein. Er schwamm ans Heck der Schiffe und streckte den Fischern sein weit aufgerissenes Maul entgegen. Aber nicht etwa, um mit frisch gefangenem Fisch gefüttert zu werden, sondern um sich die riesige rosa Zunge kraulen zu lassen. Erst wenn einer der Männer diesem merkwürdigen Wunsch nachkam, gab er Ruhe und tauchte ab. Wer einmal einen Orca aus der Nähe gesehen hat, die Größe seines Mauls und das Gebiss, wird verstehen, dass es einiges an Mut und großer Empathie für diesen gefährlichsten aller Meeresräuber bedarf, um seinen Arm bis zum Ellenbogen hineinzustecken und die Zunge zu berühren. Orcas sind die größte aller Delfin-Arten, stehen an der Spitze der marinen Nahrungskette und sind die Einzigen, die Haie und Wale töten und fressen. Außer dem Homo sapiens natürlich. Trotzdem gibt es bis heute keinen einzigen Bericht über eine Orca-Attacke gegen Menschen. Das reden sich die Fischer im nördlichen Washington wohl mantra-mäßig ein, bevor sie diesem anhänglichen Killerwal die Zunge kraulen.

In Brasilien entstand vor einigen Jahren ein Video, in dem ein Delfin sich in einem Netz verheddert hatte und einen Taucher tatsächlich um Hilfe bat. Er schwamm, so gut es noch ging, so lange um den Taucher herum, bis der ein Messer zückte und den Delfin befreite. Offensichtlich sind Delfine so hoch entwickelt, dass sie ähnlich ticken wie wir.

Meine persönliche Lieblings-Geschichte fand 2011 in Mexiko statt. Hier geht es zwar nicht um einen Delfin, aber es ist trotzdem eine sehr berührende Mensch-Tier-Begegnung. Das

Video steht bis heute im Netz. Eine amerikanische Familie macht in der Sea of Cortez einen Ausflug in einem kleinen Motorboot. Der Familienvater, Typ Hippie, trägt eine altmodische, enge Speedo-Badehose und entdeckt unweit vom Boot einen Buckelwal, der sich so in einem Geisternetz verstrickt hat, dass er sich nicht mehr selbst befreien kann. Der Familien-Papi findet an Bord ein viel zu kleines Taschenmesser und beginnt in mühsamer Kleinarbeit, das Netz zu zerschneiden und den Wal zu befreien. Die ganze Familie hilft mit, irgendwann ist der Wal frei und schwimmt zunächst davon. Dann aber beginnt er, im sicheren Abstand von etwa 100 Metern Entfernung zu »breachen« (aus dem Wasser zu springen und sich rückwärts wieder hineinfallen zu lassen) und mit seinen soeben befreiten Flossen zu winken. Kein Scherz, dieser Wal hat sich eine Stunde lang bei seinen Rettern bedankt. Das Video rührt einen selbst neun Jahre nach dem Vorfall zu Tränen.

Auch wenn wir es aufgrund unseres überheblichen und fahrlässigen Umgangs mit Tieren nicht wahrhaben wollen: Sie sind uns sehr ähnlich. Auf ihre Art bedanken sie sich, wenn du ihnen hilfst.

Umgekehrt gibt es zahlreiche Geschichten, die zum Teil auch dokumentiert sind, in denen Delfine versuchen, in Not geratenen Menschen zu helfen. Taucher berichten regelmäßig von Situationen, in denen Delfine zu Hilfe kommen, wenn jemand in Schwierigkeiten gerät. Viele dieser Erzählungen sind sicher übertrieben, Seemannsgarn oder moderne Legenden. Andere sind belegt, wie die von Pelorus Jack in Neuseeland. Selbst die hartgesottensten Menschen sind gerührt, wenn sie diese Geschichten hören. Vielleicht auch deshalb, weil wir selbst oft nicht hilfsbereit sind, ein schlechtes Gewissen und das Gefühl haben, die tierische Hilfe nicht verdient zu haben. Wir sollten Tieren diese Hilfsbereitschaft zurückgeben, anstatt ihnen weiter ihren Lebensraum zu nehmen, das Meer zu vermüllen und tatenlos zuzusehen, wie eine Art nach der anderen verschwindet. Nach dem neuesten Bericht des Weltbiodiversitätsrates (IPBES) von

2019 ist von den weltweit bisher bekannten zwei Millionen Tier- und Pflanzenarten eine Million vom Aussterben bedroht. Ein Armutszeugnis für uns und unseren Umgang mit Tieren und Umwelt.

Der chinesische rosa Flussdelfin ist bereits ausgestorben, der brasilianische ist – wie Ina berichtete – kurz davor. Die kalifornischen Schweinswale, auch Vaquitas genannt, stehen direkt vor ihrer Ausrottung, Gleiches gilt für den Maui- und den Hector-Delfin. Der einzige auch in Deutschland vorkommende Delfin ist der Schweinswal. Er ist der kleinste dieser Art, gleichzeitig aber auch interessanterweise die Spezies im Tierreich mit dem in Relation zur Körpergröße (etwa 1,5 m) größten Penis (0,5 m). Das macht ein imposantes Drittel seiner Gesamtlänge. Aber auch diese Besonderheit bewahrt den Schweinswal nicht davor, ebenfalls vom Aussterben bedroht zu sein.

Und weiterhin passiert viel zu wenig, um diese Meeresbewohner zu retten. Wir haben uns das Surfen, Tauchen, Schnorcheln, Schwimmen von ihm abgeguckt, wir nennen sogar eine Schwimm-Technik nach ihm, wir verklären und vermenscheln ihn, beklatschen aber Delfin-Shows und essen bedenkenlos Fisch, weil er so gesund sein soll. Nichts davon ist gesund für den Delfin. Er braucht Schutzgebiete, Moratorien, massive Einschränkungen für den Fischfang und saubere Meere. Das sind unsere Hausaufgaben, wenn Delfine nicht dem unaufhaltsam scheinenden Artensterben zum Opfer fallen sollen.

KAPITEL 10

Haie –
Vom Jäger zum Gejagten

Und der Haifisch, der hat Zähne
Und die trägt er im Gesicht
Und Macheath, der hat ein Messer
Doch das Messer sieht man nicht.

Aus »Die Dreigroschenoper« von Bertholt Brecht

INA KNOBLOCH

Kaum ein anderer Meeresbewohner polarisiert so sehr wie der
Hai, der faszinierende Jäger, der durch den Blockbuster »Der
weiße Hai« zum Monster stilisiert wurde und von der asiatischen Haifischflossen-Mafia als Super-Medizin gehandelt wird.
Haie sind die Löwen der Meere, göttlich und gefährlich, unersetzlich, aber fast ausgerottet.

Dank Hollywood ist kein Tier in den Meeren mehr gehasst
und gefürchtet als der Hai, obwohl zahlreiche andere Meeresbewohner für den Menschen viel gefährlicher sind, von der Würfelqualle bis zur Blauringkrake. Generell sind die menschengemachten Bedrohungen viel größer als die, die von Tieren
ausgehen. Jährlich sterben über eine Million Menschen an der
Folge von Verkehrsunfällen, aber nur fünf bis zehn Menschen
durch Haiattacken, tausend durch Krokodile, und in manchen

Jahren gibt es mehr Tote durch Kühe als durch Haie. Der Mensch wiederum tötet Haie in einem unvorstellbaren Ausmaß: Jedes Jahr um die 100 Millionen Tiere, laut Shark Alliance. 100 Millionen Haie, die jährlich gejagt und getötet werden oder als Beifang jämmerlich eingehen. Der Haifisch hat wahrlich Zähne, aber das Messer, das hat der Mensch und das sieht man nicht.

Die Menschheit schafft sich ab, wenn sie weiter so wütet und die Meere plündert und vergiftet. Haie sind unglaublich wichtig für das Ökosystem Meer, sie sind die Jäger und Totengräber der Meere, säubern und selektieren, halten die Lebensräume im Gleichgewicht. Die verschiedenen Arten können dabei so unterschiedlich wie Schmetterlinge und Ameisen sein, die ja auch verwandt sind, beide gehören zu den Insekten. Manche Haie sind kaum größer als eine Handspanne, andere sind so mächtig wie ein Kirchturm.

Insgesamt schwimmen über fünfhundert verschiedene Haiarten durch die Weltmeere, und noch nicht einmal alle sind Jäger. Die größten Haie der Welt sind Planktonfresser und damit sozusagen Vegetarier, genau wie Blauwale. Irritierenderweise heißen sie daher auch Walhaie. Dabei haben Haie die deutlich älteren »Rechte« und sind keinesfalls Säugetiere wie Wale. Ihre Vorfahren durchkreuzten schon vor etwa 450 Millionen Jahren die Ozeane, und vor 200 Millionen Jahren sahen sie schon in etwa so aus wie heute. Die Vorfahren der Wale dagegen waren – zumindest eine Zeit lang – Landtiere, erst vor etwa 50 Millionen Jahren krabbelten sie wieder zurück in die Meere.

Walhaie sind die sanften Riesen unter den Haien und die größten Fische (Wale sind keine Fische) auf unserem Planeten. Sie können bis zu zwanzig Meter lang werden. Dabei sehen sie ein bisschen aus wie ein Kleinlaster nach dem ersten Schneefall. Ihr dunkelgrauer Körper ist nämlich übersät mit weißen Punkten.

Wie die heimlichen Wächter des Ozeans ziehen diese Riesenhaie durch die warmen Meere der Welt und vertilgen Unmengen von Kleingetier. Dafür saugen sie zunächst mit weit aufgerissenem Maul hektoliterweise Wasser ein und stoßen es dann wieder aus, die Zähne – sie haben Tausende davon – bleiben aber zusammengepresst. So bleiben Plankton und Kleingetier im Maul hängen und werden verschlungen, täglich mehrere Hundert Kilo.

Einem solchen hübsch gemusterten Riesen bin ich das erste Mal bei meiner dritten Expedition zur costa-ricanischen Kokosinsel begegnet, allerdings in einer Tauchkugel, einem Mini-Forschungs-U-Boot, mit dem wir Hunderte Meter in die Meerestiefe eindringen konnten und auch neue Arten entdeckten. Als wir gerade die ersten etwa fünfzig Meter tief getaucht waren und im oberen lichten Meeresbereich riesige Schulen von Hammerhaien und Mantelrochen beobachteten, wurde es plötzlich dunkel. Ich dachte, wir tauchen gerade unter unserem Expeditionsschiff hindurch, aber als ich durch die gläserne Kuppel nach oben schaute, erblickte ich nicht etwa den Rumpf eines Boots, sondern den Bauch eines riesigen Walhais. Voller Begeisterung wollte ich, dass wir den Kurs ändern und uns vorsichtig nähern, aber das »Tierchen« war leider wieder ziemlich schnell verschwunden.

Hai-Hype

Inzwischen gehört Tauchen oder Schnorcheln mit Walhaien fast zu einem Trendsport. Auf den Philippinen, in australischen und mexikanischen Gewässern ist das Schnorcheln mit Walhaien für viele Veranstalter ein mindestens so großes Geschäft wie Rifftauchen, Whale Watching oder Schwimmen mit Delfinen – und eine genauso große Belastung für die Tiere und das gesamte Ökosystem.

Das Meer ist kein Spielplatz, und weder Walhaie noch andere Meeresbewohner sind Kuscheltiere. Das hält Touristen offenbar nicht davon ab, sich auf den Rücken von diesen oder anderen sanften Meeresriesen zu schwingen. In einem Fall hatten die Spaß-Taucher das auch noch gefilmt und gepostet und landeten dann zu Recht hinter indonesischen Gardinen.

In vielen Regionen sind aber die Veranstalter von Tauchsafaris die Täter und halten sich noch nicht einmal an die Gesetze im eigenen Land. Damit Touristen die sanften Riesen anfassen können, locken sie die Tiere mit Futter an. Walhaie stehen aber auf der roten Liste und sind vom Aussterben bedroht, man sollte sie wirklich in Frieden lassen. Nicht nur rücksichtslose Touristen setzen ihnen zu, sondern vor allem auch Fischerei und Verseuchung der Meere. Beispielsweise im Golf von Mexiko tauchten sie früher regelmäßig auf, inzwischen sind sie dort fast ganz verschwunden, vermutlich durch die Folge der Deepwater-Horizon-Ölkatastrophe. Zuerst verklebt das Öl die empfindlichen Kiemen, und dann werden die gigantischen Planktonfresser (und andere Meeresbewohner) durch die Chemikalien, die zum Zersetzen des Öls eingesetzt werden, verätzt und vergiftet.

H(a)eilige Halle der Haie

Die Gewässer um die costa-ricanische Kokosinsel sind so etwas wie ein h(a)eilige Halle für Haie. Nirgends auf der Welt treffen sich so viele verschiedene Haiarten wie vor dieser Insel, die eigentlich nur eine wunderschöne Bergkuppe ist und daher auch »Berg der Haie« genannt wird. Die Kokosinsel ist die Spitze dieses einsamen Seebergs mitten im Südpazifik, 500 Seemeilen von der costa-ricanischen Küste entfernt. Die verschiedensten Haie geben sich vor der Insel sozusagen die Flosse, vor allem die Weibchen, weil sie dort ihre Kinderstube einrichten, und zwar die unterschiedlichsten Arten. Aber nicht nur Haie nutzen diese »Baby-Station«, sondern auch viele andere Meeresbewohner, wie überall in den Ozeanen an intakten Riffen. Doch die Dichte an Haien ist um die Kokosinsel ganz besonders auffällig. Haie bekommen ihren Nachwuchs ähnlich wie Rochen, mit denen sie ja ganz nah verwandt sind: Einige Arten legen Eier, die auch ein bisschen aussehen wie Ravioli, andere sind lebend gebärend. In den Unterwassergärten an den Hängen des Kokos-Berges gibt es ausreichend Schutz für den Nachwuchs. Solche Rückzugsgebiete sind für die ganze Meeresfauna unglaublich wichtig. Daher wurde von der costa-ricanischen Regierung schon vor Jahrzehnten nicht nur die Insel selbst, sondern auch eine großflächige Meereszone um die Insel unter Naturschutz gestellt, zunächst als Nationalpark, inzwischen wurde das Gebiet noch erweitert und als Weltkultur- und Naturerbe der UNESCO ausgezeichnet. Das hindert die Fisch-Mafia allerdings nicht daran, auch in diesem wichtigen Schutzgebiet zuzuschlagen und es zu plündern. Wegen ihres Reichtums an Meerestieren war die unbewohnte Kokosinsel schon immer beliebt bei Fischern. Walfänger hatten bereits kurz nach Entdeckung der Insel im 16. Jahrhundert eine Walfangstation dort errichtet. Piraten nutzten die Insel später als Hauptquartier und Fischer als Tankstation für Frischwasser. Naturschützer warnten schon früh vor Überfischung dieser Oase im Pazifik, und in den 1970er-Jahren wurden die Insel und eine zwölf Seemeilen große Zone drum herum dann endgültig unter Schutz gestellt.

Gut zehn Jahre später hatte ich bei meiner ersten Expedition zur Kokosinsel für die Nationalparkverwaltung die Aufgabe übernommen, nach illegalen Fischern im Schutzgebiet Ausschau zu halten, die Boote zu fotografieren und möglichst die Kennnummern zu notieren. Wir erwischten zwei oder drei Boote, und die Nationalparkverwaltung konnte daraufhin Anzeige erstatten. Es waren kleine Fischerboote, in keines wäre ich freiwillig gestiegen, zumindest nicht für eine so große Strecke vom Festland bis zur Insel. Die Fischer waren arm, ihre Gebiete damals bereits geplündert, weshalb sie gezwungen waren in ihren winzigen Schaluppen nun entlegenere Regionen aufzusuchen.

Expedition Schatzinsel

Bei einer neuen Expedition, knapp zwei Jahrzehnte später, waren dort schon ganz andere Kähne unterwegs, vor allem asiatische Trawler. Sie wagten sich nicht in die Schutzzone, fischten aber trotzdem im verbotenen Terrain, mit einem ganz perfiden Trick: Angelleinen.

Nachdem die Treib- und Schleppnetzfischerei durch internationale Gesetzgebung eingeschränkt worden war, propagierte die Fischereilobby das »gezielte« Angeln mit Ködern. Dabei geht es nicht um professionelle Angeln für die Fischerei, sondern um Longlines. Bis zu Hundert Kilometer lang kann so eine Leine sein, die mit Bojen an der Wasseroberfläche gehalten wird und an der Hunderte von vertikalen Angelleinen befestigt werden, an deren Enden riesige Haken mit Ködern baumeln. Und solche Longlines lassen die Fischer vor der Kokosinsel ins Schutzgebiet treiben, während ihr Boot brav außerhalb der Zone dümpelt.

Hätte die costa-ricanische Regierung damals keine Unterstützung von der MarViva Stiftung bekommen, wäre sie ziemlich machtlos gegen diese Plünderer gewesen, denn die Langleinen können den Schiffen kaum zugeordnet und daher auch nicht angezeigt werden. Nähert sich ein Kontrollschiff, kappen die illegalen Fischer die Verbindung und sammeln später ihre Beute ein oder verzichten sogar ganz auf Leine und Fang, obwohl das große Verluste bedeutet. Für die Fischer ist der Verlust aber immer noch besser als eine folgenschwere Anzeige.

Mithilfe der Kontroll-Schiffe der Stiftung konnten wir die illegalen Leinen wenigstens einsammeln. An Bord war eine riesige Winde, mit der die Hauptleine herausgeholt wurde, per Hand haben die Aktivisten die vertikalen Angelleinen eingesammelt, die Haken entfernt und natürlich die Beute befreit. Tausende von Bojen und Leinen konnten die Naturschützer inzwischen einsammeln. Eine Künstlergruppe hat daraus ein Mahnmal auf dem Festland gebaut, in San José, der Hauptstadt von Costa Rica. Außerdem wurde auf der Kokosinsel eine Brücke aus diesen Longlines konstruiert, die jeder beschreiten muss, der die Insel betritt. Trotzdem schlagen die illegalen Fischer immer wieder zu, manche haben sich auch mit der Drogenmafia zusammengetan und sind bis unter die Zähne bewaffnet.

So wurden zwar Tausende von Kilometern Angelleinen eingesammelt und zahlreiche Tiere befreit oder davor bewahrt, im wahrsten Sinne des Wortes an den Haken zu gehen, aber die Drahtzieher werden so gut wie nie gefasst und genießen auch noch den Schutz einer ganzen Großindustrie.

Viele Langleinen-Fischer gehen inzwischen gezielt auf Haifischfang und töten dafür sogar Delfine, denn damit lassen sich Haie besonders gut locken. Gejagt werden die Haie nicht, weil ihr Fleisch so begehrt ist, sondern weil ihre Flossen so wertvoll sind. Ein Kilo getrocknete Haiflossen bringt über 100 000 Euro. Damit die Fangflotte nicht mit weniger lukrativem Haifleisch belastet wird, schneiden die Flossenjäger den Haien bei lebendigem Leib die Rückenflossen ab und schmeißen die verstümmelten Tiere, die dann keinerlei Überlebenschance mehr haben, wieder zurück ins Meer.

Haifischflossen – tödliches Viagra

Vor allem die asiatischen Märkte gieren nach den Flossen. Nicht etwa, weil das zähe Körperteil eine besondere Delikatesse wäre, sondern weil die Rückenflosse der Haie als potenzfördernd gilt. Hongkong ist der Hauptabnehmer für die grausame Ware, die auch in Europa gehandelt wird, wo sie allerdings seit einigen Jahren in vielen Ländern verboten ist. Vor allem die Beschaffungsmethode ist untersagt, Flossen dürfen nicht mehr auf hoher See abgetrennt werden. Aber wo kein Kläger, da kein Richter. Wenn ganze Fischfabriken aufs Meer ziehen und die Branche sich selbst kontrolliert, bleibt wenig Hoffnung auf Einhaltung der Gesetze. Am Hafen wird die Ware an privaten Docks verladen, die sich ebenfalls jeglicher Kontrolle entziehen.

Dank zahlreicher internationaler Proteste von Umweltschützern hat die Regierung inzwischen gegengesteuert. Der Haifischflossenhandel in China geht langsam zurück, wächst dafür aber in anderen asiatischen Ländern. Auch die sanften Riesen unter den Haien, die Walhaie, werden wegen ihrer Flossen brutal abgeschlachtet.

Aber Europa muss nicht immer mit dem Finger nach Asien zeigen, auch für die hiesigen Märkte werden Haie gejagt, bis keiner mehr ins Netz geht, obwohl hierzulande kaum einer Haifleisch kaufen würde. Die meisten europäischen Verbraucher wollen heutzutage weder Tropenhölzer aus dem Regenwald noch Haifischfleisch aus dem Meer, kaufen aber beides.

Scheinheilige Labels

Alles eine Sache der Verpackung. Das Tropenholz heißt Bangkirai. Die meisten können mit dem Namen nichts anfangen, und tatsächlich gibt es ein Holz dieses Namens auch gar nicht. Es sind einfach verschiedenste Hölzer aus dem tropischen Regenwald, meist aus der Gattung Shorea, aber auch aus anderen Arten, oft aus Primärwäldern und manche sogar mit FSC-Labeln. Aber die Zerstörung des Regenwalds scheint Verbraucher nicht mehr zu interessieren. Während wir in den 1980er-Jahren wegen Frühstücksbrettchen aus Teakholz auf die Straße gegangen sind, werden heute massive Terrassenhölzer und -möbel aus Tropenholz verbaut und kein Mensch stört sich daran.

So ähnlich ist das mit dem Haifleisch. Wer denkt denn schon beim Fischhändler an Haie, wenn er Schillerlocken kauft? Oder bei Seeaal, Kalbsfisch, Steinaal, Steinlachs, Speckfisch, Dornfisch, Karbonadenfisch, Seestör oder Königsaal? Kaum jemand, aber diese Fische gibt es alle nicht, es sind Bezeichnungen für Haifleisch beim Händler, der genau weiß, dass er auf dem Hai sitzen bleiben würde, wenn der den Fisch beim richtigen Namen nennen würde. So wird das Schadstoffendlager Hai auch in den europäischen Handel gemischt und mit Begeisterung verzehrt. Auch als Glasaal-Ersatz muss der Hai herhalten, genauso für Hummer-, Garnelen- oder Krabbenimitat.

Bei den Engländern wird der Hai in Brocken frittiert und mit Pommes auf der ganzen Insel als Fish & Chips serviert. Währenddessen warnen in Florida die Gesundheitsbehörden bereits vor dem Verzehr von Haifleisch, das durch die Einlagerung von Giften und Schwermetallen, vor allem Quecksilber, zu schweren Vergiftungen mit lebenslangen Folgeerscheinungen führen kann. Die Warnungen der Behörde lesen sich wie der Beipackzettel eines Unkrautvernichtungsmittels, von geistiger Behinderung bis zur Zeugungsunfähigkeit sind alle Folgen möglich.

Urin im Hai-Fleisch

Dabei ist Haifleisch auch schon ohne die Eigenschaften eines Schwermetall-Endlagers, nicht sonderlich genießbar: Das Fleisch enthält Harnstoff. Das ist der Stoff, der im Urin stinkt. Er entsteht in der Leber und wird über die Niere mit dem Harn ausgeschieden, nicht zu verwechseln mit der geruchlosen Harnsäure, die in der Niere gebildet wird.

Haie scheiden Harnstoff nicht komplett aus, sondern behalten einen Teil im Muskelgewebe und nutzen den Stoff zur osmotischen Regulation, zur Anpassung an den Salzgehalt ihrer Umgebung. Haie schwimmen durch alle Meere und auch in manche Fluss-Mündungen, dabei variiert der Salzgehalt in den Gewässern erheblich. Genau wie Würstchen, die platzen, wenn das Kochwasser nicht salzig genug ist, oder schrumpeln, wenn das Wasser zu salzig ist, würde das Gewebe der Haie geschädigt, wenn sie den osmotischen Unterschied, also den Unterschied zwischen Salzkonzentration im Gewebe und Salzkonzentration im umgebenden Wasser, nicht durch Harnstoff ausgleichen könnten. Außerdem nutzen Haie diesen Trick, um ihren Auftrieb zu verändern, je höher die Salzkonzentration, desto stärker der Auftrieb. Haie besitzen nämlich keine Schwimmblase, die bei Knochenfischen für Auftrieb sorgt.

Jedenfalls riecht und schmeckt frisches Haifleisch nach Harnstoff und wäre auch ohne Schwermetalle giftig, wobei die Intensität je nach Art variiert. Doch schon vor Jahrtausenden haben Menschen herausgefunden, wie sie das Gift in dem Raubfisch loswerden können: Durch Fermentation wird der Harnstoff entfernt, das heißt Mikroben übernehmen quasi die Entgiftung. Außerdem wird das Haifleisch geräuchert, frittiert, und dann schmeckt eh keiner mehr den Harnstoff. Unter Fantasie-Namen wird das Haifleisch verkauft, und dann merkt auch (fast) keiner mehr, was da gehandelt wird. So tickt auch die europäische

Fischindustrie. Der hier heimische Dornhai ist durch den Verkauf von Schillerlocken schon so gut wie ausgerottet.

Inzwischen werden hierzulande aber auch alle anderen Hai-Arten verwurstet (anders kann man es nicht nennen): zu Surimi. Auf den Verpackungen des exotisch klingenden Hummer-Ersatzes prangt selbstverständlich das MSC-Siegel, und ein indifferenter Hinweis auf Fischprotein aus frischem Fisch, gefangen auf hoher See, verschleiert komplett den wahren Ursprung.

Die Fischereiindustrie genießt auch in der EU offenbar einen größeren Schutz als bedrohte Arten und die Gesundheit der Verbraucher. Anders ist nicht zu erklären, wie eine solche Irreführung legal sein kann. Wenn schon nicht ganz verboten, dann muss Hai draufstehen, wo Hai drin ist, inklusive den Warnungen vor Schwermetallen.

Haifischflossen-Mafia

Die größte Bedrohung der Haie ist aber nach wie vor das Shark-Finning, die Jagd nach den Haifischflossen, bei der die Königstiger und Löwen der Meere verstümmelt und achtlos entsorgt werden. Die rücksichtslose Vernichtung dieser majestätischen Tiere ist ein Drama für Mensch und Meer und könnte eine weitere Katastrophe nach sich ziehen. Denn darüber, was mit den Kadavern der verstümmelten Haie geschieht, macht sich keiner Gedanken. Klar sinken sie irgendwie zum Meeresboden, und einige werden sicher von anderen Haien und anderen Aasfressern vertilgt, aber Genaues weiß keiner, und inzwischen müssen Unmengen Hai-Leichen den Meeresboden bedecken, viel zu viel für das übliche »Personal«, das am Meeresboden aufräumt. Britische Forscher vermuten nämlich, dass sich auf dem Meeresboden quasi eine mobile Gastwirtschaft etabliert hat. Auf den Spuren der großen Wanderer, die irgendwann auf ihrer Route das Zeitliche segnen, wandeln die Aasfresser am Meeresgrund und warten auf den gedeckten Tisch, so die Vermutung der Wissenschaftler. Aber diese Unmengen kann die natürliche Entsorgungsgemeinschaft entweder nicht bewältigen, oder sie vermehrt sich unnatürlich stark, was wieder andere Katastrophen nach sich ziehen könnte, beispielsweise dass aasfressende Mikroorganismen verstärkt lebende Organismen befallen. Noch ist über die Totengräber der Meere kaum etwas bekannt. Aber die Wissenschaft hat das Thema durchaus im Visier.

Die Totengräber der Meere

Bis zu 400 verschiedene Arten haben Forscher an einem einzigen Walkadaver gezählt, wobei auch Haie bei der Verdauung der toten Meeresgiganten eine Schlüsselrolle spielen. Selbst weiße Haie wurden bei dem Schmaus am Wal schon beobachtet und dokumentiert, aber auch zahlreiche andere Arten, vor allem Tigerhaie und Sechskiemen-Haie. Mit ihren scharfen Zähnen öffnen die verschiedenen Haiarten selbst riesige Wal-Kadaver und geben sie frei für kleinere Aasfresser, wie Schleimaale, Krebse, Schnecken.

Forscher schätzen, dass etwa 70 000 Wale im Jahr Tischleindeckdich für die Aasfresser spielen. Wenn die Zahlen der Shark-Alliance stimmen und jedes Jahr 100 Millionen Haie getötet werden, wovon die meisten zu Boden sinken (weil nur ihre Flossen vermarktet werden), dann ist der Meeresboden gepflastert mit Hai-Leichen. Und wer soll die alle fressen? Davon können nur Mikroben und sich rasch vermehrende Aasfresser profitieren. Langsam verrottende Organismen sind auch im Meer ein Hort für Krankheitskeime. Wahrscheinlich sind auch einige Haiarten als Totengräber der Meere für die Entsorgung der Haikadaver zuständig, können aber niemals diese Massen bewältigen. Die Haie selbst vermehren sich sehr langsam, werden spät geschlechtsreif und bekommen nur alle paar Jahre Nachwuchs. Daher können sich die malträtierten Populationen auch so schlecht wieder erholen.

Wenn das Hai-Gemetzel so weitergeht, hat der Mensch innerhalb weniger Jahrzehnte eine ganze Tierfamilie ausgerottet, die seit Hunderten von Millionen Jahren den Planeten bereichert und vielen Völkern noch heute heilig ist. Von ihren Leichen könnten kleine Organismen profitieren, die sich durch den Nahrungsüberfluss so rasant vermehren, dass sie zu einer echten Bedrohung würden. Nicht nur für den Ozean, wo sie Unmengen CO_2 produzieren und damit zur Versauerung beitragen, sondern auch für die Menschheit.

Angriff der Horrorkrebse

In Australien hat sich kürzlich ein Drama abgespielt, das eine Idee liefert, was sich da unten auf dem Hai-Friedhof vielleicht gerade abspielt: Winzige Totengräber aus dem Meer gingen im Sommer 2017 zum Angriff auf einen Menschen über. Eine Szene wie aus einem schlechten Horrorfilm ging damals durch die Medien: Ein 16-jähriger Junge wollte nach dem Sport seine Füße im Meerwasser abkühlen und watete dafür ein Stück durch knietiefes Wasser. Als er wieder aus dem kühlen Nass kam, waren seine Beine blutüberströmt. Im Wasser hatten die Waden nur ein wenig gebitzelt, der Junge hatte das auf die Kälte, das Salz und den Sport geschoben und war völlig erschrocken, als er seine Beine sah, die auch überhaupt nicht aufhören wollten zu bluten, trotz Verband und Wundbehandlung. Der geistesgegenwärtige Vater nahm eine Wasserprobe, bevor er mit seinem Jungen ins Krankenhaus fuhr. Auch dort konnten die Ärzte erst nach Stunden die Blutungen stoppen und hatten keine Ahnung, wer oder was diesen Horror ausgelöst hatte. Erst die biologische Untersuchung der Wasserprobe führte die Wissenschaftler auf die Spur: Flohkrebse! Das sind eigentlich winzige Organismen, die in allen Gewässern der Welt zu Hause sind und eine zentrale Rolle beim Nährstoffkreislauf spielen. Selbst im Marianengraben haben Forscher Flohkrebse gefunden. Die Tiere waren durchweg mit PCB, Schwermetallen und noch weiteren Giftstoffen belastet.

An die 10 000 verschiedene Flohkrebs-Arten bewohnen die Gewässer der Welt, und einige davon sind Aasfresser. Dass sie sich aber wie Piranhas auf einen lebendigen Menschen stürzen, ist ein völlig neues Phänomen, genau wie die Tatsache, dass es

Arten gibt, die an die dreißig Zentimeter groß werden können. Erst 2012 entdeckten Forscher einen solchen Monster-Flohkrebs vor der Küste von Neuseeland, und das ist nicht sehr weit von Australien entfernt, wo der Angriff der kleinen Flohkrebse auf den Jungen stattgefunden hat. Vor dem Hintergrund der Tatsache, dass Chemikalien, Schwermetalle und Radioaktivität die Mutationsraten beschleunigen und dass Flohkrebse im Marianengraben voll mit Giften waren, könnte man sich Szenarien ausdenken, die den Film »Der Weiße Hai« wie Kinderkarneval aussehen lassen: Eine Invasion von aggressiven Riesenflohkrebsen, deren natürliche Feinde durch die Menschheit schon fast ausgerottet wurden. Riesen-Mantas, Walhaie und Blauwale vertilgen zwar Unmengen von diesem Kleingetier, doch von diesen Giganten der Meere gibt es immer weniger Exemplare.

Ab in die Haifischgrube
Aber die Invasion der Horror-Flohkrebse ist reine Spekulation, Science-Fiction mit einem Funken wahrem Hintergrund, genau wie der legendäre Blutrausch der Haie. Dabei können Haie gar kein menschliches Blut riechen, zumindest können sie es nicht als Spur zur Futterquelle identifizieren. Dies hat der Haiforscher Erich Ritter herausgefunden. Für den Versuch setzte er Haien Blutkonserven vor und beobachtete, wie sie darauf reagierten: gar nicht. Auch für sonstige menschliche Ausdünstungen interessieren sich Haie nicht, die Gerüche gehören nicht in ihr Beuteschema. Nur wenn Haie mit ihrem empfindlichen Ortungssystem durch irgendetwas gestört oder durch etwas anderes irritiert werden, können sie die Beherrschung verlieren und wild drauflosbeißen. Auch wenn sie angefüttert werden, geplant oder versehentlich, und ein Mensch dazwischengerät, kann das böse Folgen haben.

So ein Kollateralschaden wäre ich bei meiner ersten Expedition zur Kokosinsel beinahe selbst geworden. Damals hatte ich noch keinen Tauchschein, und ein Forschungs-U-Boot gab es dort auch noch nicht. Wir hatten gerade die Insel erreicht und geankert. Für einen Landgang war die Flut noch zu hoch, die Tauchgruppe hatte mit dem Zodiac gerade abgelegt, und ich war untätig mit dem Rest der Mannschaft zurückgeblieben. Ich war die einzige Frau in dieser Gruppe. Die Männer, nahmen mich zwar wissenschaftlich ernst, machten sich aber einen Spaß daraus, mich Grünschnabel (das erste Mal so weit und lange auf hoher See) auf den Arm zu nehmen. Auf jeden Fall hatten sie mich mit großem Enthusiasmus sehr schnell überredet, zur steinigen Spitze der Bucht zu schwimmen, die etwa fünfhundert Meter vom Schiff entfernt ins Meer ragte. Die strahlende Sonne und der glasklare Ozean lockten mich Wasserratte, sodass ich nicht lange überlegen musste und ins Wasser sprang. Nach den ersten hundert Metern kam ich dann doch ins Grübeln, weshalb keiner mitgekommen war, setzte meinen Kurs aber tapfer fort, ohne mich umzudrehen. An der Spitze der Bucht sah der Strand gar nicht mehr so sanft aus wie vom Schiff aus, ich wollte aber unbedingt schon mal die Insel betreten und erklomm die scharfkantigen Felsen, die das Ufer säumten, nur mit Mühe, denn die Brandung war stark, schnitt mir dabei allerdings ins Bein. Natürlich wusste ich auch damals schon, dass Kokos die Insel der Haie war, aber alle hatten mir versichert, dass die Haie dort völlig harmlos wären und noch nie etwas passiert sei. So hockte ich mit blutendem Bein auf einem Felsen und sah zum Schiff hinüber. Die ganze Mannschaft stand mittlerweile an der Reling und beobachtete mich, das konnte ich aus der Entfernung erkennen, aber nicht ihre Gesichter: Waren sie besorgt oder amüsiert? Ich entschied mich für amüsiert und sprang zurück ins Wasser, wo ich wahrscheinlich einen Weltrekord aufgestellt habe.

Frühstück mit Haien

In meinem ganzen Leben war ich noch nie so schnell geschwommen und später wahrscheinlich auch nie wieder. Völlig außer Atem erreichte ich das Schiff und kletterte in Windeseile auf die Badeplattform. Keiner lachte oder machte sich darüber lustig, wie abgehetzt ich war. In den Gesichtern konnte ich Erleichterung ablesen, wagte aber nicht zu fragen, warum. Nachdem ich geduscht hatte und angezogen an Deck stand, konnte ich selbst sehen, weshalb die Mannschaft besorgt zu mir geschaut und mich zurückgewunken hatte: Sechs oder acht riesige Rückenflossen von Bullen-Haien zogen ihre Kreise um unser Expeditions-Schiff. Ich muss kreidebleich gewesen sein, als ich die Mannschaft fragte, was da gerade passierte. Kleinlaut gab der Kapitän zu, dass er vergessen hätte, dem Koch Bescheid zu geben, dass er warten soll, bis ich zurück bin, bevor er die Abfälle vom Frühstück ins Meer kippt.

Als ich Jahrzehnte später mit einem ganz anderen Forschungsschiff und ganz anderer Besatzung zur Kokosinsel aufbrach, war derselbe Koch an Bord. Er erkannte mich sofort, begrüßte mich respektvoll und versicherte im gleichen Atemzug, dass es inzwischen schon lange verboten wäre, die Speisereste im Meer vor der Insel zu entsorgen. Sie würden den ganzen Müll ordentlich verpacken und wieder zurück ans Festland nehmen, wozu das Schiff keineswegs verpflichtet gewesen wäre. Das Verbot gilt nur innerhalb des Schutzgebiets der Kokosinsel, im staatenlosen, offenen Ozean gibt es noch keine internationalen Verbote für die Verklappung von Essensabfällen, und in fast allen Ländern gilt eine Abstandsregelung zur Küste von sieben Meilen.

Seit 2013 ist immerhin das Verklappen von Plastik- und sonstigem Restmüll verboten, und zwar auf allen Gewässern weltweit. Dafür wurde das sogenannte Marpol Umweltabkommen getroffen, und die Seeleute müssen sogar ein Mülltagebuch führen. Aber wenn jemand dagegen verstößt und erwischt wird, passiert trotzdem meist nichts. Zumindest nicht in Deutschland, die Wasserschutzpolizei hat schlicht keine Befugnis dazu, nur zur Kontrolle. Das ist ungefähr so effektiv wie die Mietpreisbremse, nur mit fatalen Folgen für die ganze Welt.

Müllkippe Meer
Jahrzehntelang wurden die Meere sogar gezielt als Müllkippe missbraucht, und zwar nicht nur für den Hausmüll an Bord, der

während der Seereise anfällt, sondern gerade auch zur Entsorgung von Gefahrengut, selbst für radioaktiven Müll oder giftigen Klärschlamm. Das ist dank internationaler Proteste inzwischen verboten, der schädliche Abfall reichert sich aber weiter in den Meeresbewohnern an, und die internationale Schifffahrt, die weiterhin ihren Müll im Meer entsorgt, nimmt stetig zu. Allen voran die Kreuzfahrtschiffe, vor allem die riesigen Billigdampfer. Der ganze organische Dreck der schwimmenden Kleinstädte landet im Meer, und zwar vom Inhalt der Kloschüssel bis zur Resterampe vom Buffet.

Die modernen, exklusiveren Kreuzfahrtschiffe haben inzwischen zwar fast alle Kläranlagen und auch Müllverbrennungsanlagen an Bord, aber bei den meisten Fähren und großen Kreuzfahrtschiffen sprechen Umweltschützer immer noch von »Fäkalienfähren und Kotkreuzern«. Deshalb sollen in der Ostsee ab 2021 deutlich strengere Vorschriften eingeführt werden, zumindest für die neuen Schiffe, und alle Häfen dort müssen die Abwässer der Schiffe annehmen.

Weltweit gelten aber noch sehr lasche Vorschriften, und manche Ecken in der Karibik mutieren zu einer riesigen Kloake. Einige Reedereien, die schwimmende Kleinstädte als Kreuzfahrtschiffe betreiben, haben inzwischen sogar Inseln gekauft, die sie exklusiv ansteuern. Klar, der Müll wird nicht vor der Insel abgeladen, sondern einige Kilometer davor (und wahrscheinlich während der Fahrt). Die Betreiber sprechen bei den organischen Abfällen, die sie ganz legal ins Meer kippen dürfen, von einer Bereicherung für den Ozean, Futter für die Haie und andere Meerestiere.

Experten nennen diese Biomüll-Entsorgung »Foodfall«, dem Aasfresser und auch einige Raubfische folgen wie einem Imbiss auf Rädern. Döner, Currywurst und Sahnetorte für Haie und Konsorten. Der Rest zerfällt und lässt Algen sprießen. Kein Wunder, dass der Ozean Magenschmerzen hat und gigantische Mengen Braunalgen an die Karibikstrände spuckt. Die allesfressenden Flohkrebse freuen sich wahrscheinlich und werden dick und rund. Bei denen ist es auch nicht so schlimm, wenn ihnen die Resterampe der Kreuzfahrer nicht bekommt, die werden eh nicht alt und vermehren sich wie Läuse im Blumenbeet.

Zu behaupten, die Resterampe des Buffets und der Biomüll wären toll für den Ozean, ist ungefähr so, als würden Städte und Dörfer ihren Biomüll, inklusive Fleisch- und Fischabfälle, in den Wald kippen und behaupten, die Tiere freuten sich und das sei eine Bereicherung für den Wald. Es gibt keinerlei Studien dazu, wie sich diese immer noch erlaubte Entsorgung auf das Ökosystem Ozean auswirkt. Ganz zu schweigen von den Kloaken und dem unerlaubten Verklappen von Müll, das kaum geahndet wird, schon gar nicht auf internationalen Gewässern.

Dreckschleudern der Ozeane

Es ist schon schlimm genug, dass an Land unser Biomüll mit allem, was nicht ordnungsgemäß entsorgt wurde, vor allem haufenweise Plastiktüten, unsortiert und geschreddert auf die Äcker gebracht wird. Jede Menge zusätzliches Plastik und Mikroplastik gelangt dadurch in die Nahrungskette, über Bäche und Flüsse auch ins Meer.

Die Schiffe kippen den zerkleinerten Biomüll, bei dem mit Sicherheit auch einige Plastiktüten dabei sind, gleich direkt ins Meer. In den meisten Ländern ist das ab sieben Seemeilen vor der Küste erlaubt. Dabei geht es nicht um den Müll von ein paar Hundert Menschen, sondern um Fäkalien und Essensreste von Millionen, die täglich auf dem Ozean schippern und Unmengen an Essen vertilgen, verdauen und wegwerfen. Es gibt mittlerweile Kreuzer mit über 6000 Passagieren, zusammen mit der Mannschaft sind das fast 10 000 Menschen, die täglich etwa 30 bis 50 Tonnen Biomüll produzieren, Fäkalien nicht eingerechnet.

Laut Umweltbundesamt sind allein auf den Weltmeeren täglich an die 4000 Passagierschiffe unterwegs, über 500 davon sind Kreuzfahrtschiffe. Daneben fahren rund 40 000 Handelsschiffe, die 90 Prozent des weltweiten Warenverkehrs bewerkstelligen. Fast alle Schiffe werden mit Schweröl betrieben und sind wahre

Dreckschleudern. Unmengen von Ruß sowie Stickoxide, Schwefeloxide und natürlich auch Kohlendioxid pusten sie in die Luft, die Partikel landen letztendlich im Ozean. Vor allem das Schwefeloxid macht den ohnehin schon malträtierten Ozean »sauer«, im Wasser wird der Stoff zu Schwefelsäure. Außerdem enthält das Schweröl auch deutlich mehr giftige Schadstoffe als die im Straßenverkehr zugelassenen Kraftfahrstoffe.

Es ist kein Scherz, dass Kreuzfahrt-Passagiere keine weiße Kleidung tragen sollen, denn die wäre auf Deck im Nu schwarz gepunktet, vor lauter Ruß. Es gibt immer noch keine standardisierten Rußfilter für die Schifffahrt, geschweige denn Vorschriften dafür. Selbst neue Schiffe werden noch mit Motoren für Schweröl ausgestattet, einfach weil es viel billiger ist. In den Hafenstädten beschweren sich mittlerweile die Bewohner, aber auf dem Meer schreit keiner. Technische Möglichkeiten, die Sauerei zu verhindern und die Schiffe ökologisch zu optimieren, gäbe es zur Genüge. Aber ohne zwingende Gesetze bemühen sich nur ganz wenige Reedereien um Verbesserungen.

Ein Wunder, dass es überhaupt noch einigermaßen gesundes Leben im Meer gibt. Bei den Umweltgiften, denen Haie ausgesetzt sind, sollte man meinen, sie hätten alle Krebs, tatsächlich aber sind es erstaunlich wenige. Forscher aus Florida haben jetzt beim Weißen Hai ein Gen entdeckt, das für einen Reparatur-Mechanismus zuständig ist, der viel effizienter ist als beim Menschen und dafür sorgt, dass veränderte Zellen rasch entfernt werden. Auch einen hocheffizienten Wundheilungsprozess konnten die Wissenschaftler entschlüsseln. Ergebnisse, die insgesamt für Medizin und Krebsforschung nützlich sind und helfen könnten, neue Medikamente zu entwickeln.

Tödliche Medizin und Fake-News

Völliger Humbug dagegen ist die Theorie, dass Hai-Knorpel vor Krebs schützen. Ohne fundierte Studien wurde der Unsinn in den 1970er-Jahren von Ärzten, Wissenschaftlern und Medien verbreitet. In der Folge waren noch mehr gierige Jäger hinter den Haien her. Der US-Ernährungswissenschaftler William Lane schrieb ein Buch zu dem vermeintlichen Wundermittel und stellte auch selbst Haipillen her. Das zeigt, dass die Verantwortlichen für die Ausschlachtung der Ozeane nicht hauptsächlich in Asien sitzen. Die Sünder sind auf allen Kontinenten zu Hause.

Der wissenschaftliche Fake mit den Hai-Knorpeln wurde zwar schnell entlarvt und die Unwirksamkeit von Haiknorpeln belegt, der Mythos hielt sich dennoch über Jahrzehnte und kurbelte auf fatale Weise den Markt mit Haiprodukten an, denn es blieb ja eine Tatsache, dass Haie keinen oder kaum Krebs bekommen. Inzwischen ist der wahre Grund dafür bekannt, der einzigartige genetische Reparatur-Mechanismus von Haien erforscht. Aber die Meere sind mittlerweile so stark mit Schadstoffen belastet, dass selbst Haie an Krebs erkranken.

Andere Tiere leiden offensichtlich schon länger daran. Bei Belugawalen im St. Lorenzstrom von Kanada konnte der Zusammenhang von Krebs und der Schadstoffbelastung schon eindeutig belegt werden. Warum solche Forschungsergebnisse nicht insgesamt zu viel schärferen Gesetzen führen, was Pestizide und sonstige Schadstoffe betrifft, liegt vielleicht daran, dass genau dieselben Firmen, die Medikamente herstellen, auch Pestizide und sonstige giftige Substanzen produzieren.

Bis Anfang des 20. Jahrhunderts beherrschten Apotheker und Firmen, die aus Apotheken hervorgegangen waren, den Medikamenten-Markt. Das änderte sich nach dem Ersten Weltkrieg. Damals entdeckten die Hersteller von Giftgasen, Lacken und Farben die Medizin für sich, taten sich im Nazi-Regime hervor und wurden gefördert. Im Konsortium IG-Farben schlossen sich diese Firmen unter der Nazi-Herrschaft zusammen und lieferten nicht nur Giftgas für Auschwitz, sondern betrieben auch selbst ein eigenes Konzentrationslager.

Giftiges Nazi-Erbe

Nach dem Krieg wurden die IG-Farben zerschlagen, aber die daraus hervorgegangenen Einzelfirmen stellen nach wie vor

Medizin und Gift her. Die Chemotherapie gegen Krebs geht ebenfalls auf einen chemischen Kampfstoff zurück, allerdings aus dem Ersten Weltkrieg: Senfgas. Das Gift tötet Zellen. Da Krebszellen sich wahnsinnig schnell teilen, kamen Wissenschaftler auf die Idee, das Giftgas im Kampf gegen den Krebs einzusetzen. Ein Zufallsfund bei Tieren, die an Krebs erkrankt waren, führte erst zum Einsatz dieser Therapie, die weiterentwickelt immer noch angewendet wird.

Für Meeresbewohner lauert im Pazifik neben Pestiziden und Schwermetallen noch eine ganz andere kanzerogene Gefahr: Radioaktivität. Jahrzehntelange Atomversuche in der Südsee haben nicht nur eine Spur der Verwüstung hinterlassen, sondern auch stark erhöhte radioaktive Werte – bis heute. Das Bikini-Atoll ist immer noch unbewohnbar, weil dort die Strahlung nach wie vor viel zu hoch ist. In der Nahrungskette sind die strahlenden Atome längst angekommen und wurden durch den GAU in Fukushima erneut angereichert. Der strahlende Müll aus Japan hat sich mittlerweile über den gesamten Pazifik verteilt und kann selbst in Fischen nachgewiesen werden, die an der amerikanischen Westküste gefangen werden.

Haie vor der Haustüre

Die Strahlung hat aber nicht nur Krebs, sondern auch zahlreiche Mutationen ausgelöst, darunter Haibabys mit zwei Köpfen, deren Fotos sensationslustig geteilt wurden. Der Hai als Schauobjekt liegt generell im Trend. Nach den ausufernden Protesten gegen Wale und Delfine in Wasserzoos werden Haie immer beliebter, vor allem auch bei den Betreibern. Demnächst sollen sie sogar praktisch vor meiner Haustür einziehen: Für 2020 ist die Eröffnung von Shark City im hessischen Ort Pfungstadt geplant, eigentlich hätten die 150 geplanten Haie schon jetzt ihre Bahnen in den Aquarien des Megaprojekts ziehen sollen. Doch die Investoren haben wohl nicht mit den Umweltschützern gerechnet.

Seit Spielbergs unsäglichem Horrorfilm »Der Weiße Hai« haben zahlreiche Aquarien versucht, Weiße Haie zu halten.

Kein einziger hat überlebt, unzählige sind in den Becken zu Tode gekommen und wahrscheinlich Dutzende weitere Tiere auf dem Weg vom Meer ins Aquarium. Die Enge der Glaskäfige, der Stress und das Chlor setzen diesen bedrohten Königstigern der Meere enorm zu. Auch in Shark City sollen nicht nur Haie aus anderen Aquarien eingesetzt werden, sondern einige aus Wildfängen. Es soll das größte Hai-Aquarium Europas werden, gebaut in einer Zeit, in der längst bekannt ist, wie quälend diese Gefängnisse für die intelligenten Räuber und Riesen der Ozeane sind. Immerhin sollen keine Weißen Haie den sensationsgierigen Zuschauern ausgesetzt werden, und der bekannte Schweizer Haiforscher Erich Ritter ist Schirmherr des Projekts. Es ist wohl beschlossene Sache, dass Haie in meiner hessischen Heimat schwimmen werden. Leider nicht frei, wie in der polynesischen Heimat von Ina, die auf der Suche nach Tinirau war.

Ina und der Hai – Der Hai

Eine Weile schaute Ina zu, wie Hai Hugo den armen Delfin Dina durch die Bucht jagte, und gebot Hugo dann mit energischer Stimme Einhalt, bevor Dina noch die Luft ausging und sie ihre Reise wieder nicht fortsetzen konnten. Wie elektrisiert stoppte der Hai in seinem Spiel und schwamm schuldbewusst zu Ina an den Strand. Denn es hatte sich inzwischen auch bis zu den Haien herumgesprochen, dass Ina Hilfe brauchte. Als das Mädchen von seiner Mission und der bisherigen Odyssee erzählte, bot Hugo an, sie selbst zur schwimmenden Insel zu bringen, denn er wusste, wo sie war. Das ließ sich Ina nicht zweimal sagen, und auch die erschöpfte Dina war froh, dass sie die Suche nicht fortsetzen musste, erinnerte Ina aber noch an die Kokosnüsse, wofür das Mädchen sehr dankbar war.

Als sie aufbrachen, stand die Sonne schon hoch am Himmel und schien erbarmungslos heiß auf die Erde nieder. Schon sehr bald war Ina froh, dass sie die Kokosnüsse dabeihatte, um ihren Durst zu löschen. Aber in dem Durcheinander hatte sie den Stein vergessen, mit dem sie die Kokosnüsse hätte öffnen können. Zaghaft fragte das Mädchen, ob sie vielleicht versuchen könne, die Nuss auf Hugos Kopf zu öffnen. Etwas unwillig stimmte Hugo zu, und Ina hieb die Kokosnuss mit voller Kraft auf Hugos Kopf, der davon ganz benommen wurde und Ina beinahe abgeworfen hätte. Ina entschuldigte sich tausendmal und blieb dankbar und still auf Hugos Rücken. Doch schon bald drückte die viele Kokosmilch auf Inas Blase. In der Hoffnung, dass Hugo es nicht merken würde, erleichterte sich das Mädchen. Doch Hugo merkte den warmen Schwall natürlich, wurde sehr böse und drohte ihr, sie beim nächsten Mal auf hoher See abzuwerfen und zu verschwinden. Das ängstigte das Mädchen sehr, und sie versprach, fortan nur noch ruhig und still auf dem Rücken auszuharren, bis sie die schwimmende Insel erreichen würden. Der Vorsatz hielt allerdings nicht lange. Die Sonne schien unerbittlich, und Ina nickte immer wieder ein. Als sie einmal völlig durstig aufwachte, griff sie gedankenverloren zu den Kokosnüssen und hieb erneut mit voller Wucht eine Nuss auf Hugos Kopf.

Im gleichen Moment erschrak Ina zu Tode, denn Hugo verlor für einen Moment das Bewusstsein. Beim Erwachen wurde er aber tatsächlich so ungehalten, dass er blitzschnell abtauchte, Ina ein Stück in die Tiefe zog und dann ihrem Schicksal überließ. Das Mädchen sank immer tiefer und glaubte sich und ihre Familie schon verloren, da tauchte Tangaroa, der Meeresgott, höchstpersönlich in Gestalt eines Riesenhais auf und hob Ina empor. Als sie wieder zu sich kam, lag sie auf der schwimmenden Insel und blinzelte in das Gesicht von Tinirau. Mit seiner Hilfe konnten sie den bösen Dämon Ngara überwältigen und den Schatz finden. Das Meer, das inzwischen tobte, beruhigte sich alsbald, und als sie die Kostbarkeiten wieder an ihren vom Meeresgott vorgesehenen Platz im Haus von Inas Eltern brachten, wurde der Ozean spiegelglatt und ganz still. Seither spricht man dort vom stillen Ozean, und die Insulaner sind noch heute stolz auf ihre Heldin, die mit einem großen Fest empfangen wurde. Überglücklich nahmen ihre Eltern sie in die Arme und grämten sich sehr, dass sie so mit ihr geschimpft hatten. Ina aber blieb nicht auf ihrer Heimatinsel, sondern kehrte mit Tinirau glücklich und zufrieden auf die schwimmende Insel zurück. Und wenn sie nicht gestorben sind, dann leben sie noch heute.

»Ina und der Hai« ist natürlich nur ein Mythos, der auch nur in Fragmenten überliefert wurde, denn die christlichen Missionare haben gründliche Arbeit geleistet und den Einheimischen die alten polynesischen Religionen mit ihren zauberhaften Legenden ausgetrieben. Die Geschichte von Ina und dem Hai ist eine der wenigen überhaupt überlieferten Sagen, die auf den Cook-Inseln auch in der darstellenden Kunst eine wichtige Rolle spielen. Überliefert ist im Wesentlichen die Passage mit dem Hai und den Kokosnüssen, und ich habe mir die dichterische Freiheit genommen, die Legende abzurunden. Die verschiedenen Fische, mit denen die Mission zunächst fehlschlägt, werden sehr unterschiedlich in den diversen Versionen erwähnt. Die Episode mit den Kokosnüssen und dem Harn taucht in allen Versionen auf, daher wollte ich sie nicht weglassen, und sie soll wohl eine Metapher für den Harnstoff im Haifleisch liefern. Interessant ist aber vor allem der Beginn der Geschichte mit dem Raub der Meeresschätze, der den großen Meeresgott Tangaroa, der später in Gestalt eines Riesenhais auftaucht, erzürnt. Tangaroa ist im gesamten polynesischen Raum als Meeresgott bekannt, ebenso sein Sohn Tinirau, und die schwimmenden Inseln sind schließlich auch weit mehr als ein Mythos. Da auch die Vorfahren der altehrwürdigen Galapagos-Schildkröte auf schwimmenden Inseln das Archipel erreicht haben sollen, gibt es sogar eine wissenschaftliche Grundlage für tragfähige schwimmende Inseln. Und dass in der Tiefsee noch Überraschungen warten, unbekannte Hai-Arten und andere noch niemals gesichtete Meeresbewohner, ist ebenfalls kein Mythos.

Tatsächlich haben sich Forscher schon oft gefragt: Ist da unten in der Tiefsee vielleicht noch etwas Größeres? Denn sowohl die urzeitlichen Quastenflosser als auch Riesenmaulhaie wurden erst vor wenigen Jahrzehnten überhaupt entdeckt. Und was in der Tiefe, unter den schwimmenden Inseln der Sargassosee lauert, ist ebenfalls noch ein weißer Fleck in der Forschung. Zwar konnten Wissenschaftler nachweisen, dass dort der Treffpunkt für alle Aale aus dem atlantischen Raum liegt, dass sie sich in dem Gebiet für den einzigen Sex ihres Lebens treffen und nach der Eiablage von der Bildfläche verschwinden. Niemand weiß aber, was danach mit den Tieren geschieht, wahrscheinlich sinken sie einfach erschöpft in die Tiefe.

Doch wer wartet dort unten auf die unzähligen Kadaver, die einst noch viel mehr waren, als die Menschheit Aale noch nicht fast ausgerottet hatte? Ein Riesenhai? Nicht nur im Blockbuster »Meg« von 2018 wird darüber spekuliert, ob in der Tiefe vielleicht noch ein Riesenhai lebt, denn der Film wurde von einem wissenschaftlichen Versuch inspiriert. Australische Forscher hatten 2003 einige Weiße Haie mit Sendern versehen, um deren Wanderroute im Meer zu erkunden, darunter ein riesiges Weibchen, das die Wissenschaftler »Shark Alpha« nannten.

Die Erkundung bei diesem Hai endete schnell, denn nur vier Monate später wurde der Sender von Shark Alpha an einem Strand gefunden. Die Auswertung ergab, dass der Hai plötzlich in rasender Geschwindigkeit auf eine Tiefe von 600 Metern hinabgezogen wurde, aber gleichzeitig wies der Sender plötzlich eine Temperatur von 25 Grad Celsius aus, weit über der Wassertemperatur in dieser Tiefe. Das konnte nur bedeuten, dass der Weiße Hai von etwas viel Größerem gefressen wurde. Ein Orca, der einzige Fressfeind dieser Haie, konnte es aber nicht sein, denn als Säugetier hätte der Schwertwal das Thermometer auf 37 Grad Celsius gebracht. Es musste entsprechend ein noch größerer Hai gewesen sein als der Weiße: Vielleicht ein Megalodon?

Der ausgestorbene Riesenhai aus Saurierzeiten beflügelt immer wieder die Fantasien, auch die der Hollywood-Produzenten. Vielleicht hätten sie aber besser einen »Tangaroa-Film« kreiern sollen, über einen Meeresgott, der bestraft, wenn die Menschen das Meer noch weiter plündern, vergiften und vermüllen. Denn wenn die Menschheit die zunehmenden Stürme, Zyklone, Tsunamis, Algenplagen, verendeten Fischschwärme und Walkadaver als warnenden Aufschrei eines Meeresgottes sehen würden, wäre sie vielleicht leichter davon zu überzeugen, dass endlich Schluss sein muss mit der brutalen Ausbeutung und Vermüllung der Meere.

HANNES JAENICKE

Kein Tier wird vom Menschen so schnell ausgerottet wie der Hai. Das hat hauptsächlich mit dem unersättlichen Appetit der Chinesen auf Haiflossensuppe zu tun. Bis vor wenigen Jahrzehnten war diese Suppe eine edle und seltene Delikatesse der Privilegierten; sie wurde bei Hochzeiten, Staatsempfängen, besonderen Anlässen serviert. Durch das rapide Anwachsen des Mittelstands in der Volksrepublik können sich aber nun Hunderte Millionen Chinesen Haiflossensuppe leisten, was dazu führt, dass Haie erbarmungslos und massenhaft geschlachtet werden.

Ich habe in Hongkong, in den Chinatowns von Honolulu und Bangkok Chinesen interviewt, die mir beim Schlürfen von Haiflossensuppe kichernd erklärten: »It's very good! It makes men strong and keeps women young.« Macht also Männer potent und hält Frauen jung. Dass für jede dieser Flossen ein Hai getötet werden muss, ist den chinesischen Suppen-Kaspern wohl nicht bewusst. Und dem Rest der Welt ziemlich egal. Selbst Greenpeace und WWF sind Haie offenbar nicht wichtig, sympathisch – oder besser: spender-freundlich – genug, um endlich einmal PR-Kampagnen gegen die spanischen, taiwanesichen, chinesischen Fangflotten zu fahren oder für eine (bisher nicht vorhandene) Gesetzgebung zum Schutz von Haien. Oder gegen Donald Trump und dessen Clan, in deren Casinos auf den Speisekarten immer noch Haiflossensuppe angeboten wird für das spielwütige chinesische Klientel.

Ich finde es frustrierend, wie zahnlos manche der großen Umweltorganisationen geworden sind. Sie werben immer noch mit hübschen Bildern von Walen und Orang-Utan-Babys, während bedrohte Tiere wie der Hai kaum erwähnt werden. Dieser hat aufgrund menschlicher Ängste und Sympathie-Mangel keine Lobby, die sich effektiv für seinen Schutz einsetzen könnte. Organisationen wie Stefanie Brendls »Shark Allies« in den USA oder »Shark Project« in Deutschland kämpfen nach wie vor gegen die Folgen von »Jaws« (im Deutschen: »Der weiße Hai«), diesem leider clever gemachten, inhaltlich schwachsinnigen Horror-B-Picture von Steven Spielberg. Seit seinem Erscheinen in den 70er-Jahren hat – mit Ausnahme von Hawaiianern und anderen Polynesiern, fachkundigen Wissenschaftlern und Tauchern – die ganze Welt panische Angst vor Haien. Und obwohl sich in Kenner- und Fachkreisen längst herumgesprochen hat, dass Hai-Unfälle auf menschliche Fehler zurückzuführen sind und Haie statistisch nachweisbar weitaus weniger gefährlich sind als beispielsweise von Palmen herabfallende Kokosnüsse, kam 2018 der nächste Hai-Horror-Film namens »Meg« heraus. Der war allerdings so schlecht, dass er weder Kasse machte, noch weiteren Schaden anrichten konnte. Trotzdem sollten sich Spielberg, die Macher von »Meg« oder der Serie »Shark Week«, die auf dem Discovery Channel läuft, dafür entschuldigen, vermutlich einen wesentlichen Anteil zum mangelnden Schutz und zur Ausrottung von Haien beigetragen zu haben.

Hai unter falschem Namen

Ina hat es schon erwähnt: Über 100 Millionen Haie werden im Jahr gefangen und getötet, die meisten ihrer Flossen wegen, der Rest entweder als Beifang oder Beute. Oft enden sie als minderwertiger Speisefisch an Fischtheken, meist unter falschen Namen wie Karbonadenfisch, Speckfisch, Steinlachs, Seestör oder Schillerlocke.

Haie stehen an der Spitze der marinen Nahrungskette. Nachweisbar das einzige Tier, das noch über dem Hai steht, ist ein Säuger: der Orca. Für das Ökosystem sind Haie unverzichtbar.

Sie fungieren als eine Art Meeresschutz-Polizei: Sie fressen bevorzugt kranke, schwache, alte oder tote Tiere und halten so den restlichen Fischbestand intakt und gesund. Auch die Korallenriffe profitieren davon.

Schon dass Haie gerne jagen, ist ein Märchen. Sie sind äußerst effiziente Tiere. Der Weiße Hai beispielsweise operiert mit 16 Prozent des menschlichen Energie-Verbrauchs, also extrem energiesparend. Gemessen an Größe und Gewicht braucht er im Vergleich wenig Nahrung. Am liebsten ernährt er sich von Kadaver: Ein englischer Kameramann installierte einmal eine Unterwasserkamera in der Nähe eines Walkadavers. Die Aufzeichnungen hielten fest, dass sich mehrere Weiße Haie über den Zeitraum von fast drei Jahren von dem verendeten Buckelwal ernährten.

Trotzdem sieht die Welt weitgehend tatenlos zu, wie einer der faszinierendsten und elegantesten Meeresbewohner im Rekordtempo ausgerottet wird. Und das lange, bevor wir sie überhaupt kennen, die Wissenschaft weiß erschreckend wenig über Haie. Das Migrationsverhalten ist weitgehend unerforscht, Gleiches gilt für Paarung und Fortpflanzung. Bekannt sind bisher etwa 540 Haiarten, von drei weiß man, dass sie sich per Parthenogenese vermehren, also ohne Geschlechtsverkehr. Zum Erstaunen der US-Forscher wurden Weibchen schwanger, die in Gefangenschaft und ohne männliche Partner großgezogen worden waren. Und warum das Weibchen »Nicole«, das besendert wurde, um die Migrationsrouten Weißer Haie zu studieren, in größter Ruhe regelmäßig die 10000 Kilometer von Südafrika nach Australien und zurück schwimmt, ist ebenfalls rätselhaft: Andere Weiße Haie wandern wenig oder gar nicht.

Angst und Faszination

2018 wurden weltweit vier Menschen bei Hai-Unfällen getötet. Das ist tragisch, und jedes Opfer ist eines zu viel. Aber gemessen an Verkehrs-, Krebs-, Infarktopfern ist die Zahl verschwindend gering. Trotzdem geht jeder auch noch so harmlose Zwischenfall durch die Weltmedien. Vielleicht ist es aber auch ein Glück für Haie, dass die meisten Menschen solche Angst vor ihnen haben. Denn was uns Angst macht, fasziniert uns auch.

Auf der einen Seite lösen Haie Panik aus, auf der anderen gibt es Taucher, die gezielt die Nähe dieser Tiere suchen, um sie zu beobachten und zu verstehen. Das ist die bessere Variante, weil ich glaube: Je mehr wir über dieses Tier erfahren, desto weniger Angst haben wir vor ihm. Haie greifen Menschen eigentlich nicht an. Wenn es doch vorkommt, dann handelt es sich immer um menschliche Fehler oder einen Mangel an Wissen und Information, wie im Fall der jungen Profi-Surferin Bethany Hamilton aus Oahu, Hawaii: Sie ging morgens mit ihren beiden besten Freundinnen surfen, nach einer durchregneten Nacht, das Wasser war trübe. Alle drei waren hervorragende Surfer. Sie paddelten raus, wie fast jeden Morgen; wenig später verlor Bethany Hamilton ihren Arm bei einem Haiangriff.

Der Grund war hier die schlechte Sicht. Wenn ein Hai nicht mehr gut sieht, stellt er auf einen Bewegungs-Sensor im Nasenbereich um, und dann wird erst mal alles getestet, was sich bewegt. Es könnte ja sein, dass es etwas Essbares ist, das versucht zu fliehen. Mit dem sogenannten Gaumenbiss prüft der Hai die Fresstauglichkeit des sich bewegenden Objektes beziehungsweise seiner potenziellen Beute. Es sind aber noch nie menschliche Gliedmaßen in einem Haimagen gefunden worden. Das heißt, wir stehen nachweisbar nicht auf dem Speisezettel dieser Tiere.

Wir haben das bei unserem Hai-Film getestet. Angeblich sollen Haie ja von Blut angelockt oder gar aggressiv werden. Markus, mein Kameramann, und ich stachen also in unsere Daumen, gaben ein paar Tropfen Blut ins Meer und warteten. Es passierte gar nichts. Als wir den Test mit Fischöl wiederholten, kamen sofort Dutzende von Haien. Die Protagonistin unserer Doku war Stefanie Brendl, die wahrscheinlich erfahrenste Haiforscherin der Welt. Sie hat den Test einmal mit einem Turkey gemacht, den sie noch von Thanksgiving übrig hatte. Sie zog ihn an einem Seil hinter ihrem Boot her. Es näherten sich tatsächlich Haie, aber die guckten, schnupperten nur kurz und schwammen wieder weg. Daraufhin füllte sie den Truthahn mit Fischresten und installierte eine Kamera unter dem Boot. In Nullkommanichts war der Turkey zerfetzt. Und das Einzige, was danach noch im Wasser schwamm, waren Truthahnteile. Die Fischreste waren weg. Das zeigt, wie wählerisch Haie sind und dass wir, beziehungsweise »weißes Fleisch« eindeutig nicht zu ihrem Beuteschema gehören.

Trotzdem haben die Menschen immer noch panische Angst vor Haien, die Medien dämonisieren sie als Killer und Menschenfresser. Ähnliches passiert gerade in Deutschland, das zeigt auch die Wolfsdiskussion. Tatsächlich ist die Population in den letzten Jahren gewachsen, 2018 zählte man 73 Rudel mit etwa 150 erwachsenen Tieren und circa 260 Welpen. (Zum Vergleich: Es leben knapp 10 Millionen Hunde in Deutschland.) Aber statt sich über die Rückkehr dieses faszinierenden, extrem scheuen Tieres zu freuen, wird hysterisch darüber gewacht, dass sie bloß nicht sichtbar werden. Es werden drei Kälber gerissen, höchstwahrscheinlich von wildernden Hunden, und die halbe Republik schreit nach Entnahme, allen voran die Marionetten der Agrar- und Jagd-Lobby, Politiker*innen wie Julia Klöckner, Michael Kretschmer oder Stefan Weil.

2006 verläuft sich ein Bärenbaby über die deutsch-österreichische Grenze und tapert über oberbayerische Wiesen. Bruno ist erst zwei Jahre alt, wird aber auf Geheiß der bayrischen Staatsregierung als gefährliches »Problemtier« abgeschossen.

Wir sind so entfremdet von der Natur, dass wir schon beim Anblick eines kleinen Bären panisch werden und glauben, uns verteidigen zu müssen. Das Gleiche gilt für Wölfe. Diese Tiere sind so scheu, dass Filmemacher kaum eine Chance haben, vernünftige Bilder aufzunehmen. Bei einem ZDF-Film über Wölfe hierzulande wurde frech gemogelt: Gefilmt wurden tschechische Wolfshunde aus einer Zucht, die sind von echten Wölfen kaum zu unterscheiden. Die echten hatten den Tierfilmer mit ihrer Schüchternheit und Menschenphobie wohl zur Verzweiflung gebracht.

Das andere vermeintliche Schreckgespenst, der Hai, ist nicht nur wichtig für das Ökosystem, er hat auch Eigenschaften und Fähigkeiten, die für Forschung und Wissenschaft überaus nützlich sein könnten. Den größten Teil unserer Hai-Doku drehten wir etwa acht Meilen nördlich von der North Shore in Oahu. Dort gab es eine alte Krabbenfangstation, die vor 30 Jahren dichtgemacht worden war. Trotzdem tummelten sich dort immer noch viele Haie. Neben Stefanie Brendl unterstützte uns der Meeresbiologe Carl Myers von der Universität Honolulu. Wir durften die beiden beim Besendern eines Drei-Meter-Hais begleiten. Myers studiert seit Jahren das Migrations- und Paarungsverhalten der Tiere. Zunächst wurde der Hai per Köder gefangen, eingeholt, längs des Bootes festgebunden, vom Haken befreit und umgedreht, sodass sein Bauch an der Wasseroberfläche lag. Für den Hai vermutlich keine schöne Prozedur: Carl nahm ein grobes Messer, machte etwa 40 Zentimeter oberhalb der Schwanzflosse einen ordentlichen Schnitt, stopfte einen zigarrengroßen Sender hinein und nähte die Wunde mit einer einen Millimeter starken Nylonschnur und wenigen Stichen wieder zu – Chirurgie der gröberen Art. Das Ergebnis war verblüffend: Sobald das Tier mit dem Sender im Bauch befreit war und abtauchte, war hier tagelang kein einziger Hai mehr zu sehen. Da an diesem Ort sonst aber immer etwa 120 Tiere herumschwammen, hieß das, dass die ganze Gruppe gewarnt worden sein musste und es für schlauer hielt, Steffis und Carls Forschungsstätte vorübergehend zu meiden. Haie kommunizieren also, genau wie wir Menschen und andere Fischarten auch.

Und nicht nur das: Carl erklärte uns, dass wenn er dem Sender folgen und den Hai eine Woche nach Besenderung untersuchen würde, von der Narbe nichts mehr zu sehen sein würde. Haie haben das stärkste Immunsystem der Natur: Wenn sie einen Zahn verlieren, sich einen ausbeißen, zum Beispiel beim Kämpfen oder beim Zubeißen auf Metall, dann ist dieser Zahn nach vier Wochen in voller Größe nachgewachsen. Deshalb sind Haie begehrte Objekte der Immunologieforschung und werden nicht nur in Asien in jeder erdenklichen Tabletten- und Kapsel-form als Immun-Verstärker verkauft. Was in etwa so intelligent ist, als würde man Hasenbraten essen, um schneller laufen zu können.

Wenn man aber einem Hai die Flossen abschneidet und ihn ins Meer zurückwirft, was in der Flossenindustrie leider gängige Praxis ist, dann verendet das Tier innerhalb von sieben Minuten. Wir haben diesen Vorgang gefilmt. Der Anblick war grausam.

Wie harmlos selbst Tigerhaie sind, die als die aggressivsten Jäger gelten, beweist Stefanie Brendl von Shark Allies bei ihren Tauchgängen mit einem Tigerhai-Weibchen, dem sie den Na-men Princess gegeben hat. Princess ist gut fünf Meter lang und kommt einmal im Jahr an die North Shore von Oahu, vermut-lich nach der Paarung.

Mit diesem Tier schwimmt und taucht die Hai-Forscherin, als wären sie seit Jahren befreundet. Wenn sie den Tigerhai hin-ter den Kiemen berührt, windet sich das riesige Tier seelenruhig um sie herum, als wolle es kuscheln. Für den Notfall hat Stefanie Brendel lediglich ein Bambusstöckchen dabei. Sollte die Situa-tion doch einmal ungemütlich werden, reicht ein Pieks, und der Hai taucht ab. Es gibt diese Bilder auf Brendls Website, sie sind ein Beweis, dass selbst der Umgang mit vermeintlich gefähr-lichen Haiarten problemlos möglich ist, wenn man ihnen mit dem nötigen Respekt und Know-how begegnet.

Schwimmende Giftspeicher

Eine Weile war Haifleisch tatsächlich aus den Fischtheken ver-schwunden. Prof. Dr. Kruse, Toxikologe an der Uni Kiel, unter-sucht Lebensmittel auf ihren Giftgehalt, auch im Auftrag der Bundesregierung. Er hat festgestellt, dass Haifleisch so stark mit giftigen Metallen belastet ist, dass eine Schwangere, die zwei Haisteaks isst, ihren Fötus bereits schädigt. Als Spitze der mari-nen Nahrungskette speichern sich vor allem Quecksilber und das noch gefährlichere Methylquecksilber in Haien, beides Ne-benprodukte der Kohleverbrennung.

Trotzdem kann man Haifleisch mittlerweile wieder kaufen, unter falschem Namen. Teure Speisefische wie Thunfisch oder Steinbutt sind so überfischt, dass das Angebot die Nachfrage nicht mehr decken kann. Deshalb greift man auf Haie zurück. Spanische Fischkonzerne haben eine Milliardenindustrie daraus gemacht. Sie holen Hunderttausende Haie vor der westafrikanischen Küste aus dem Wasser und bringen sie nach Vigo an der galizischen Küste, dem größten Umschlagplatz für Fisch in Europa. Dort werden die Flossen abgeschnitten, getrocknet und nach China verkauft. Der Rest wird an Fischhändler in Frankreich, Deutschland, Griechenland und andere EU-Länder ausgeliefert. Früher hätte man das flossenlose Tier einfach ins Meer zurückgeworfen: Man brauchte den Platz, um wertvollere Fische an Bord zu lagern. Haifleisch galt als ungesund, minderwertig und kaum verkäuflich. Mittlerweile verpasst man ihm Fantasienamen und verdient gut damit.

Auch das ursprünglich gut gemeinte und klug konzipierte MSC-Label ist leider kein zuverlässiges Siegel mehr. MSC steht für »Marine Stewardship Council« und soll ähnlich dem FSC-Label bei Tropenholz (Forest Stewardship Council) nachhaltigen Fischfang zertifizieren. Leider kaufen sich viele Fischereikonzerne dieses Zertifikat, entweder mit falschen Angaben oder direkt mit Geld. Die Ozeanschützer von Shark Project und viele andere NGOs kämpfen seit Jahren vergeblich für ein zuverlässiges Siegel: Die Fischerei-Lobbys sind zu stark, die Politik zu schwach und korrupt. Die als Apps herunterladbaren Fischratgeber von Greenpeace und WWF sind präziser und zuverlässiger als der MSC.

Wer wirklich sichergehen will, keine vergifteten oder überfischten Meerestiere zu verzehren, kann eigentlich nur noch Süßwasser-Fische aus Bio-Zuchten kaufen, wie Zander, Forelle, Saibling, Renke oder Karpfen.

Belastet und verpestet

Abgesehen von den Giften, die wir durch Fischverzehr aufnehmen, ist ein weiteres Problem die Verseuchung der Gewässer durch Medikamente und sonstige Spurenstoffe. Sie werden über unsere Toiletten eingeleitet, ebenso durch Landwirtschaft und Industrie. Vor allem über die ungefilterte Medikamentenzufuhr in Flüsse und Meere wird zu wenig berichtet und nachgedacht. Jeder von uns nimmt gelegentlich Antibiotika, viele Frauen nehmen die Pille, immer mehr Männer Testosteron-Produkte. All das landet über das Abwassersystem in unseren Gewässern. Welche Folgen das auf Mensch und Tier hat, ist noch wenig erforscht. Klärwerke können diese Stoffe bisher nicht herausfiltern, genauso wenig wie Mikroplastik.

Nicht nur das Wasser wird mit Medikamenten-Rückständen angereichert, sie gelangen auch in dessen Bewohner. Die Forschung beobachtet bereits beängstigende Veränderungen: zunehmende Unfruchtbarkeit, nicht nur bei Menschen, sondern zum Beispiel auch bei Krokodilen; männliche Fische, die Eier legen, und andere Phänomene.

Niemand wird ernsthaft den Einsatz von Medikamenten infrage stellen, bei vielen Krankheiten oder Operationen sind sie unersetzlich. Das Problem ist der übermäßige und leichtfertige Umgang mit Antibiotika. Inzwischen gibt es aber zumindest Tendenzen, diese bewusster und gezielter einzusetzen. Bei Mittelohrentzündungen zum Beispiel wird heute zunehmend auf eine Behandlung mit Antibiotika verzichtet.

Aber vor allem in der Massentierhaltung werden diese Medikamente nach wie vor massiv und verantwortungslos verabreicht. Das belastet nicht nur unsere Gewässer, es führt zu lebensbedrohlichen Resistenzen und sogenannten Super-Viren und -Erregern, gegen die im wahrsten Sinn kein Kraut gewachsen ist.

Ein weiteres Problem stellen die Mengen an Düngemitteln und Gülle dar, die die Agrarindustrie in Böden und Gewässer abführt. Auch diese Schadstoffe müssten dringend vermieden oder aufwendig herausgefiltert werden. Aber das will niemand bezahlen.

Das Absurdeste ist, dass konventionell, also umweltschädlich produzierte Lebensmittel billig und Bio-Produkte für viele

Menschen zu teuer sind. Massentierhaltung wird staatlich massiv subventioniert, die Förderung für Bio-Produkte wurden seitens der Politik heruntergefahren. Es kann nicht sein, dass die Mehrzahl der Menschen schlecht produziertes Essen voller Giftstoffe und Chemikalien essen muss und sich nur die Besserverdienenden gesundes Essen leisten können. Das ist nicht nur umweltschädlich, es ist asozial und ungerecht. Sowohl für Verbraucher wie auch für die Umwelt müsste gelten: Gesundes Essen für jedermann. Hier versagen Politik und Industrie, einzig das bayrische Volksbegehren für eine Agrarwende im März 2019 und dessen Umsetzung durch die Staatsregierung in München sind Schritte in die richtige Richtung. Gleiches gilt für den Vorstoß der Umweltministerin Svenja Schulze und der Grünen, endlich eine CO_2-Steuer einzuführen, die nachhaltiges Konsumverhalten und saubere Produktionsmethoden belohnt und »dreckige« zur Kasse bittet.

Erst wenn der Leidensdruck, sowohl in finanzieller als auch in gesundheitlicher Hinsicht steigt, werden wir unseren Umgang mit Meeren und Umwelt ändern. Die vermutlich wirksamste Methode, Haie vor der Ausrottung und andere Speisefische vor der restlosen Überfischung zu bewahren, dürften Informationskampagnen über den Giftgehalt dieser Meeresbewohner sein. Wenn klar wird, dass die Verschmutzung der Meere unsere eigene Gesundheit gefährdet, wird sich das träge Trio von Politik, Industrie und Verbrauchern in Gang setzen. Kürzlich haben österreichische Wissenschaftler nachgewiesen, dass selbst im menschlichen Stuhlgang Mikroplastik zu finden ist. In jeder Bioforelle in Deutschland findet sich Mikroplastik. US-Studien belegen, dass wir im Schnitt pro Woche eine Plastikmenge verzehren, die in etwa der einer Kreditkarte entspricht. Solche Erkenntnisse werden irgendwann ein Umdenken und ein Verbot von primärem Mikroplastik bewirken. Wenn unsere Gesundheit auf dem Spiel steht, läuten die Alarmglocken lauter als bei jeder Umwelt-Kampagne oder grünen Wahlkampf-Veranstaltung.

EPILOG

INA KNOBLOCH

Der Ozean ist sauer, im wahrsten Sinne des Wortes. Wir Menschen haben ihn sauer gemacht. Wenn Menschen richtig sauer werden, sollte man lieber in Deckung gehen. Wie der Ozean reagiert, wissen wir noch nicht. Der Ausdruck »sauer« kommt auch beim Mensch von der Versauerung, von der des Blutes, wenn dort der Säuregehalt steigt, geht es uns schlecht und wir werden »sauer«. So wie der Ozean?

Die wissenschaftlichen Fakten sind längst auf dem Tisch, die Ursachen der menschengemachten Meeresverseuchung bekannt, genau wie wirkungsvolle Gegen-Maßnahmen, um die Meere der Welt noch zu retten. Aber die müssen jetzt dringend umgesetzt werden. Es bleibt keine Zeit mehr.

Eine Kabine auf einem Billig-Kreuzfahrtschiff mit Service und Vollverpflegung ist billiger als ein Zimmer im Altersheim. In vielen Fischen ist mehr Quecksilber als im Thermometer, und allein in der Nordsee stapeln sich 600 Quadratkilometer Müll, während Deutschland ernsthaft darüber diskutiert, ob ein Tempolimit auf Straßen machbar wäre. Die Umweltministerin hält das nicht für durchsetzbar, und der Verkehrsminister glaubt, das sei »wider den gesunden Menschenverstand«. Ähnliches gilt für Plastikverbote und Kerosin-Steuern. Die Politik hat den Aufschrei nicht gehört.

Die Zeiten, in denen das Motto galt »Ich geb Gas, ich will Spaß«, sind vorbei. Fische und Wale rauchen und saufen nicht, bekommen aber trotzdem Krebs, weil wir sie vergiften. Die verkrebsten Schadstoffendlager landen dann als Delikatessen auf unseren Tellern. Alles wird dem »Gott Wirtschaftswachstum« untergeordnet. Das ist aber keine Religion, sondern ein Wahn, und die Staaten und Unternehmen, die das kapiert haben und neue Wege gehen, werden unsere Zukunft bestimmen und die letzten Oasen unserer Erde sein.

Es ist Schluss mit dem Ablasshandel fürs Gewissen. Die Oberbosse von Wirtschaft, Politik und Religionen sind weltweit zu einer teuflischen Dreieinigkeit verschmolzen, die die Menschheit vor den Karren spannt, um ihre Eigeninteressen durchzuboxen, während die Welt zugrunde geht und den Bewohnern des Planeten mit irreführenden Siegeln das Hirn weichgespült wird. Nach dem Motto: Vanitas! Nach mir die Sintflut. Aber zum Glück steht die Generation Greta Thunberg vor der Tür.

Mit ihrem Welthit »99 Luftballons« hat die Sängerin Nena einen wunderbaren Song für den Frieden in Zeiten des kalten Krieges kreiert. Was die Sängerin damals nicht wusste: Kein Kunststoffprodukt ist tödlicher für Seevögel als Luftballons, auch wenn die zum Teil aus Naturstoffen bestehen. Die Tiere verwechseln die Ballons mit Nahrung und das elastische Gummi verklebt ihren Magen, sodass sie verhungern. Aufgeblasene Ballons, die ordnungsgemäß entsorgt werden, sind nicht das Problem. Gefährlich sind die mit Helium gefüllten Ballons, die für Hochzeiten, Geburtstage oder mit Botschaften versehen zu Hunderten in die Luft gelassen werden und dann im Meer und anderen Gewässern landen. Das haben Forscher aus Tasmanien erst Anfang 2019 nachgewiesen. So schön die Ballons am Himmel aussehen: Sie werden zur tödlichen Gefahr für Seevögel, Meeresschildkröten und andere Tiere.

Als Nenas Lied, Ende der 80er-Jahre, die Charts eroberte, waren Luftballons im Himmel ein Symbol für den Frieden. Auch ich habe noch mit meinen Kindern unbedarft Luftballons in den Himmel steigen lassen und selbst schon eine Luftballon-Botschaft in meinem Garten gefunden. Aber Werbung und Industrie haben daraus einen Hype gemacht, der zu einem Himmel voller

Luftballons führte und Tausende von Tieren das Leben kosteten. Australische Wissenschaftler haben sogar herausgefunden, dass Luftballons für den vorzeitigen Tod der meisten Seevögel verantwortlich sind, obwohl sie nur einen ganz geringen Teil des Plastikabfalls ausmachen. Dass Luftballons kanzerogene Stoffe enthalten und für Kleinkinder gefährlich sind, ist ja schon länger bekannt.

Der Tod durch Luftballons am Himmel ist eine erschütternde Nachricht, wie viele andere auch, die die Politiker der Welt stoisch aussitzen, statt zu handeln, indem sie zum Beispiel keine Genehmigungen für Heliumballons mehr erteilen. Kein Wunder, dass die Generation Greta so wütend ist. Es werden immer neue Studien in Auftrag gegeben, aber die folgerichtigen Handlungen und Gesetze bleiben aus. Luftballons und leuchtende Kinderaugen gehören zusammen, wie der Adrenalinrausch zum Abenteuer und es will hier wohl auch kein Politiker zum Spielverderber werden. Zu groß ist die Gefahr, nicht mehr wiedergewählt zu werden.

Schluss mit der Kuschelpolitik bei Umweltthemen. Luftballons dürfen nicht in den Himmel geschickt werden und damit letztendlich im Meer landen. Jeder Einzelne kann jetzt schon aufhören, Helium-Ballons fliegen zu lassen.

Wenn die Generation Greta vierzig ist und wir so weitermachen, schwimmen mehr Plastikteile im Ozean als Fische. Es wird keine Insekten mehr geben, die die Felder bestäuben. Fast jeder wird Krebs haben, Küstenorte werden unter Wasser stehen, Orkane über die Kontinente fegen und dabei ganze Länder verwüsten.

Nicht zum ersten Mal im Laufe der Geschichte bahnen sich menschengemachte Umwelt-Katastrophen an; schon in der Antike mussten Umweltgesetze erlassen werden und bei jeder technischen Innovation wieder. Aber noch nie im Laufe der Menschheitsgeschichte wurden Erde und Ozean so geschunden wie heute. Der Kollaps ist absehbar, wenn es so weitergeht wie bisher.

Mythen und Metaphern packen unsere Emotionen und sind meist sehr weise. Wir sollten sie ernst nehmen und »Tangaroas Schätze« nicht plündern, zerstören und vergiften, sondern in Maßen dankbar als Geschenke annehmen.

HANNES JAENICKE

Wir sind mit allen Wassern gewaschen, wenn es um Verschwendung und Verschmutzung dieses wichtigsten aller Rohstoffe geht. Während ganze Länder und Regionen, Millionen von Menschen, täglich um jeden Tropfen ringen, werden woanders Autos gewaschen, Golfplätze bewässert, Swimmingpools befüllt oder Yachten abgespritzt, damit sie schön glänzen. Zahnseide und Wattestäbchen werden ins Klo geworfen und mit durchschnittlich neun Litern Wasser pro Abzug hinuntergespült.

Auch hier hilft nur der Appell an den Geldbeutel: Eine Basisversorgung sollte für alle bezahlbar sein, bei Wasser, bei Strom, bei Energie – eine Art Grundsicherung. Ähnlich wie bei unserem progressiven Steuersystem sollte es aber bei einem Verbrauch, der über die Basisversorgung hinausgeht, deutlich teurer werden: Wer täglich baden, stundenlang duschen, eine Sauna, einen Whirlpool betreiben oder seinen Garten mit englischem Rasen und exotischen Pflanzen bewässern möchte, soll das tun. Aber dann auch entsprechend zahlen. Jede Ressource braucht einen Preis, im Fall von Verschwendung je höher, desto besser. Die zusätzlichen Einnahmen können wieder in Umweltmaßnahmen fließen. Die Grünen wurden seinerzeit verhöhnt, als sie einen Spritpreis von fünf Deutsche Mark forderten. Sie hatten völlig recht, und auch Wasser sollte wie jede Ressource einen Preis bekommen, der uns dazu bringt, bewusster mit ihm umzugehen.

Ich wünschte, wir würden Wasser mit so viel Liebe behandeln, ihm eine solch existenzielle Wichtigkeit einräumen, wie wir das beim Auto tun. Was dem Inder die Heilige Kuh, ist vielen Deutschen ihr Auto und die »freie Fahrt für freie Bürger«. Wir sollten ein bisschen mehr Wertschätzung und Beschützerinstinkt entwickeln für unser Wasser. Das gilt für Regen und Tau, für Leitungswasser genauso wie für den Rhein, von seiner Quelle in der Schweiz bis zur Mündung in die Nordsee. Es gilt für unsere Küsten, Wattenmeere, Seen, Weiher, Tümpel und jeden kleinen Bach. Für Main, Neckar, Wupper, Ruhr, Donau und jeden einzelnen anderen Fluss. Wir nennen sie nicht umsonst *Lebensadern*.

99 MASSNAHMEN ZUR RETTUNG DER OZEANE UND DES KLIMAS

Dinge, die jeder Einzelne tun kann:
1) Nie ohne Tasche einkaufen gehen, habe immer einen Beutel für Spontan-Einkäufe dabei.
2) Nichts, aber auch gar nichts, einfach in der Umwelt entsorgen.
3) Industrielle Landwirtschaft ist tödlich fürs Klima und die Ozeane, möglichst regional und bio einkaufen.
4) Möglichst auf Fleisch- und Fischverzehr verzichten oder reduzieren.
5) Bei Joghurt auf Bindemittel und Zusatzstoffe achten; in Gelatine steckt Schwein, Rind oder Fisch.
6) Joghurt selbst machen ist super simpel, spart eine Menge Plastikmüll.
7) Auch bei Süßigkeiten, wie Gummibärchen auf Geliermittel achten, die sollten keine Gelatine enthalten (siehe 5).
8) Keine Plastik-Strohhalme benutzen und schon gar nicht kaufen.
9) Auf Fertigprodukte so weit wie möglich verzichten.
10) Doppelt verpackte Lebensmittel boykottieren, wie Pralinen in Metallfolie und Plastikverpackung, Minikäse in Plastik oder Kaffeekapseln.
11) Rauchen ist nicht nur ungesund, Kippen töten Fische und vergiften den Ozean. Wenn schon rauchen: Niemals eine Kippe einfach wegwerfen.
12) Klingt banal, hilft aber nicht nur dem Klima, sondern auch dem Ozean: Auto in der Stadt stehen lassen, rauf aufs Rad oder in die Öffentlichen.
13) Taxis nur als E-Auto buchen, zum Beispiel bei Clevershuttle.

14) Für größere Reisen: Wenn es ohne Auto nicht geht, dann runter vom Gas, bei höherer Geschwindigkeit ist der Verbrauch und damit der Ausstoß nicht nur höher, sondern auch der Reifenabrieb.

15) Wenn schon Fliegen, dann wenigstens nicht innerdeutsch, die Bahn ist die ökologisch sinnvollste Alternative.

16) Ökologische Wasch- und Putzmittel verwenden.

17) Gleiches gilt für die Kosmetik, vor allem Shampoos und Duschmittel, die direkt in den Abfluss laufen.

18) Auch sehr wichtig: Nichts ins Klo schmeißen außer Klopapier.

19) Niemals Medizin im Klo entsorgen, auch wenn sie flüssig ist. Keine Kläranlage hält diese Wirkstoffe zurzeit auf. Schmerzmittel, Hormone, Antibiotika bereiten große Probleme in Gewässern.

20) Soweit es geht, auf Plastikklamotten verzichten. Vor allem Fleece und andere faserige Polyester-Waren geben beim Waschen unheimlich viel Mikroplastik ab. Imprägnierte, dunkle und bügelfreie Textilien enthalten giftige Fixative, es gibt ökologisch bessere Varianten.

21) Trau keinem Siegel, das von der Industrie vergeben wird. Der BUND hat einen Leitfaden erarbeitet: https://www.bund. net/massentierhaltung/haltungskennzeichnung/bio-siegel/

22) Keinerlei Pestizide im Garten verwenden, hilft nicht nur der Gesundheit, sondern auch den Gewässern, dem Klima und dem Ozean. Etwa 50 Glyphosat-haltige Spritzmittel sind für den privaten Gebrauch in Deutschland zugelassen.

23) Kommerzielle Aquarien/Delfinarien boykottieren.

24) Zirkusse mit Wildtieren boykottieren, vor allem auch Aqua-Zoos.

25) Keine Heliumballons kaufen und an keinem Wettbewerb mit Luftballons teilnehmen.

26) Verbraucher können jetzt schon auf Mikroplastik in Produkten verzichten, der BUND zum Beispiel gibt Einkaufshinweise: https://www.bund.net/service/publikationen/detail/

publication/bund-einkaufsratgeber-mikroplastik/ Es gibt auch eine App: https://bundesverband-meeresmuell.de/2014/08/27/app-mikroplastik/

27) Möglichst auf Seefisch ganz verzichten, auf industriell gefarmten ebenso, wie zum Beispiel Lachs, Tilapia, Pangasius, Dorade.

28) Auch Tintenfische gehören nicht auf den Teller, sondern ins Meer.

29) Muscheln nur in Maßen, sie filtern alles und reichern Mikroplastik und Gifte an, und nur wenige Arten werden gezüchtet. Die meisten Arten werden mit Schleppnetzen, die den Meeresboden zerstören, eingesammelt.

30) Am Strand nichts mitnehmen.

31) Am Strand nichts liegen lassen.

32) Hut und Hemd sind besser als Sonnencreme. Wo es nicht ohne geht, ohne Mikroplastik und ohne Octinoxat und ohne Oxybenzol kaufen. Verschiedene Verbände listen die Cremes auf und die Kürzel, hinter denen sich Mikroplastik versteckt. Das ganze Zeug tötet nicht nur Korallenriffe und Meeresbewohner, sondern ist auch krebserregend: https://ozeankind-shop.de/sonnencreme-zerstoert-das-meer/

33) Ist eigentlich klar, muss aber immer wieder gesagt werden: Beim Schwimmen im Meer nichts anfassen.

34) Wer Wale, Delfine, Schildkröten und so weiter beobachten will: Vor dem Urlaub erkundigen, welche Anbieter nachhaltige Touren anbieten, die den Tieren und dem Ökosystem nicht schaden.

35) Kreuzfahrten: Wer unbedingt eine machen will, keinen riesigen Spaßtanker wählen, die sind die Vorhölle für den Ozean. Lieber kleine Schiffe auswählen und nach Kläranlagen, Entsorgung, Antrieb und Filtern erkundigen.

36) Hotels am Strand: Auch unter den Hotels gibt es ganz große Umweltzerstörer. Auf Umweltstandards achten. Ganz wichtig sind Kläranlagen, Müllentsorgung, Wasser- und Stromversorgung und nachhaltiges Essen.

37) Länder boykottieren, die Meeres- und Umweltschutz mit den Füßen treten.

38) Jeder im Fußball- oder sonstigem Verein, der Kunstrasen auf dem Platz hat, kann sich dafür einsetzen, dass Alternativen mit Kork verwendet werden oder gleich echter Rasen und der vorhandene Kunstrasenplatz wenigstens ordnungsgemäß entsorgt wird.

39) Keinen Coffee To Go mehr ohne eigenen Becher kaufen, keinen Imbiss ohne eigenen Teller.

40) Keine Einweg-Grills kaufen. Die sollten einfach verboten werden.

41) Ökologische Grillkohle zum Beispiel aus Olivenpressrückständen kaufen.

42) Kein Plastik ist immer noch das beste Plastik; jeder Verbraucher kann jetzt schon versuchen, so plastikfrei wie möglich zu leben.

43) Wasser aus der Leitung trinken statt aus Plastikflaschen. Leitungswasser hat in Deutschland hervorragende Qualitäten und kann auch aufgesprudelt werden.

44) Generell kein Fastfood, ist schlecht für die Gesundheit und wird immer mit fetten Plastik-/Styroporverpackungen geliefert.

45) Für Hausbesitzer: Keine Dämmung mit Styropor! Das ist der absolute Wahnsinn, muss mit schädlichen Pestiziden noch vor Brand und Pilzbefall geschützt werden, hält höchstens 25 Jahre, und niemand weiß, wie das Zeug später entsorgt werden soll.

46) Verzicht auf den Kuschelkamin. Ist gemütlich, aber mit tödlich toxischen Abgasen verbunden, die auch im Meer landen und den Klimakollaps befeuern.

47) Heizung nicht im Winter andrehen und im Frühjahr abdrehen, sondern den Regler benutzen, 25 Grad Raumtemperatur müssen im Winter auch nicht sein.

48) Energie sparen im Haushalt, und zwar nicht nur mit Energiespargeräten, sondern auch mit den Schaltern. Ausschal-

ten statt Standby-Funktion. Ladegeräte bei Nichtbenutzung aus dem Stecker ziehen.

49) Nichts aus Tropenholz verbauen, wenn die Herkunft nicht ganz genau bekannt ist. Auch das FSC-Siegel hält nicht, was es verspricht.

50) Holz aus wirklich nachhaltigem Anbau dagegen ist ein CO_2-Speicher und ersetzt den extrem klimaschädlichen Zement.

51) Nichts im Garten versiegeln. Böden sind die Wasserfilter der Erde.

52) Wer einen Garten hat, kann dort Bäume pflanzen, ansonsten Menschen und Projekte unterstützen, die Bäume pflanzen. Nur dort spenden, wo man genau weiß, was damit passiert, sonst wird nur abkassiert. Bäume sind die einzigen Wesen auf der Erde, die der Luft lange und nachhaltig CO_2 entziehen und auch über Jahrzehnte speichern. Bäume speichern auch andere klimaschädliche Gase, tragen zur Wolkenbildung bei, filtern Wasser und schützen den Boden vor Erosion und Austrocknung.

Die weiteren Maßnahmen sind Forderungen an die Politik und die wichtigsten für eine tatsächliche Wende, bevor es zu spät ist:

53) Tempolimit einführen! Jetzt! Sofort! Wer kann ein Land als »Vorreiter im Klimaschutz« mit einem Minister ernst nehmen, der meint, Tempolimit sei »gegen jeden Menschenverstand«? Die Erde brennt, der Ozean kocht, und wir haben einen Spaßminister, der sich Verkehrsminister nennt und bloß keine Verbote haben will. Solche Politik hat schon Millionen von Menschen das Leben gekostet. Wir würden heute noch in Asbest, mit Dioxin, Contergan, FCKW und noch unzähligen anderen Mitteln und Methoden leben, wenn es keine Verbote gäbe. In fast allen Ländern der Welt gibt es aus gutem Grund schon lange Tempolimits.

54) Sofortiges Verbot von glyphosathaltigen Produkten. Damit werden Menschen, Ackerböden, Gewässer und Meere vergiftet.

55) Sofortiger Subventionsstopp von traditioneller Landwirtschaft. Subventionen ausschließlich für Biolandwirtschaft.

56) Sofortige Einschränkung für Gülle auf Feldern.

57) Förderung von Bio-Gasanlagen.

58) CO_2-Besteuerung von Massentierhaltung.

59) Verbot von Gasluftballons und Warnhinweise auf Luftballonpackungen.

60) Verbot von Zigarettenfiltern aus Kunststoff. Hohe Besteuerung von anderen Kippenfiltern für einen Fonds zur Entfernung von Strand, Straßen und dem Rest der Umwelt.

61) Verbot von PVC und sonstigen halogenierten Kunststoffen.

62) Einschränkung der Fischfangquoten.

63) Vergrößerung der internationalen Meeresschutzzonen.

64) Internationale Kontrollschiffe.

65) Vollständiges Verbot von Treibnetzen.

66) Langleinen auf maximal 20 Kilometer beschränken und Widerhaken an den Angelhaken verbieten.

67) Verbot von Schleppnetzen.

68) Rußfilterpflicht für alle Schiffe mit sofortiger Wirkung für Kreuzfahrtschiffe.

69) Kein Einlass mehr für Kreuzfahrtschiffe ohne Rußfilter an europäischen Häfen, internationale Verhandlungen für gemeinsame weltweite Erlasse.

70) Verbot der Verklappung von organischen Abfällen für Kreuzfahrtschiffe.

71) Kläranlagen-Pflicht für Kreuzfahrtschiffe.

72) Abnahmepflicht von Abwasser für Häfen.

73) Verbot von Delfinarien und kommerziellen Aquarien.

74) Beschränkung von privaten Aquarien auf nachweislich gezüchtete Tiere.

75) Rücknahme-Verpflichtung von Tierhändlern.

76) Deklarationspflicht für Fisch einführen. Alle Fischwaren müssen ganz genau deklariert werden (auch Schillerlocken oder Fischprotein von hoher See), auf Schadstoffrückstände untersucht und Höchstwerte festgelegt werden.

77) Kontrolle für Labels (im Fall von Fisch MSC) darf nicht von der Industrie durchgeführt werden, sondern von unabhängigen Kontrolleuren.

78) Komplettes Mikroplastikverbot als Zusatz in allen Produkten.

79) Subventionsstopp für Kunstrasen mit Plastikgranulat. Naturrasen ist ohnehin besser, aber es gibt inzwischen auch Alternativen aus Kork.

80) Aufklärungspflicht für Vereine, die Kunstrasen verwenden, an alle Mitglieder.

81) Pfand auf alle Flaschen und Rücknahme-Verpflichtung aller Händler.

82) Pfand auf alle Dosen, und zwar nicht zu knapp.

83) Die EU hat einiges auf den Weg gebracht zum Thema, das reicht aber bei Weitem noch nicht. Vor allem die deutsche Politik muss sofort handeln, Deutschland ist Plastikweltmeister mit einem deutliche höheren Pro-Kopf-Verbrauch als die anderen EU-Länder (37,4 Kilo pro Kopf im Jahr gegenüber dem EU-Durchschnitt 31,1 Kilo).

84) Daher sofortige hohe Pfandpflicht für alle To-Go-Produkte.

85) Finanzierungsverpflichtung der Kunststoff-Industrie zur Beseitigung von Plastikmüll an Stränden, Flussufern und im Meer.

86) Grillen ist ohnehin alles andere als ökologisch, aber die Einweg-Dinger sind eine Katastrophe. Sofort drauf verzichten!

87) Grillkohle aus Tropenholz muss verboten werden.

88) Plastik ist nicht gleich Plastik. Während Plastik aus reinen Kohlenwasserstoffpolymeren weitgehend rückstandsfrei verbrennt und sich auch gut recyceln lässt, sind halogenierte Kohlenwasserstoffe wahre Giftschleudern. Daher: Weitgehender Verbot von halogenierten Kohlenwasserstoffen, vor

allem von PVC (Polyvenylchlorid). Das ist Sondermüll und tödlich toxisch bei der Zersetzung. Die Weichmacher und cancerogenen Zusatzprodukte lösen sich gerade im Marianengraben auf, aber nicht nur da, sondern im ganzen Ozean. Von dort landen sie auch wieder auf dem Teller. Die Selbstverpflichtung der Hersteller ist ein Witz, die Politik muss handeln.

89) Abschaffung des Ablasshandels mit CO_2 in der jetzigen Form. Kein Geld mehr für »Dealer«, die CO_2-Händler sind die dicken Gewinner beim großen Ablass-Handel-Spiel, darunter Banken und sonstige Zocker. Während die tatsächlichen Akteure leer ausgehen. Zertifikate sollten nur noch von gemeinnützigen Vereinen und Stiftungen gehandelt werden, die ohnehin CO_2-kompensierende Projekte betreuen, nicht von geldgierigen Agenturen.

90) Die Energiewende mit Ausstieg aus der Kohle ist Grundvoraussetzung, aber aus dem CO_2-Fonds muss auch direkter Klima- und Meeresschutz finanziert werden. Denn die Meere machen Klima und umgekehrt. Daher bedarf es dringend der Unterstützung bei der Aufforstung von Wäldern, insbesondere in den Tropen. Das gilt auch für die geplante CO_2-Steuer.

91) Schutz und Wiederaufbau von Mangrovenwäldern.

92) Förderung von Korallengärten.

93) Förderung von Algenprojekten für nachwachsende Rohstoffe. Nichts auf der Welt kann schneller CO_2 aufnehmen und O_2 freisetzen als Algen.

94) Sandschutzzonen an Flussmündungen.

95) Tiefseebergbau stoppen.

96) Nahrungsmittelergänzungsverbot mit Haiknorpel oder sonstigen Produkten bedrohter Arten.

97) Keine Pipelines durch Schutzgebiete.

98) Komplette Neugestaltung der Entwicklungshilfe mit ökologischer Ausrichtung und verstärkter Unterstützung von Frauen und Bildung. Denn kaum eine Frau bekommt frei-

willig zehn Kinder, und die Überbevölkerung ist eines der größten Probleme für Klima und Meer.

99) Keine Heilmittel aus Tieren und schon gar keine Potenzmittel.

Viele Probleme wären schon gelöst, wenn sich die Menschheit vegetarisch ernähren würde. Das wird nicht passieren, aber das respektlose Vertilgen von Lebewesen wird all denen, die ohne Rücksicht auf Verluste konsumieren, irgendwann im Halse stecken bleiben. Die 99 Thesen gegen den Ablasshandel mit der Natur und unserer Lebensgrundlage sind nur eine Idee, aber vielleicht ein Anfang zum Handeln, zum Verbreiten, zum Diskutieren.

DANKSAGUNG

Auch wenn das Thema noch so spannend, aufwühlend und wichtig ist, bleibt Schreiben ein einsames Geschäft. Danken möchte ich daher vor allem meiner geduldigen Familie, meinem Lebensgefährten Stephan und meinen Kindern Timo und Ben, die sich selbst in den Weihnachtsferien nach meiner Schreiberei gerichtet haben, als Hannes und ich philosophierend und diskutierend im Baumhaus gesessen und am Konzept gearbeitet haben. Natürlich möchte ich auch Hannes für die wunderbare Zusammenarbeit danken und unserer großartigen Lektorin Alexandra Krishnabhakdi, die sofort an das Projekt geglaubt und es stets inspirierend begleitet hat.

Dank auch an alle »Helden der Meere«, Meeresschützer/Innen und Forscher/Innen, ohne die das Buch nicht möglich gewesen wäre. Vor allem auch den Organisationen Greenpeace, PETA und WWF, die uns mit großartigem Bildmaterial versorgt haben.

Ina

Ich kann mich Ina nur anschließen. Mein herzlicher Dank geht an Ina, Alexandra, Sandra Paule, Stefanie Brendl, alle Meeresschützer und -Aktivisten, mit denen ich zusammenarbeiten darf, und an Ellenie. Im Angedenken an meine Mutter, die während der Arbeit an diesem Buch verstorben ist und der ich alles im Leben verdanke.

Hannes

QUELLEN

http://www.oekosystem-erde.de/html/wasserverschmutzung.
html

https://onlinelibrary.wiley.com/doi/10.1111/gcb.14519

https://en.ird.fr/the-media-centre/scientific-newssheets/426-
boom-in-jellyfish-overfishing-called-into-question

http://hansfricke.com/?portfolio=die-fantastische-reise-der-
aale-oder-die-legende-vom-einsamen-wanderer

https://www.scinexx.de/news/biowissen/verbotene-pestizide-
europas-fluessen/

https://worldoceanreview.com/wor-1/meer-und-chemie/ozean
versauerung/

https://www.wwf.de/themen-projekte/meere-kuesten/wwf-
zentrum-fuer-meeresschutz/

https://www.dw.com/de/zuviel-co2-ausstoss-bei-zementproduk
tion/av-16384453

https://www.greenpeace.de/presse/publikationen/30x30-ein-
greenpeace-plan-fuer-meeresschutzgebiete

https://www.greenpeace.de/sites/www.greenpeace.de/files/pub
lications/s02421-201904040-greenpeace-report-30x30-
meeresschutzgebiete-zusammenfassung.pdf

https://www.meeresbuerger.de/meer-schuetzen/organisationen.
html

http://www.spiegel.de/einestages/sex-mit-einem-delfin-skan-
dal-experiment-teilnehmerin-margaret-lovatt-a-975469.html

https://www.welt.de/reise/article129609243/Gefangenschaft-
treibt-Delfine-in-den-Selbstmord.html

http://gsm-ev.de/2003/06/01/todliche-bedrohung-beifang-wale-und-delfine-sterben-in-der-fischerei/

https://lobbypedia.de/wiki/Burson-Marsteller

https://www.spektrum.de/news/das-massensterben-des-sonnen blumenseesterns/1427425

https://www.spektrum.de/news/krake-baut-sich-schutzhuette/1017211

https://www.geo.de/natur/tierwelt/3003-rtkl-verhalten-kluge-kraken

https://www.spektrum.de/news/wie-entgehen-tintenfische-den-haien/1380996

https://www.spektrum.de/news/ecstasy-macht-kraken-sozial/1592950

https://netzfrauen.org/2016/01/16/massensterben-von-walen-und-riesigen-tintenfischen-der-muellhalde-weltmeere/

https://www.sciencedaily.com/releases/2019/01/190124164100.htm

https://www.tu-braunschweig.de/Medien-DB/geooekologie/exkursionsbericht-2003-pages189-200.pdf

https://www.helmholtz.de/erde_und_umwelt/bergbau-in-der-tiefsee/

https://www.spektrum.de/news/schmutzige-ernte-in-der-tief see/1410894

https://www.greenpeace.de/themen/meere/fischerei/tiefsee berge-oasen-gefahr

https://sea-shepherd.de/news/deutschland/844-schillerlocke-und-seeaal-produkte-die-vom-dornhai-stammen

http://www.iucnredlist.org/

https://www.spektrum.de/news/warum-flohkrebse-am-strand-zubeissen/1495081

https://www.geo.de/natur/oekologie/1941-rtkl-tiefsee-das-grosse-fressen

https://www.uni-landau.de/umwelt/study/content/files/archiv/H.Schulz/WS09/Oekoregionen_und_Makrooekologie/Handout_2_Beisel.pdf

https://www.heute.at/welt/news/story/Forscher-entdeckten-ersten-Riesen-Flohkrebs-22593206

https://www.nationalgeographic.de/tiere/der-weisse-hai-gefahr-oder-gefaehrdet

https://www.boot.de/cgi-bin/md_boot/lib/pub/tt.cgi/Haie_-_Vorurteile_und_wahre_Fakten.html?oid=14465&lang=1

https://www.umweltbundesamt.de/service/uba-fragen/gibt-es-schon-kreuzfahrtschiffe-die-dem-blauen

https://www.zeit.de/gesellschaft/2016-02/tierschutz-peta-mit arbeiter-seaworld-vergnuegungspark-spionage

https://www.peta.org/blog/seaworlds-spying-scandal-is-nothing-new/

https://www.nabu.de/downloads/Hintergrundpapier_Kreuz fahrtschiffe_und_Russ.pdf

https://www.umweltbundesamt.de/themen/wasser/gewaesser/meere/nutzung-belastungen/schifffahrt#textpart-6

http://www.sharksavers.org/de/information/biology/myth-sharks-don-t-get-cancer/

https://www.wissenschaft.de/gesundheit-medizin/haigenom-mit-potenzial-fuer-die-medizin/

https://www.tagesspiegel.de/wissen/gesundheitsmythen-mythos-haie-bekommen-keinen-krebs/9084076-6.html

https://www.zentrum-der-gesundheit.de/ia-chemotherapie.html

https://www.scinexx.de/news/technik/bikini-atoll-insel-bleibt-verstrahlt-und-verwaist/

https://www.scinexx.de/news/biowissen/delfine-alzheimer-durch-giftige-algenbluete/

https://deutsch.rt.com/international/47305-fukushima-grusse-aus-japan-radioaktive-fische-erreichen-usa/

https://www.nature.com/articles/srep00570

http://shark-city.de/

https://www.spektrum.de/news/gaben-weisse-haie-dem-mega lodon-den-rest/1624686

https://www.focus.de/wissen/natur/tiere-und-pflanzen/neuer-

koenig-der-meere-mysterioeser-superraubfisch-frisst-weissen-hai_id_3920985.html
https://eurekalert.org/pub_releases/2019-03/uot-bt022719.php
https://www.spektrum.de/news/dem-ozean-geht-die-luft-aus/1603974
https://ozeankind-shop.de/sonnencreme-zerstoert-das-meer/
https://www.bund.net/service/publikationen/detail/publication/bund-einkaufsratgeber-mikroplastik/Es gibt auch eine App https://bundesverband-meeresmuell.de/2014/08/27/app-mikroplastik/
https://www.bund.net/massentierhaltung/haltungskennzeichnung/bio-siegel/

Organisationen:
https://www.wwf.de/
https://www.peta.de/
https://www.greenpeace.de/
https://www.sharkproject.org/
https://www.bund.net/
https://sea-shepherd.de/
http://marviva.net/en/
http://www.projectseahorse.org/about-our-approach
https://oceana.org/press-center/oceana-psas
https://www.stop-finning.com/
http://www.meeresstiftung.de/
https://www.stiftung-meeresschutz.org/
https://de.whales.org/
https://www.monacooceanweek.org/en/program/
http://www.fpa2.org/home.html
https://www.delphinschutz.org/

BIBLIOGRAFIE

Brecht, Bertolt: *Die Dreigroschenoper*, Suhrkamp Verlag 2001.

Club of Rome: *Die Grenzen des Wachstums*, 1972.

Dehmel, Richard: »Der Schwimmer«, *Schöne wilde Welt*, S. Fischer Verlag 1913.

Goethe, Johann Wolfgang von: *Faust: Der Tragödie Erster und Zweiter Teil*, Reclam 2018.

Ringelnatz, Joachim, »Seepferdchen«, *Sämtliche Gedichte*, hrsg. von Walter Pape, Diogenes 2005.

Kennedy, John F. »Remarks at the America's Cup Dinner Given by the Australian Ambassador«, Rede gehalten am 14. September 1962 in Newport, Rhode Island.

Lingg, Hermann von: »Der Krake«, *Schlußsteine. Neue Gedichte*, 1878.

Melville, Herman: *Moby Dick*, Insel Verlag 2013.

Saint-Exupéry, Antoine de: *Die Stadt in der Wüste*, Karl Rauch Verlag 2009.

Storm, Theodor: »Meeresstrand«, *Sämtliche Werke*, Aufbau-Verlag 1995.